中级微观经济学（第四版）

主编 李毅

西南财经大学出版社

中国·成都

图书在版编目(CIP)数据

中级微观经济学 / 李毅主编.--4 版.--成都：
西南财经大学出版社,2025.7. --ISBN 978-7-5504-6795-8

Ⅰ.F016

中国国家版本馆 CIP 数据核字第 2025FS2456 号

中级微观经济学(第四版)

主编　李毅

责任编辑:李晓嵩

责任校对:杜显钰

封面设计:杨红鹰　张姗姗

责任印制:朱曼丽

出版发行	西南财经大学出版社(四川省成都市光华村街 55 号)
网　　址	http://cbs.swufe.edu.cn
电子邮件	bookcj@swufe.edu.cn
邮政编码	610074
电　　话	028-87353785
照　　排	四川胜翔数码印务设计有限公司
印　　刷	郫县犀浦印刷厂
成品尺寸	185 mm×260 mm
印　　张	16.125
字　　数	345 千字
版　　次	2025 年 7 月第 4 版
印　　次	2025 年 7 月第 1 次印刷
印　　数	1—2000 册
书　　号	ISBN 978-7-5504-6795-8
定　　价	39.80 元

第四版前言

中级微观经济学是经管类高年级本科生和低年级研究生的一门重要基础课程。西南财经大学从 2000 年年初起,就以规范化、国际化为目标,把中级微观经济学课程作为重点课程加以建设。该课程经过 20 余年的建设,取得了一系列成果和经验。本教材就是这一课程建设成果的总结和具体反映。

便于教师教学和学生学习是我们编写本教材的核心思路。为此,本教材具有如下特征:

(1)内容精炼。本教材摒弃部分同类教材章节过多、内容过于分散的弊病,把全部内容纳入 15 个章节中呈现,非常适合在一学期内教授或学习中级微观经济学课程的人士使用。

(2)便于教学和课后自学。很多教师在教学中发现,课堂讲授时间不够。实际上,更有效率的教学方式是课堂教学和课后学习相结合。但这就需要所选择的教材表述准确、叙述详尽、易于理解。本教材恰好按照此要求编写而成。

(3)较好地衔接初级和高级的内容。一个拿到经济学博士学位的人在求学过程中可能会依次学习微观经济学原理(初级微观经济学)、中级微观经济学和高级微观经济学三门课程。这就要求为中级微观经济学课程编写的教材在难度上必须适中,在内容上既能使学过微观经济学原理的人有所收获,又能帮助准备学习高级微观经济学的人打下坚实的基础,而本教材就很好地做到了这一点。

(4)配有大量练习。掌握中级微观经济学课程知识的重要方法是做一些必要的练习。为此,我们专门编写了本教材的配套读物《中级微观经济学学习指南》。《中级微观经济学学习指南》中有大量的练习题和思考题。

本教材在 2008 年出版了第一版,2016 年和 2020 年进行修订后分别推出了第二版和第三版。本教材的推出,受到了广大读者的欢迎,但也有很多读者指出了其中的错误和不足。同时,为了适应现代经济学的发展和经济学教学的需求,在前三版的基础上,我们进行了较大的修改和调整,推出了第四版。在这一版中,我们尽量保持前三版的风格,内容仍然分为 15 章,难度也大致保持不变,但我们做了以下一些修正:

（1）我们对部分章节进行了较大幅度的改写。例如，第十三章中的公共物品、第十四章中的信息不对称等都做了修正和调整。

（2）我们对第十五章的内容进行了较大篇幅的调整，将原来的"社会福利与公共选择"只作为一个专题，增加了现代经济学中一些较新的知识点，如"拍卖"和"行为经济学"。

（3）我们删除了个别知识点，并对一些错误的地方做了修正。

（4）为了方便教学和学习，我们在这一版中新增了部分复习思考题和练习题。这些题目与《中级微观经济学学习指南》中的题目是相对应的，并且在《中级微观经济学学习指南》中有详细的分析过程。

本教材第一版的编写分工如下：李毅负责第一章至第六章，张树民负责第七章至第十二章，吴开超与屈改柳负责第十三章至第十五章。第二版、第三版和第四版的修订由李毅完成。本教材在编写和修订的过程中得到"2021年度中央高校教育教学改革专项经费资助"，得到西南财经大学经济学院和研究生院的资助。同时，本教材在修订和出版的过程中得到许多同行和朋友的帮助，特别是西南财经大学经济学院的王帝老师、吴开超老师、张安全老师，西南财经大学出版社的李玉斗同志等，他们提出了很多建设性的意见。在这里，编者一并表示衷心的感谢。

中级微观经济学是西方经济学的组成部分，虽然它采用了很多数学的分析方法，显得更加科学，但是仍然避免不了西方经济学的一些本质上的错误，请读者在阅读本教材时加以仔细甄别。

由于水平所限，也可能是疏忽所致，本教材中的疏漏之处难以避免。编者敬请读者批评指正，并提供宝贵的修改意见。

编者

2024 年 12 月于光华园

目录

第一章　最优化方法

现代经济学会用到一些数学知识,特别是最优化的方法。本章会对本教材用到的一些数学工具加以简单的介绍,特别是关于函数、微积分和最优化理论的相关知识。我们在介绍数学知识的时候,更多地是注重对经济学的应用,不过度追求数学的完整性和严谨性。

第一节　集合和函数的基本概念

集合是指由所有对象组成的全体,集合中的每一个对象称为元素。我们通常用 X 表示集合,用 x 表示集合中的元素。在经济学中用得最多的集合就是实数集 R,有时候我们也会用到正实数集 R^+。我们在经济学中往往要用到 n 维的实数集 R_n 和 n 维的正实数集 R_n^+。例如,本教材中经常用到的由两种商品组成的商品集 $X = \{x \mid x = (x_1, x_2), x_1 \geq 0, x_2 \geq 0\}$ 就是一个二维实数集。

在经济分析中有一类集合显得非常重要,这类集合为凸集。若集合 X 中的任意两点 x^a 和 x^b,对每一个 $t \in [0, 1]$,点 $x^t = tx^a + (1-t)x^b$ 也属于集合 X,则称 X 为凸集。

我们以一个二维集合为例来看看凸集。如果 $X = \{x \mid x = (x_1, x_2)\}$ 是凸集,那么意味着对于任意两点 $x^a = (x_1^a, x_2^a) \in X$ 和 $x^b = (x_1^b, x_2^b) \in X$,点 $x^t = [tx_1^a + (1-t)x_1^b, tx_2^a + (1-t)x_2^b] \in X$。图 1-1 是集合图示。

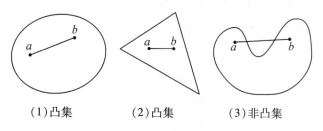

（1）凸集　　　　（2）凸集　　　　（3）非凸集

图 1-1　集合图示

在图 1-1 中,(1)和(2)都是凸集,而(3)不是凸集。从图形上判别一个集合是不是凸集,就看这个集合中任意两点的连线是否都在这个集合内。如果在集合内,那么这个集合就是凸集,否则就不是凸集。

函数是指数学中的一种对应关系。具体来说,设 X 是一个非空集合,Y 是一个非空数集,f 是对应法则,若对 X 中的每个 x,按对应法则 f,使 Y 中存在唯一的一个元素 y 与之对应,则称对应法则 f 是 X 上的一个函数,记作 $y = f(x)$,称 X 为函数 $f(x)$ 的定义域,集合 $\{y | y = f(x), x \in X\}$ 为其值域(值域是 Y 的子集),x 叫作自变量,y 叫作因变量,习惯上也说 y 是 x 的函数。

本教材中常用的函数是一元函数 $y = f(x)$ 和二元函数 $y = f(x_1, x_2)$。这些函数在数学中都属于显函数,因为 y 都可以由 x 显性表示出来。还有一类函数称为隐函数,即 y 没有由 x 显性表示出来,其一般形式为 $F(x, y) = 0$。

第二节 导数和微分

微分和求导在经济学中的运用非常广泛。本教材中用得最多的是一元函数与二元函数的求导和微分,而且经济学中求导一般不超过二阶,因此这里重点讲解一元函数和二元函数的一阶导数与二阶导数。

一、一元函数的导数和微分

假设一元函数 $y = f(x)$ 在 x_0 点的附近 $(x_0 - \varepsilon, x_0 + \varepsilon)$ 内有定义,当自变量的增量 $\Delta x = x - x_0 \to 0$ 时,函数值的增量 $\Delta y = f(x) - f(x_0)$ 与自变量增量比值 $\dfrac{\Delta y}{\Delta x}$ 的极限存在且有限,就说函数 f 在 x_0 点可导,并称之为 f 在 x_0 点的一阶导数(或变化率)。若函数 f 在定义域内的每一点都可导,便得到一个在定义域上的新函数,记作 $f'(x)$。f',y' 或 $\mathrm{d}y/\mathrm{d}x$,称为 f 的导函数,简称导数。函数 $y = f(x)$ 在 x_0 点的导数 $f'(x_0)$ 的几何意义为曲线在点 $[x_0, f(x_0)]$ 的切线的斜率。

$y = f(x)$ 的微分表示为 $\mathrm{d}y$,$\mathrm{d}y = f'(x)\mathrm{d}x$。

下面给出经济学中常见函数的导数:

(1) $y = C$(C 为常数) $y' = 0$

(2) $y = x^a$ $y' = a\,x^{a-1}$

(3) $y = \ln x$ $y' = 1/x$

(4) $y = a^x$ $y' = a^x \ln a$

特别地

     $y = e^x$ $y' = e^x$

以下是函数的和、差、积、商的求导法则:

$(1) y = f(x) + g(x)$ 　　　　　$y' = f'(x) + g'(x)$

$(2) y = f(x) - g(x)$ 　　　　　$y' = f'(x) - g'(x)$

$(3) y = f(x) g(x)$ 　　　　　　$y' = f'(x) g(x) + f(x) g'(x)$

$(4) y = f(x) / g(x)$ 　　　　　$y' = [f'(x) g(x) - f(x) g'(x)] / g^2(x)$

复合函数的求导法则：

$y = f[g(x)]$ 　　　　　　　　$y' = f'[g(x)] g'(x)$

反函数的求导法则：

如果 $y = f(x)$ 的反函数为 $x = f^{-1}(y)$，记为 $x = h(y)$，则有：

$$f'(x) = \frac{1}{f^{-1\prime}(y)} = \frac{1}{h'(y)} \quad \text{或有} \quad f^{-1\prime}(y) = \frac{1}{f'(x)}$$

一元函数 $y = f(x)$ 的一阶导数是求导的基础，必须熟练掌握。接下来，我们讨论一元函数的二阶导数。一元函数的一阶导数实际上也是自变量 x 的函数，于是我们对一阶导数再次求导，就可以得到一元函数的二阶导数，记为 y''，$f''(x)$，$d^2 y / dx^2$。

同样，我们可以得到二阶全微分 $d^2 y = f''(x) dx^2$。

直观来看，二阶导数就是变化率的变化率，在曲线上就是切线斜率的变化率。实际上，二阶导数的大小可以用来表征函数或图形的凹凸性。关于函数的凹凸性，后面的章节有专门的介绍。

二、二元函数的导数和微分

（一）一阶偏导数和一阶全微分

设有二元函数 $y = f(x_1, x_2)$，因此 y 的变化由 x_1，x_2 的变化所引起，这时我们对二元函数求导就有两个导数，称为一阶偏导数。具体而言，y 对 x_1 的一阶偏导数是指当 x_2 保持不变时，y 的变化量 Δy 与 x_1 的变化量 Δx_1 的比值的极限，记为 $\partial y / \partial x_1$，$\partial f / \partial x_1$，$f_1'$ 或 f_1。同理，我们也可以得到 y 对 x_2 的一阶偏导数，记为 $\partial y / \partial x_2$，$\partial f / \partial x_2$，$f_2'$ 或 f_2。

计算一阶偏导数的方法很简单，只要把其他变量看作常数，剩下的就相当于对相应的自变量求一阶导数。

例1：求函数 $z = x/y + y \ln x$ 的偏导数。

解：求 z 对 x 的偏导数时，把 y 看作常数，有

$$\frac{\partial z}{\partial x} = \frac{1}{y} + \frac{y}{x}$$

同理有

$$\frac{\partial z}{\partial y} = -\frac{x}{y^2} + \ln x$$

一阶偏导数在经济学中有很强的经济解释。经济学中边际的概念就是用一阶偏导数来表示的。经济学中边际的概念是指在保持其他条件不变的情况下，自变量的变化对因变量变化的影响，这正好对应着数学中一阶偏导的定义。例如，经济学中的边际效用无非就是效用函数的一阶偏导，资本的边际产量就是总产量函数对资本量的一阶偏导。

偏导数是指其他变量不变时，某个自变量变化对因变量变化的影响。但因变量变化往往是由多个自变量同时变化所引起的，为了说明这种情况，就有了全微分的概念。二元函数 $y = f(x_1, x_2)$ 的全微分为

$$dy = \frac{\partial y}{\partial x_1} dx_1 + \frac{\partial y}{\partial x_2} dx_2$$

例2：求例1中函数的全微分。

解：根据例1的结果有

$$dz = \left(\frac{1}{y} + \frac{y}{x} \right) dx + \left(-\frac{x}{y^2} + \ln x \right) dy$$

有了二元函数的偏导数和全微分，我们就可以求解隐函数的导数。

设有隐函数 $F(x, y) = 0$，实际上这里隐含着 y 是 x 的函数，那么 y 对 x 的导数为

$$\frac{dy}{dx} = -\frac{(\partial F / \partial x)}{(\partial F / \partial y)}$$

证明：因为 $F(x, y) = 0$

两边求全微分 $dF(x, y) = 0$，即

$$(\partial F / \partial x) dx + (\partial F / \partial y) dy = 0$$

变形后得到上述结论。

(二) 二阶偏导数和二阶全微分

二元函数 $y = f(x_1, x_2)$ 的二阶偏导数一共有四个，分别是 y 对 x_1 的二阶偏导数，记为 $\partial^2 y / \partial x_1^2$，$f''_{11}$ 或 f_{11}；y 对 x_2 的二阶偏导数，记为 $\partial^2 y / \partial x_2^2$，$f''_{22}$ 或 f_{22}；y 对 x_1 和 x_2 的二阶混合偏导数，记为 $\frac{\partial^2 y}{\partial x_1 \partial x_2}$，$f''_{12}$ 或 f_{12}；y 对 x_2 和 x_1 的二阶混合偏导数，记为 $\frac{\partial^2 y}{\partial x_2 \partial x_1}$，$f''_{21}$ 或 f_{21}。

杨氏定理：若 $\frac{\partial^2 y}{\partial x_1 \partial x_2}$ 和 $\frac{\partial^2 y}{\partial x_2 \partial x_1}$ 连续，则两者相等，即

$$\frac{\partial^2 y}{\partial x_1 \partial x_2} = \frac{\partial^2 y}{\partial x_2 \partial x_1} \text{ 或 } f_{12} = f_{21}$$

二阶（偏）导数在经济学中都是表示变化率的变化率，在经济学中就可以用二阶（偏）导数来表示边际的变化率，比如用来表示边际效用递减或者边际成本递增等。

我们也可以得到二阶全微分，用 $d^2 y$ 表示，代表 y 的一阶全微分后的再次全微分

$$\mathrm{d}^2 y = f_{11}\mathrm{d}\, x_1^2 + 2 f_{12}\mathrm{d} x_1\, \mathrm{d} x_2 + f_{22}\mathrm{d}\, x_2^2$$

证明：　　　$\mathrm{d} y = \partial y / \partial x_1 \mathrm{d} x_1 + \partial y / \partial x_2 \mathrm{d} x_2 = f_1 \mathrm{d} x_1 + f_2 \mathrm{d} x_2$

$\mathrm{d}^2 y = \mathrm{d}(\mathrm{d} y)$

$= (f_{11}\, \mathrm{d} x_1 + f_{12}\, \mathrm{d} x_2)\mathrm{d} x_1 + (f_{21}\, \mathrm{d} x_1 + f_{22}\, \mathrm{d} x_2)\mathrm{d} x_2$

$= f_{11}\mathrm{d} x_1^2 + f_{12}\mathrm{d} x_1\, \mathrm{d} x_2 + f_{21}\, \mathrm{d} x_1 \mathrm{d} x_2 + f_{22}\mathrm{d} x_2^2$

根据杨氏定理,最后得到

$$\mathrm{d}^2 y = f_{11}\mathrm{d} x_1^2 + 2 f_{12}\mathrm{d} x_1\, \mathrm{d} x_2 + f_{22}\mathrm{d} x_2^2$$

（三）齐次函数

若函数 $y = f(x_1, x_2)$ 对于任意的 $t > 0$,有 $f(tx_1, tx_2) = t^k f(x_1, x_2)$,则称函数 $y = f(x_1, x_2)$ 为 k 次齐次函数。在经济学中,常用的齐次函数为零次齐次函数和一次齐次函数。

齐次函数中有一个很重要的定理——欧拉公式在经济学中非常有用。其介绍如下：

欧拉公式： 若 $y = f(x_1, x_2)$ 是 k 次齐次函数,则有

$$f_1 \cdot x_1 + f_2 \cdot x_2 = k f(x_1, x_2)$$

证明：因为 $f(tx_1, tx_2) = t^k f(x_1, x_2)$

两边同时对 t 求导,得

$$\frac{\partial f(tx_1, tx_2)}{\partial(tx_1)}x_1 + \frac{\partial f(tx_1, tx_2)}{\partial(tx_2)}x_2 = k\, t^{k-1} f(x_1, x_2)$$

令 $t = 1$,则上式变为

$$f_1 \cdot x_1 + f_2 \cdot x_2 = k f(x_1, x_2)$$

当 $k = 1$, $f_1 \cdot x_1 + f_2 \cdot x_2 = f(x_1, x_2)$;

当 $k = 0$, $f_1 \cdot x_1 + f_2 \cdot x_2 = 0$。

第三节　最优化

在经济学中,经常要碰到效用最大化、成本最小化、利润最大化等问题,这些问题都是要求极(最)大值或极(最)小值,统一都可以归结为最优化问题。现在我们就来学习一些基本的最优化的方法。

一、无约束的最优化

（一）一元函数的最优化

一元函数的最优化问题比较简单,但对后面的最优化问题有很强的启示,我们先讨论最大化问题 $\max y = f(x)$。

我们知道,当上式实现最大化时,必须满足一阶条件和二阶条件,一阶条件是必要条件,二阶条件是充分条件。

一阶条件:当 x^* 为最优解时,有 $f'(x^*) = 0$

二阶条件:当 x 为 x^* 时,$d^2y < 0$,即 $f''(x^*) < 0$

$f''(x) < 0$ 实际上要求函数为凹函数。

对于最小化问题 $\min y = f(x)$。

一阶条件:当 x^* 为最优解时,有 $f'(x^*) = 0$

二阶条件:当 x 为 x^* 时,$d^2y > 0$,即 $f''(x^*) > 0$

$f''(x) > 0$ 实际上要求函数为凸函数。

(二)二元函数的最优化

对于最大化问题 $\max y = f(x_1, x_2)$。

一阶条件:当 (x_1^*, x_2^*) 为最优解时,有

$$f_1(x_1^*, x_2^*) = f_2(x_1^*, x_2^*) = 0$$

二阶条件:当 x 为 (x_1^*, x_2^*) 时,有 $f_{11} < 0$ 且 $f_{11}f_{22} - f_{12}^2 > 0$

现在来证明二阶条件:

当 (x_1^*, x_2^*) 满足一阶条件时,并不一定能实现 y 的最大化,必须要满足二阶条件才能使 y 取得最大值,二阶条件的要求是 $d^2y < 0$。

$$d^2y = f_{11}dx_1^2 + 2f_{12}dx_1dx_2 + f_{22}dx_1^2$$

$$= f_{11}\left(dx_1 + \frac{f_{12}}{f_{11}}dx_2\right)^2 + \frac{f_{11}f_{22} - f_{12}^2}{f_{11}}(dx_2)^2$$

要 $d^2y < 0$,就必须要有

$$f_{11} < 0 \text{ 且} (f_{11}f_{22} - f_{12}^2) / f_{11} < 0$$

即

$$f_{11} < 0 \text{ 且} f_{11}f_{22} - f_{12}^2 > 0$$

因为 $f_{11}f_{22} - f_{12}^2 = \begin{vmatrix} f_{11} & f_{12} \\ f_{21} & f_{22} \end{vmatrix}$,所以二阶条件也可以写成

$$f_{11} < 0 \text{ 且} \begin{vmatrix} f_{11} & f_{12} \\ f_{21} & f_{22} \end{vmatrix} > 0$$

在经济学中,$\begin{vmatrix} f_{11} & f_{12} \\ f_{21} & f_{22} \end{vmatrix}$ 被称为海塞行列式,用 H 表示。

对于最小化问题 $\min y = f(x_1, x_2)$。

一阶条件:当 (x_1^*, x_2^*) 为最优解时,有

$$f_1(x_1^*, x_2^*) = f_2(x_1^*, x_2^*) = 0$$

二阶条件:当 x 为 (x_1^*,x_2^*) 时,有 $f_{11}>0$ 且 $f_{11}f_{22}-f_{12}^2>0$,或者

$$f_{11}>0 \text{ 且 } \begin{vmatrix} f_{11} & f_{12} \\ f_{21} & f_{22} \end{vmatrix}>0$$

(三)函数的凹凸性

当函数为凹函数时,函数可以取得最大值;当函数为凸函数时,函数可以取得最小值。凹函数、凸函数的最值如图 1-2 所示。

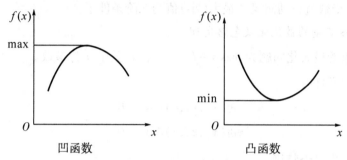

图 1-2　凹函数、凸函数的最值

现在我们就给出函数凹凸性的定义:

$$\text{函数 } y = f(x_1,x_2)$$

定义 1: 对于任意两点 $x^a=(x_1^a,x_2^a)$ 和 $x^b=(x_1^b,x_2^b)$,

如果 $\theta f(x_1^a,x_2^a)+(1-\theta)f(x_1^b,x_2^b)\leqslant f[\theta x_1^a+(1-\theta)x_1^b,\ \theta x_2^a+(1-\theta)x_2^b]$,那么 $f(x_1,x_2)$ 为凹函数。

如果 $\theta f(x_1^a,x_2^a)+(1-\theta)f(x_1^b,x_2^b)\geqslant f[\theta x_1^a+(1-\theta)x_1^b,\ \theta x_2^a+(1-\theta)x_2^b]$,那么 $f(x_1,x_2)$ 为凸函数。

其中,$\theta\in[0,1]$。

当不等号严格成立时,称 $f(x_1,x_2)$ 为严格凹(凸)函数。

从图形上看,当曲线上任意两点的连线都在曲线的下方时,函数为凹函数;当曲线上任意两点的连线都在曲线的上方时,函数为凸函数。凹函数、凸函数的判定如图 1-3 所示。

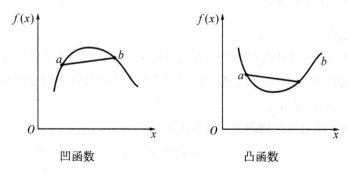

图 1-3　凹函数、凸函数的判定

定义2：当函数 $y = f(x_1, x_2)$ 可导时，

若 $f_{11} \leqslant 0$ 且 $f_{11}f_{22} - f_{12}^2 \geqslant 0$，则 $f(x_1, x_2)$ 为凹函数，不等号严格成立，则为严格凹函数。

若 $f_{11} \geqslant 0$ 且 $f_{11}f_{22} - f_{12}^2 \geqslant 0$，则 $f(x_1, x_2)$ 为凸函数，不等号严格成立，则为严格凸函数。

比较这个定义和前面最优化问题的二阶条件，我们就可以看到，当函数为严格凹（凸）函数时，函数就自动满足了最大（小）值的二阶条件了。

(四)带参变量的最优化及包络定理

现在要求的最大化问题为 $\max y = f(x_1, x_2, a)$，其中 a 为参数。

根据一阶条件有

$$\partial f(x_1, x_2, a) / \partial x_1 = 0$$
$$\partial f(x_1, x_2, a) / \partial x_2 = 0$$

由上两式可以求解得

$$x_1^* = x_1^*(a), x_2^* = x_2^*(a)$$

把最优解代入目标函数，得

$$y^* = f\left[x_1^*(a), x_2^*(a), a\right]$$

从上式得知最优值实际上是参数 a 的函数，即 $y^* = y^*(a)$，我们把这个函数称为值函数。现在我们想看看参数 a 的变化对值函数的影响，即求 $\mathrm{d}y^*/\mathrm{d}a$。

$$\frac{\mathrm{d}y^*}{\mathrm{d}a} = \left[\frac{\partial f(x_1, x_2, a)}{\partial x_1}\frac{\partial x_1}{\partial a} + \frac{\partial f(x_1, x_2, a)}{\partial x_2}\frac{\partial x_2}{\partial a} + \frac{\partial f(x_1, x_2, a)}{\partial a}\right]_{(x_1^*, x_2^*)}$$

由一阶条件可知，前两项为0，则

$$\frac{\partial y^*}{\partial a} = \frac{\partial f(x_1, x_2, a)}{\partial a}\bigg|_{(x_1^*, x_2^*)}$$

这说明值函数对参变量求导就等于原函数直接对参变量求导，这就是所谓的包络定理。包络定理在后面的章节中有大量运用，其可以大大简化我们的运算。

二、等式约束下的最优化

(一)一般情形

很大一部分经济学中的最优化问题是有约束条件的最优化问题，特别是等式约束下的最优化非常普遍。本部分探讨求解等式约束下的最优化的方法和需要满足的条件，不给出过多的证明。

等式约束下的最大化问题的一般形式为

$$\max y = f(x_1, x_2)$$
$$\text{s. t. } g(x_1, x_2) = c$$

求解这个问题的一般方法为拉格朗日乘数法,构造拉格朗日函数

$$L = f(x_1, x_2) + \lambda[c - g(x_1, x_2)]$$

一阶条件为

$$\partial L/\partial x_1 = f_1 - \lambda g_1 = 0$$

$$\partial L/\partial x_2 = f_2 - \lambda g_2 = 0$$

$$\partial L/\partial \lambda = c - g(x_1, x_2) = 0$$

前面两个等式可以合为一个,即

$$f_1/g_1 = f_2/g_2 = \lambda$$

二阶条件为

$$\bar{H} = \begin{vmatrix} 0 & g_1 & g_2 \\ g_1 & L_{11} & L_{12} \\ g_2 & L_{21} & L_{22} \end{vmatrix} > 0$$

我们把 $\bar{H}$ 称为加边的海塞行列式。

对于等式约束下的最小化问题:

$$\min y = f(x_1, x_2)$$

$$\text{s. t. } g(x_1, x_2) = c$$

我们构造拉格朗日函数

$$L = f(x_1, x_2) + \lambda[c - g(x_1, x_2)]$$

一阶条件为

$$\partial L/\partial x_1 = f_1 - \lambda g_1 = 0$$

$$\partial L/\partial x_2 = f_2 - \lambda g_2 = 0$$

$$\partial L/\partial \lambda = c - g(x_1, x_2) = 0$$

二阶条件为加边的海塞行列式小于 0,即 $\bar{H} < 0$。

(二)线性约束

接下来,我们讨论等式约束中的一种特殊情形——线性约束。于是,最优化的问题就转化为

$$\max y = f(x_1, x_2)$$

$$\text{s. t. } ax_1 + bx_2 = c$$

我们构造拉格朗日函数

$$L = f(x_1, x_2) + \lambda(c - ax_1 - bx_2)$$

一阶条件为

$$\partial L/\partial x_1 = f_1 - \lambda a = 0, \text{即 } a = f_1/\lambda$$

$$\partial L/\partial x_2 = f_2 - \lambda b = 0, \text{即 } b = f_2/\lambda$$

$$\partial L/\partial \lambda = c - ax_1 - bx_2 = 0$$

根据前面的讨论可得,二阶条件要求加边海塞行列式大于零,即

$$\begin{vmatrix} 0 & a & b \\ a & f_{11} & f_{12} \\ b & f_{21} & f_{22} \end{vmatrix} = \begin{vmatrix} 0 & f_1/\lambda & f_2/\lambda \\ f_1/\lambda & f_{11} & f_{12} \\ f_2/\lambda & f_{21} & f_{22} \end{vmatrix} = \frac{1}{\lambda^2} \begin{vmatrix} 0 & f_1 & f_2 \\ f_1 & f_{11} & f_{12} \\ f_2 & f_{21} & f_{22} \end{vmatrix} > 0$$

最终要求

$$\begin{vmatrix} 0 & f_1 & f_2 \\ f_1 & f_{11} & f_{12} \\ f_2 & f_{21} & f_{22} \end{vmatrix} = 2f_{12}f_1f_2 - f_{11}f_2^2 - f_{22}f_1^2 > 0$$

从上述的一阶条件和二阶条件可知,在线性等式约束条件下,目标函数 $y = f(x_1, x_2)$ 要取得极大值,很大程度上取决于目标函数的性质,即要求 $2f_{12}f_1f_2 - f_{11}f_2^2 - f_{22}f_1^2 > 0$。而满足这一要求的函数我们称为严格的拟凹函数。如果 $2f_{12}f_1f_2 - f_{11}f_2^2 - f_{22}f_1^2 \geq 0$,则函数为拟凹函数。拟凹函数又称为准凹函数,是类似于凹函数的函数。实际上,凹函数一定是拟凹函数,但拟凹函数不一定是凹函数。

拟凹函数在经济学中有广泛的运用,对于它的具体经济学含义,我们今后在讨论具体的经济学问题的时候再介绍。

复习思考题

1. $u = f(x^2y, x/y^2)$,求 u 的一阶偏导数和全微分。

2. 求题 1 中的函数的所有二阶偏导数。

3. 函数 $y = x_1^a x_2^b$ 是不是齐次函数?如果是,请验证欧拉公式。

4. 求函数 $z = x + 2ey - e^x - e^{2y}$ 的极值,并且判断是极大值还是极小值。

5. 求下列问题的解:

max $y = x_1^2 x_2$

s. t. $5x_1 + 2x_2 = 300$

练习题

1. 求下列函数的一阶和二阶导数。

(1) $y = 5x^3$

(2) $y = \ln(x^3)$

$(3)y = 5e^{3x}$

$(4)y = e^{3x}(x^3 - 2x + 2)$

2. 求下列函数的一阶、二阶偏导数。

$(1)f(x,y) = x^3 y^4$

$(2)f(x,y) = e^{3x/y}$

$(3)f(x,y) = 2x + 4y + x^3 + \ln(x^3 + y)$

$(4)f(x,y) = x/(x^3 + y)$

3. 已知企业的总收益为 $\text{TR} = 70q - q^2$，总成本为 $\text{TC} = q^2 + 30q + 100$

（1）计算企业利润最大化时的产量是多少？利润是多少？

（2）验证在（1）的产量水平下，是否满足二阶条件？

4. $f(x,y) = 5x + 10y + xy - 0.5x^2 - 3y^2$，求最大值，并验证二阶条件。

5. 已知 $f(x,y) = xy$，求满足约束 $x + y = 100$ 时，$f(x,y)$ 的最大值。

6. 求下列问题的解：

$\max y = x_1 + 5\ln x_2$

$\text{s.t.}\ x_1 + x_2 = k$

（1）当 $k = 10$ 时，求最优解。

（2）当 $k = 4$ 时，求最优解；如果要求解为非负值，请问最优解是多少？

（3）当 $k = 15$ 时，求最优解；当 $k = 20$ 时，求最优解。请注意解的形式有什么规律？

7. 已知 $u(x,y) = 4x^2 + 3y^2 + 5xy$

（1）求出偏导数。

（2）写出一阶和二阶全微分。

（3）当 $u(x,y) = 0$ 时，求出 $\mathrm{d}y/\mathrm{d}x$。

8. 求函数 $y = -x^2 + ax$ 的极值（其中 a 为参变量），判断其为极大值还是极小值，并讨论值函数对参变量的变化关系。

9. 求下列问题的解：

$\min 2x + 3y$

$\text{s.t.}\ xy = 24$

10. 判断下列函数是否为凹函数？是否为拟凹函数？

$(1)y = ax_1 + bx_2$

$(2)y = x_1 + \ln x_2$

11. 判断函数 $y = x_1^k x_2^k (k > 0)$ 是齐次函数吗？是凹函数吗？是拟凹函数吗？

第二章 偏好与效用

在经济学中,关于消费者的一个最基本的假设就是消费者都是理性的。理性的消费者就是要在可选择的范围内实现自身效用的最大化。什么是消费者可选择的范围?什么是消费者的偏好和效用?应该如何表示消费者的偏好?这些就是本章需要研究的问题。关于如何实现效用最大化,我们留在下一章讨论。

第一节 商品与预算集

一、商品和消费束

在生活中,消费者总是选择各种各样的商品来满足自身的欲望,如衣服、食品等。经济学把这种现象抽象出来,认为商品是指在市场上可以买到的各种物品和劳务,是消费者选择的基本对象。消费者实际上选择的是一个商品组合。这个商品组合是一系列商品数量的列表,可称为消费束。如果在经济中有 n 种商品,那么消费束就可以用一个向量 x 表示为

$$x = (x_1, x_2, \cdots, x_i, \cdots, x_n)$$

其中, x_i 是第 i 种商品的数量。

在今后的分析中,为了简化,我们往往用两种商品进行分析,那么消费束就变为了 $x = (x_1, x_2)$。

在经济学中,商品的概念是比较广泛的。不同时间、不同地点和不同自然状态下的商品在不同的分析中都可以视为不同的商品。例如,今天的面包和明天的面包,我们可以视为两种不同的商品;又如,上海的椅子和成都的椅子,我们可以视为不同的商品。关于商品的概念,在今后的学习中我们可以慢慢地理解和扩展。

二、预算集和预算线

消费者总是希望选择尽可能多的商品,但是面临一个最基本的约束,那就是他的收入水平。因为消费者的收入总是有限的,所以他只能在其收入许可的范围内进行消费。假设经济中只有两种商品,其市场价格分别为 p_1 和 p_2,消费者的收入为 y。

那么消费者所面临的收入约束(又称为预算约束)可以表示为

$$p_1 x_1 + p_2 x_2 \leqslant y$$

在收入约束下,消费者能够买得起的(x_1, x_2)所组成的集合称为预算集,如图 2-1 所示的阴影部分面积。预算集的边界称为预算线,如图 2-1 所示的那条黑色粗斜线,代表消费者能购买得起的最大的消费束的组合。预算线方程可以表示为 $p_1 x_1 + p_2 x_2 = y$,变形为 $x_2 = \dfrac{y}{p_2} - \dfrac{p_1}{p_2} x_1$。预算线与纵轴的交点为 y/p_2,代表着如果消费者把全部的收入都用于购买第二种商品时所能购买的第二种商品的最大数量。同理,预算线与横轴的交点为 y/p_1,代表消费者把全部的收入都用于购买第一种商品时所能购买的第一种商品的最大数量。预算线的斜率 $\Delta x_2 / \Delta x_1 = -p_1/p_2$。这个斜率始终是个负数,代表着消费者面临预算约束时,这两种商品在市场上的一种替代关系,替代的比率就是两种商品的价格之比。换句话说,消费者想多购买 1 个第一种商品,就必须少购买 p_1/p_2 个第二种商品,才能保持预算的平衡。p_1/p_2 是两种商品的价格之比,在经济学中也称为两种商品的相对价格。

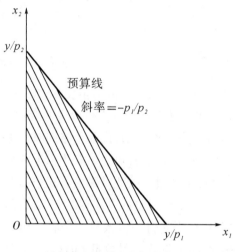

图 2-1 预算集与预算线

三、预算线的移动

由于商品价格的变化或消费者收入的变化,预算线都会发生改变或移动。在经济学中,最常见的是以下两种变化:一种情况是消费者的收入发生改变,而商品价格不发生变化。这时,由于商品价格没有发生改变,预算线的斜率也不会发生改变,改变的是预算线与横轴和纵轴的交点。换句话说,预算线会发生平移。当收入增加时,预算线会向外平移;而当收入减少时,预算线会向内平移(见图 2-2)。另一种情况是收入不发生改变,而价格变化,但是只有一种价格变化。我们看一种具体的情形,消费者的收入 y 不变,第二种商品的价格 p_2 也不变,变化的只有第一种商品的价格 p_1。

例如,商品 1 的价格由原来的 p_1 降低到 p_1',预算线就变为 $x_2 = \dfrac{y}{p_2} - \dfrac{p_1'}{p_2}x_1$,此时预算

线的斜率由 $-\dfrac{p_1}{p_2}$ 变为了 $-\dfrac{p_1'}{p_2}$,与横轴的交点由 y/p_1 增大到 y/p_1',而与纵轴的交点不

会发生改变,始终保持在 y/p_2 点。从图形上看(见图 2-3),预算线围绕着与纵轴的
交点向外旋转了。如果商品 1 的价格上升了,那么预算线就围绕着与纵轴的交点向
内旋转。同理,如果只有商品 2 的价格变化,那么预算线就会围绕着与横轴的交点向
外或向内旋转了。

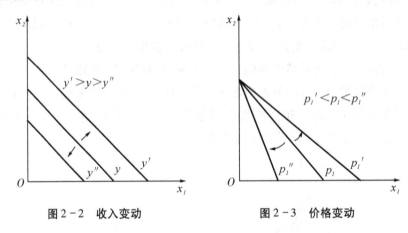

图 2-2 收入变动　　　　　图 2-3 价格变动

　　预算线的平移和旋转是预算线的两种最基本变化,预算线的平移往往意味着收
入的改变,而预算线的旋转往往意味着商品相对价格的变化。预算线更复杂的变化
都可以分解为这两种最基本变化,比如两种商品价格同时发生变化,或者价格和收入
同时发生变化所引起的预算线的移动,都可以分解为以上两种基本变化。

　　在现实经济中,政府往往会通过税收或补贴的方式来影响消费者的预算约束,从
而影响消费者的决策。在经济学中税收的方式有以下三种:第一,从量税。它是指消
费者每购买一个单位的商品都要支付一定数量的税收。例如,商品 1 的价格为 p_1,
消费者每购买一个单位的商品 1 就要支付数量 t 的税,那么征税后商品 1 的价格就
成为 $p_1 + t$。显然,从量税会影响预算线的斜率,使预算线旋转。第二,从价税。它是
指对消费者购买商品的价格而不是数量征税。例如,商品 1 的价格为 p_1,如果从价
税的税率为 τ,那么征税后商品 1 的价格就变为 $p_1(1+\tau)$。同样地,从价税会影响预
算线的斜率,使预算线旋转。第三,总额税。它是指无论消费者的行为如何,政府总
要征收一笔数量固定的税额。总额税实际上减少了消费者的货币收入,但不影响商
品价格,因此预算线向内平移。

　　同样地,补贴的方式也有三种:第一,从量补贴。它是指消费者每购买一个单位的
商品都要给消费者一定金额的补助。第二,从价补贴。它是指对消费者购买商品的价
格而不是数量进行补贴。第三,总额补贴。它是指无论消费者的行为如何,政府总是给
消费者一笔数量固定的补贴。关于补贴对消费者预算线的影响,请读者自己思考。

第二节 偏好与无差异曲线

一、偏好和效用理论的发展

效用是指消费者从消费某种物品中得到的满意程度,或者说商品满足人的欲望和需要的能力。若消费者消费某种物品获得的满足程度高,则效用大;反之,满足程度低,则效用小。

经济学家最早创造的效用理论被称为基数效用论。该理论认为效用可以像物体的重量一样准确计量,并且可以比较,可以加总求和。例如,人渴了喝一杯茶,感到很舒服,效用评价为 10 个效用单位,然后又吃了个面包,感觉还好,效用评价为 5 个效用单位。因此,喝一杯茶的效用大于吃一个面包的效用,并且是吃一个面包所得到的效用的两倍。同时,消费这两份物品得到的总效用为 15 个效用单位。但是基数效用论的基本假设受到很多限制,后来遭到很多经济学学者的批评。于是,通过更多学者的努力,一种新的效用理论——序数效用论产生了。

序数效用论的基本观点是:效用是一种心理感受,只能用序数来表示,并且只能比较不能相加。也就是说,序数效用论认为消费者可以根据自己对商品的喜好程度对所消费的商品进行比较和排序,表明自己更喜欢或更不喜欢哪个消费束,但不要求消费者对商品带给自己的效用有准确的度量。例如,口渴了,喝一杯茶感觉好,看一份报纸感觉一般,因此两者相比较,喝茶的效用大于看报纸的效用,喝茶的效用排在第一,看报纸的效用排在第二。我们今后的分析都是建立在序数效用理论上的。序数效用论的基本概念为偏好,因此接下来我们首先介绍偏好的概念和理论。

二、偏好

消费者的偏好,实际上是指消费者根据自身的感受对不同消费束进行的一个排序,我们记为 $\succeq$。对于任意两个消费束 $x^a = (x_1^a, x_2^a)$ 和 $x^b = (x_1^b, x_2^b)$,如果有 $x^a \succeq x^b$,我们就说 x^a 至少和 x^b 一样好。

关于偏好最基本的假定就是偏好是理性的,一个理性的偏好必须满足以下三个条件:

(1)完备性。完备性是指对于任意的两个消费束 x^a 和 x^b 都是可以比较的,要么有 $x^a \succeq x^b$,要么有 $x^b \succeq x^a$,或者两者同时成立。

(2)反身性。反身性是指任意的消费束至少和本身一样好,即 $x^a \succeq x^a$。

(3)传递性。传递性是指对于任意的消费束 x^a, x^b, x^c,如果有 $x^a \succeq x^b, x^b \succeq x^c$,那

么有 $x^a \succeq x^c$。换句话说,如果 x^a 至少和 x^b 一样好,x^b 至少和 x^c 一样好,那么消费者就认为 x^a 至少和 x^c 是一样好的。

理性偏好是对消费者选择行为一致性的一种规定,满足理性偏好,就意味着消费者的选择在逻辑上一致,不会出现混乱。假设一个消费者的偏好不是理性的,比如不满足传递性,那么会出现什么情况呢?也许这个消费者会认为,相对于梨子他更喜欢苹果,相对于苹果他更喜欢橘子,但相对于橘子他又更喜欢梨子,那么大家都肯定觉得这个消费者很奇怪,而这个消费者面临这三样东西的时候也就无法选择了。

除了上述偏好关系以外,还有以下两种偏好关系:

一种是严格偏好关系,用"$\succ$"来表示。其含义是:对任意两个消费束 x^a 和 x^b,如果 $x^a \succeq x^b$,但不存在 $x^b \succeq x^a$,那么 $x^a \succ x^b$,我们称之为 x^a 严格偏好于 x^b。

另一种是无差异关系,用"$\sim$"来表示。其含义是:对于任意的两个消费束 x^a 和 x^b,如果 $x^a \succeq x^b$,且 $x^b \succeq x^a$,那么 $x^a \sim x^b$,我们称之为 x^a 与 x^b 无差异。

有了这两个定义后,我们可以看到,对于任意两个消费束 x^a 和 x^b,要么 $x^a \succ x^b$,要么 $x^b \succ x^a$,要么 $x^a \sim x^b$,三者必居其一。

三、无差异曲线——偏好的图形描述

(一)无差异曲线

理性偏好的假定比较抽象,但经济学里可以用一个很直观的工具来描绘理性偏好,这个工具就是"无差异曲线"。对于任意的消费束 $x = (x_1, x_2)$,由于理性偏好的完备性,我们就可以找到所有至少和 x 一样好的消费束,这些消费束构成的集合被称为弱偏好集,见图 2-4 的阴影部分。这个弱偏好集的边界,代表着和 x 无差异的所有消费束,这些消费束的轨道就形成了无差异曲线,如图 2-4 所示中的那条粗的黑色曲线。

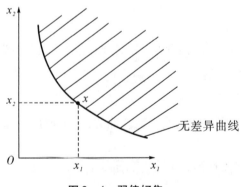

图 2-4 弱偏好集

根据无差异曲线的定义和做法,我们可以得知无差异曲线遍布整个坐标系的第一象限(见图 2-5)。每一个消费束总在一条特定的无差异曲线上,不同的无差异曲

线代表着不同的偏好水平,因此任意两条无差异曲线不会相交。

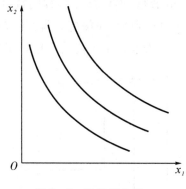

图 2 - 5　无差异曲线

(二)偏好的实例——一些具体的无差异曲线

对于理性的偏好,我们总可以绘出这个偏好的无差异曲线,现在我们来看看一些具体的偏好和对应的无差异曲线。

1. 完全替代品的偏好

如果消费者愿意按固定比率用一种商品来替换另外一种商品,那么这两种商品就是完全替代品。我们举个比较极端的例子,假设一个消费者对可乐的品牌没有偏好,只要是可乐就可以,那么若消费者初始有 10 个单位的可口可乐和 10 个单位的百事可乐,则他想增加一个单位的可口可乐,就必须减少一个单位的百事可乐,才能保持偏好水平的不变。换句话说,对于这个消费者来说,10 个单位的可口可乐和 10 个单位的百事可乐的组合与 11 个单位的可口可乐和 9 个单位的百事可乐的组合是无差异的。实际上,总数为 20 个单位的可乐与 10 个单位的可口可乐和 10 个单位的百事可乐的组合是无差异的。完全替代品的偏好的无差异曲线如图 2 -6 所示。

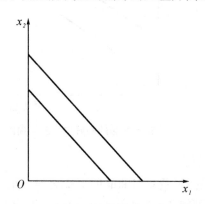

图 2 - 6　完全替代品的偏好的无差异曲线

2. 完全互补品的偏好

如果消费者始终以固定比例搭配使用两种商品,那么这两种商品就是完全互补的商品。例如,消费者穿的左脚鞋和右脚鞋就是完全互补的商品,其搭配比例为 1∶1。如果只是增加右脚鞋的数量,而保持左脚鞋的数量不变,对消费者是无意义的。同理,如果只是增加左脚鞋的数量,而保持右脚鞋的数量不变,对消费者也是无意义的。因此,这时候消费者的无差异曲线就呈 L 形。完全互补品的偏好的无差异曲线如图 2-7 所示。

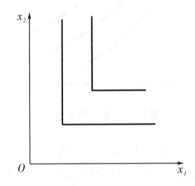

图 2-7　完全互补品的偏好的无差异曲线

3. 具有厌恶品的偏好

假设在消费者消费的商品中有一种是厌恶品,有一种是合意的商品。厌恶品是指消费者不喜欢的商品,厌恶品越多,消费者越不喜欢;而合意的商品就是消费者喜欢的商品,合意的商品越多,消费者越喜欢。这时候,无差异曲线呈什么形状呢?很明显,如果消费者消费的厌恶品增多,那要保持偏好水平不变,就必须增加合意的商品的数量以抵消厌恶品的增加,此时消费者的无差异曲线是斜向上的。具有厌恶品的偏好的无差异曲线如图 2-8 所示。

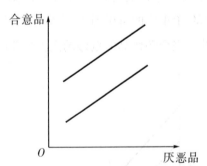

图 2-8　具有厌恶品的偏好的无差异曲线

4. 具有餍足情况的偏好

消费者的餍足情况是指消费者对商品的消费有一个最佳的消费束,越靠近这个消费束,消费者的偏好程度越高,越远离这个消费束,消费者的偏好程度就越低。此时,消费者(具有餍足情况的偏好)的无差异曲线如图 2-9 所示。这个图有点像地图中的等高线图,无差异曲线就是一条条等高线,而餍足点就是最高点,消费者的偏好水平按箭头所指方向增加。

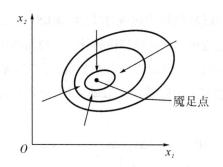

图 2-9　具有餍足情况的偏好的无差异曲线

（三）具有良好性状的偏好

从上面的分析可以看到,消费者的偏好各式各样,表现为消费者的无差异曲线也大不相同。但对经济学研究最有意义的偏好是那些具有良好性状的偏好。具有良好性状的偏好具有以下性质:

1. 单调性

假设有两个消费束 $x=(x_1,x_2)$ 和 $y=(y_1,y_2)$,如果 $x_1 \geqslant y_1$, $x_2 \geqslant y_2$,并且其中有一个至少严格大于,那么 $x>y$,此时我们认为偏好满足单调性。通俗地讲,偏好的单调性就是消费者认为商品多多益善。换句话说,就是经济学中考虑的是合意的商品,而不考虑厌恶品。

根据单调性,如果两种商品的数量同时增加,消费者的偏好水平必然会提高,偏好水平不能保持不变。因此,我们也马上可以得到无差异曲线的一个性质:单调性意味着无差异曲线越远离原点,代表的偏好水平就越高,具体参见图 2-10,箭头方向代表偏好水平越高。

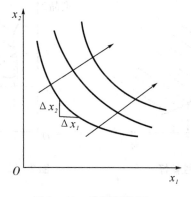

图 2-10　单调性偏好

对于无差异曲线来说,单调性也意味着无差异曲线的斜率为负。也就是说,当增加第一种商品 x_1 的数量时,必须减少第二种商品 x_2 的数量,才能保持消费者的偏好水平不变。

无差异曲线的斜率在经济学中用边际替代率（$\text{MRS}_{1,2}$）表示，代表着消费者为了保持偏好水平的不变，愿意用一种商品替换另外一种商品的比率。按照这个解释，根据单调性的分析，我们知道无差异曲线的斜率为负，那么边际替代率应该是个负值。但为了使用方便，经济学家对边际替代率取绝对值，所以边际替代率最后是一个正值。其数学表达式为

$$\text{MRS}_{1,2} = |\Delta x_2 / \Delta x_1| = -\Delta x_2 / \Delta x_1$$

如果取极限，$\text{MRS}_{1,2} = \left| \dfrac{\mathrm{d}x_2}{\mathrm{d}x_1} \right| = -\dfrac{\mathrm{d}x_2}{\mathrm{d}x_1}$。

同时，单调性也意味着预算约束一定取等式，即 $p_1 x_1 + p_2 x_2 = y$ 成立，也就是说消费者一定会花光其收入。这很容易理解，如果消费者收入还有剩余，那么他可以同时增加对两种商品的购买。根据单调性，其偏好水平也越来越高，直到其收入用完，不能再同时增加对两种商品的消费为止。

2. 凸性

偏好的凸性是指对任意的消费束 $x = (x_1, x_2)$，其弱偏好集是凸集。图 $2-11$ 所示的偏好就是凸性偏好，具体来说，就是对于任意两个无差异的消费束 $x = (x_1, x_2)$ 和 $y = (y_1, y_2)$，x 和 y 的所有加权平均消费束都弱偏好于 x 或 y。从图形上看，就是点 x 和点 y 的连线都在 x 的弱偏好集内；从数学上讲，就是对于任意的 $0 < t < 1$，$[tx_1 + (1-t)y_1, \ tx_2 + (1-t)y_2] \succsim x$。从图形上看，凸性偏好的无差异曲线是凸向原点的。图 $2-11$ 的无差异曲线很明显地表明了这点。为了比较，我们还画出了一个非凸性偏好，见图 $2-12$。

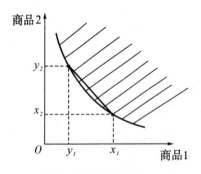

图 2-11　凸性偏好

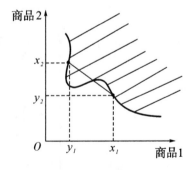

图 2-12　非凸性偏好

经济学中往往要求偏好为严格凸性。严格凸性是指对于任意两个无差异的消费束 $x = (x_1, x_2)$ 和 $y = (y_1, y_2)$，$x \sim y$，x 和 y 的所有加权平均消费束都严格偏好于 x 或 y。从数学上讲，就是对任意的 $0 < t < 1$，$[tx_1 + (1-t)y_1, \ tx_2 + (1-t)y_2] \succ x$。

偏好的凸性或严格凸性是经济学中关于偏好的一个很重要的假设。对于消费者

而言,这意味着,消费者愿意同时消费两种商品,而不愿意只消费其中一种商品。如果一种商品过多,消费者会进行交换,使两种商品可以被较平均地消费,这样消费者得到的满足水平才更高。

如果消费者的偏好是严格凸性的,那么还意味着消费者的边际替代率是递减的。边际替代率递减意味着随着 x_1 的增加,无差异曲线斜率的绝对值越来越小,无差异曲线越来越平坦。从经济学上讲,随着商品 x_1 增多,消费者愿意用更多的 x_1 去交换相同数量的 x_2,因为相对于 x_1 而言,x_2 更稀缺(见图 2 - 13)。

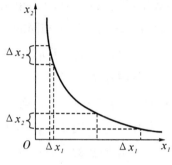

图 2 - 13　MRS 递减

第三节　效用函数

一、效用函数——偏好的数学表示

前面讲到了,理性的偏好可以用无差异曲线表示出来。既然偏好可以用图形和曲线表示出来,当然也可以用函数形式表示出来,这个函数就是效用函数。

如果在预算集 X 上存在函数 $u = u(x) = u(x_1, x_2)$,那么对于任意的两个消费束 $x^a = (x_1^a, x_2^a)$ 和 $x^b = (x_1^b, x_2^b)$,当且仅当 $x^a \succsim x^b$,有 $u(x^a) \geq u(x^b)$,则称函数 $u(x)$ 为代表某一偏好的效用函数。

从效用函数的定义中我们看出,效用函数是指对每个可能的消费束指派一个数字的方法,对消费者更为偏好的消费束指派一个更大的数字,对偏好较低的消费束指派一个较低的数值。实际上,效用函数也就是消费者的偏好关系的数值表示方法。但是对消费束指派数值的方法有很多,如消费束 (x_1, x_2) 的一种指派方法构成的一个效用函数是 $u(x_1, x_2) = x_1 x_2$,那么 $x_1 x_2 + 6$ 是对消费束 (x_1, x_2) 的另外一种指派方法,而这种指派方法构成的函数 $u(x_1, x_2) = x_1 x_2 + 6$ 也是一个效用函数,这一效用函数与前面的效用函数实际上代表同一偏好。为什么说它们代表同一偏好呢? 这是因为,虽然两个效用函数指派的效用数值不一样,比如对消费束(1,1),前一种方法指派的数值为1,后一种指派的数值为7;对消费束(2,2),前一种方法指派的数值为4,后一种指派的数值为10,但是这两个效用函数所代表的大小顺序是一致的,7 > 1,10 > 4都代表着(2,2) > (1,1)。既然两个效用函数所代表的赋值方法都是代表着消费束的相同排序,那么它们就代表着相同偏好。当然我们还可以找到更多由不同指派方法构成的效用函数与初始效用函数代表同一偏好的例子,如 $u(x_1, x_2) = 2x_1x_2$,也与前面两个效用函数一样代表同一偏好。实际上,效用函数有这样一个性质:如果 $u(x)$ 是代表偏好的效用函数,那么 $u(x)$ 的单调变换还是一个效用函数,而且这个效用函数与原效用函数所代表的偏好是相同的。$u(x)$ 的单调变换是指 $u(x)$ 的一个变换函数 $f(u)$。当 $u_1 > u_2$ 时,$f(u_1) > f(u_2)$,那么 $f(u)$ 是 $u(x)$ 的一个单调变换。如果 $f(u)$ 是 $u(x)$ 的一个单调变换,那么 $f[u(x_1, x_2)]$ 也是一个效用函数,与效用函数 $u(x_1, x_2)$ 所代表的偏好一样。实际上,前面的例子中 $x_1x_2 + 6$ 和 $2x_1x_2$ 都是效用函数 $u(x_1, x_2) = x_1x_2$ 的单调变换,因此三者都是代表同一偏好的效用函数。

我们也可以从无差异曲线和效用函数的关系中加深对偏好、无差异曲线和效用函数的理解。我们知道无差异曲线遍布整个坐标系的第一象限,越远离原点,代表偏好水平越高。如果对每条无差异曲线赋一个值,要求越远离原点的无差异曲线赋的值越大,那么我们就可以通过无差异曲线构造效用函数,具体参见图2-14。

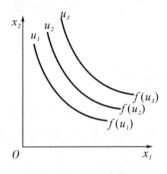

图2-14 单调变换

例如,我们对图2-14中的无差异曲线分别赋予 u_1, u_2, u_3 的值,其中 $u_3 > u_2 > u_1$。很明显,如果对 u 做一个单调变换 $f(u)$,相应无差异曲线的赋值就变为 $f(u_1)$,$f(u_2)$,$f(u_3)$,且 $f(u_3) > f(u_2) > f(u_1)$。这只是改变了每条无差异曲线的赋值方法,而没有改变无差异曲线,当然也就没有改变偏好。反过来我们也可以看到,只要知道了一个效用函数,就可以画出无差异曲线。当效用值保持特定值不变时,我们从效用函数中就可以找到满足特定效用值的所有的 (x_1, x_2) 组成的集合,这个集合就是无差异曲线。例如,效用函数为 $u(x_1, x_2) = x_1x_2$,当效用函数值为12时,$(2,6)$,$(3,4)$,$(4,3)$,$(6,2)$ 等点就构成了效用为12的无差异曲线,见图2-15。

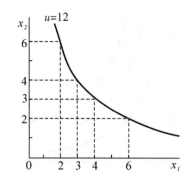

图 2－15　$u=12=x_1x_2$ 的无差异曲线

二、常见的效用函数

在经济学中,我们会陆陆续续遇到很多效用函数,这里我们介绍一些常见的效用函数。

（一）完全替代品的效用函数

这对应着前面完全替代品的偏好。我们知道完全替代品的偏好是两种商品以固定比例进行替换,无差异曲线成线形。因此,完全替代品的效用函数的一般形式为

$$u(x_1,x_2)=ax_1+bx_2(a>0,b>0)$$

其替代比率或边际替代率为 a/b。

（二）完全互补品的效用函数

这对应着前面完全互补品的偏好。完全互补品的偏好是指两种商品以固定比例搭配使用,单独增加一种商品并不会增加消费者的效用,这时的无差异曲线呈 L 形。实际上,从无差异曲线中我们可以看出完全互补品的偏好关键取决于转折点。因此,其效用函数的形式为

$$u(x_1,x_2)=\min\{ax_1,bx_2\}\ (a>0,b>0)$$

这个效用函数表示消费者每消费 1 个单位 x_1,要和 a/b 个 x_2 搭配使用。

（三）柯布－道格拉斯效用函数

$$u(x_1,x_2)=x_1^a x_2^b(a>0,b>0)$$

柯布－道格拉斯效用函数所代表的偏好是典型的具有良好性状的偏好:单调的和严格凸性的。其无差异曲线如图 2－16 所示。

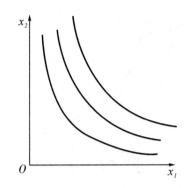

图 2 - 16　柯布 - 道格拉斯偏好的无差异曲线

（四）拟线性效用函数

拟线性效用函数的一般形式为

$$u(x_1, x_2) = x_1 + f(x_2)$$

其中，$f(x)$ 为非线性函数。

之所以叫拟线性效用函数，是因为效用函数对于商品 1 来说是线性的，对于商品 2 来说是非线性的，因此效用函数呈现出"局部线性"或"拟线性"性质。拟线性效用函数对应着拟线性偏好。如图 2 - 17 所示，其无差异曲线沿着横轴平行移动而得。

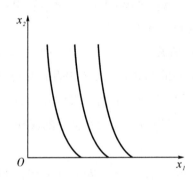

图 2 - 17　拟线性偏好的无差异曲线

三、边际效用和边际替代率

边际效用是指每增加一个单位商品的消费所带来的消费者效用水平的增加，经济学用 MU 来表示。商品 1 的边际效用为 MU_1，商品 2 的边际效用为 MU_2。其数学表达式为

$$MU_1 = \frac{\partial u(x_1, x_2)}{\partial x_1}, MU_2 = \frac{\partial u(x_1, x_2)}{\partial x_2}$$

如果偏好满足单调性，则 $MU_1 > 0, MU_2 > 0$。

有了效用函数和边际效用的概念，我们就很容易得到边际替代率的表达式为

$$\mathrm{MRS}_{1,2} = -\mathrm{d}x_2/\mathrm{d}x_1 = \mathrm{MU}_1/\mathrm{MU}_2$$

证明：假设效用函数为 $u(x_1,x_2)$，则

$$\mathrm{d}u(x_1,x_2) = \frac{\partial u(x_1,x_2)}{\partial x_1}\mathrm{d}x_1 + \frac{\partial u(x_1,x_2)}{\partial x_2}\mathrm{d}x_2$$

$$= \mathrm{MU}_1\,\mathrm{d}x_1 + \mathrm{MU}_2\,\mathrm{d}x_2$$

因为 MRS 是无差异曲线的斜率，所以 u 为定值，即 $\mathrm{d}u(x_1,x_2)=0$，则

$$\mathrm{MU}_1\,\mathrm{d}x_1 + \mathrm{MU}_2\,\mathrm{d}x_2 = 0$$

$$\mathrm{MU}_1/\mathrm{MU}_2 = -\mathrm{d}x_2/\mathrm{d}x_1$$

$$\mathrm{MRS}_{1,2} = -\frac{\mathrm{d}x_2}{\mathrm{d}x_1} = \frac{\mathrm{MU}_1}{\mathrm{MU}_2}$$

边际效用和边际替代率是两个既有联系又有区别的概念，很多读者没有透彻地理解这两个概念。从上面的分析中我们可以看出，边际替代率是边际效用的比值。同时，很多读者也往往混淆了边际替代率递减和边际效用递减这两个概念。他们认为边际替代率递减和边际效用递减是一回事，或者说是边际效用递减造成了边际替代率递减，但是这个观念是不正确的。实际上，边际效用递增也可以推出边际替代率递减。

复习思考题

1. 请画出预算约束线 $3x_1+5x_2=15$ 的图形。当商品 1 的价格翻了一倍，商品 2 的价格降了 1 元，收入是原来的 4 倍时，画出新的预算约束线。当商品 1 的价格、商品 2 的价格和收入都是原来的 3 倍时，请画出这时的预算约束线。

2. 如果两种商品都是厌恶品，请画出这时的无差异曲线。

3. 请证明两条无差异曲线不会相交。

4. 请画出效用函数 $u=3(x_1^2+2x_1x_2+x_2^2)+10$ 的无差异曲线，请问这是哪一种偏好？

5. 请求出柯布－道格拉斯效用函数的边际效用和边际替代率，请问边际替代率是否递减？

练习题

1. 消费者的预算约束线为 $6x_1 + 10x_2 = 60$。请将以下曲线画在一张图中。

（1）请画出预算约束线。

（2）当政府对第一种商品进行从量补贴时，补贴额为 1 元，请写出新的预算线方程，并画出新的预算约束线。

（3）当政府对第二种商品征收从价税时，税率为 20%，请写出新的预算线方程，并画出新的预算约束线。

（4）当政府给消费者一次性总额补贴 30 元时，请写出新的预算线方程，并画出新的预算约束线。

（5）政府免费提供 5 个单位的第一种商品给消费者，请写出新的预算线方程，并画出新的预算线。

2. 如果消费者的效用函数为 $u = \max(x_1, x_2)$，请画出其无差异曲线，请问该无差异曲线满足单调性吗？满足凸性吗？

3. 请问下列偏好中哪些是良好性状的偏好：完全替代品的偏好、完全互补品的偏好、具有厌恶品的偏好、具有餍足情况的偏好、拟线性偏好和柯布－道格拉斯偏好。

4. 下列哪些是单调变化：

（1）$v = 2u - 8$

（2）$v = -1/u^2$

（3）$v = \ln u$

（4）$v = e^u$

（5）$v = -e^{-u}$

5. 有下列三个效用函数：

（1）$U(X, Y) = XY$

（2）$U(X, Y) = X^2 Y^2$

（3）$U(X, Y) = \ln X + \ln Y$

请计算它们的边际效用和边际替代率，验证其是否满足边际效用递减规律和边际替代率递减规律，从中可以得到什么启示？

6. 请计算下列效用函数的边际效用和边际替代率：完全替代品的效用函数、完全互补品的效用函数、拟线性效用函数和柯布－道格拉斯效用函数。

7. 如果效用函数为 $u = u(x_1, x_2)$。

（1）求出函数的边际效用和边际替代率。

（2）证明如果边际替代率递减，一定有：$u_{11}(u_2)^2 + u_{22}(u_1)^2 - 2u_1 u_2 u_{12} < 0$。

（3）该效用函数为拟凹函数，请写出其定义表达式，并同（2）比较。

8. 消费者的效用函数为 $u = \min\{x_1 + 2x_2, 2x_1 + x_2\}$。

（1）请画出其无差异曲线。

（2）当 $x_1 = 5, x_2 = 2$ 时，消费者愿意用多少 x_1 去交换一个 x_2？当 $x_1 = 2, x_2 = 5$ 时呢？当 $x_1 = 5, x_2 = 5$ 时呢？

9. 花掉所有的预算收入，可买到 4 个单位 X 和 6 个单位 Y，或者买到 12 个单位 X 和 2 个单位 Y，请画出预算线。预算线的斜率为多少？全部买 X，能买多少个单位？全部买 Y，能买多少个单位？

10. $U = ax + by, a - b > 0$，求 $x = 4, y = 12$ 时商品的边际替代率 MRSxy.

11. 下列效用函数表示何种偏好？

$U(x_1, x_2) = \sqrt{x_1 + x_2}$

$U(x_1, x_2) = \sqrt{x_1 x_2}$

$U(x_1, x_2) = x_1 + \sqrt{x_2}$

12. 柯布－道格拉斯偏好效用函数为 $U(x_1, x_2) = x_1^a x_2^b$。求 x_1, x_2 的边际效用、边际替代率 MRS$_{1,2}$，是否满足边际替代率递减？是否满足凸性？是否为良好性状的偏好？能否用 $U(x_1, x_2) = a\ln x_1 + b\ln x_2$ 表示柯布－道格拉斯偏好？

第三章　效用最大化和支出最小化

把上一章所分析的预算集、偏好、无差异曲线和效用函数的概念综合到一起,我们就可以开始分析消费者的选择行为了。消费者选择的最基本行为就是要在可选择的消费束中选择合适的消费束以实现其自身效用的最大化。与此等价的一个命题就是消费者要达到既定的效用水平,如何花费最小,也即支出最小化的问题。本章的目的就是分析消费者实现效用最大化和支出最小化的条件,得到相应的需求函数和值函数,并且讨论两者之间的关系。

第一节　效用最大化

一、效用最大化(UMP)的一阶条件和二阶条件

(一)一阶条件

效用最大化问题就是消费者在预算约束下选择合意的消费束,以实现最大化效用函数。从数学的角度讲,效用最大化问题就是求解下列等式约束下的最优化问题

$$\max u = u(x_1, x_2)$$

$$\text{s. t. } p_1 x_1 + p_2 x_2 = y$$

求解效用最大化的基本方法就是运用拉格朗日乘数法,构造拉格朗日函数

$$L = u(x_1, x_2) + \lambda[y - p_1 x_1 - p_2 x_2]$$

效用最大化的一阶条件为

$$\frac{\partial L}{\partial x_1} = \frac{\partial u}{\partial x_1} - \lambda p_1 = 0 \Rightarrow \frac{\partial u}{\partial x_1} = \lambda p_1 \Rightarrow \mathrm{MU}_1 = \lambda p_1 \tag{1}$$

$$\frac{\partial L}{\partial x_2} = \frac{\partial u}{\partial x_2} - \lambda p_2 = 0 \Rightarrow \frac{\partial u}{\partial x_2} = \lambda p_2 \Rightarrow \mathrm{MU}_2 = \lambda p_2 \tag{2}$$

$$\frac{\partial L}{\partial \lambda} = y - p_1 x_1 - p_2 x_2 = 0 \Rightarrow p_1 x_1 + p_2 x_2 = y \tag{3}$$

效用最大化的一阶条件为三个等式,其中式(3)实际上就是预算约束线方程。它只是要求消费者购买的消费束必须满足预算约束。式(1)和式(2)是两个新的条件,有很强的经济含义。我们将式(1)和式(2)变形,等式两边同时除以各自的价格,

式（1）变为

$$MU_1/p_1 = \lambda$$

式（2）变为

$$MU_2/p_2 = \lambda$$

两式联立可得

$$\frac{MU_1}{p_1} = \frac{MU_2}{p_2} = \lambda \tag{4}$$

式（4）说明，消费者要实现效用最大化，必须要满足每种商品的边际效用与价格之比要相等，都等于λ，很显然$\lambda > 0$。在稍后的内容中，我们就会看到λ实际上是货币的边际效用。那么，消费者效用最大化的一阶条件告诉我们，消费者要实现效用最大化，其花在每种商品的每一元钱所带来的边际效用必须相等，并且等于货币的边际效用。式（4）因此也被称为等边际原则。

如果我们用式（1）除以式（2），那么得到

$$\frac{MU_1}{MU_2} = \frac{p_1}{p_2}$$

从上一章的内容我们知道，$MRS_{1,2} = MU_1 / MU_2$，两式联立可得

$$MRS_{1,2} = p_1 / p_2 \tag{5}$$

式（5）告诉我们，要实现效用最大化，消费者的边际替代率必须等于商品价格之比。消费者的边际替代率是无差异曲线的斜率，商品价格之比为预算约束线的斜率。因此，式（5）实际上是说，在消费者实现效用最大化的点上，无差异曲线的斜率要等于预算约束线的斜率。也就是说，无差异曲线和预算约束线相切于效用最大化的消费束点，见图3-1。

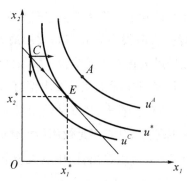

图3-1　无差异曲线和预算约束线相切于效用最大化的消费束点

在图3-1中，无差异曲线u^A的效用水平最高，但是其线上的任何一点（比如A点）都不满足一阶条件中的式（3），因此其线上的任何一点都不是效用最大化问题的解。我们再看无差异曲线u^C上的点C，它满足式（3），但不满足式（5），或者说不满足式（1）和式（2）。从图形上看，无差异曲线和预算约束线并没有相切而是相交了，

则点 C 也没有实现效用最大化。这是因为点 E 的效用水平是高于点 C 的,而且点 E 也是可行的。点 C 没有实现效用最大化,那会发生什么情况呢? 在点 C 处,边际替代率没有等于商品价格之比,而是 $\text{MRS}_{1,2} > \dfrac{p_1}{p_2}$。这时,消费者更愿意增加对 x_1 的消费,减少对 x_2 的消费。于是,消费束会沿着图 $3-1$ 中箭头的方向运行,以提高消费者的效用水平,直到运行到 E 点。此时,消费者的 $\text{MRS}_{1,2} = \dfrac{p_1}{p_2}$,消费者再没有在两种商品中进行交换的激励,即消费者已实现效用最大化,处于一种均衡状态。因此,消费者实现效用最大化的一阶条件在很多书上也称为消费者均衡条件。

(二)二阶条件

消费者要实现效用最大化,就必须满足一阶条件,但这只是说一阶条件是实现效用最大化的必要条件,而不是充分条件。换句话说,满足了一阶条件的消费束未必实现了效用的最大化。这一点我们可以在图 $3-2$ 中清楚地看到。

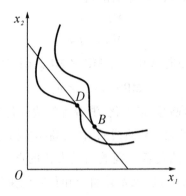

图 $3-2$ 非凸性偏好

图 $3-2$ 中的点 D 和点 B 都满足一阶条件。它们所在的无差异曲线都和预算约束线相切,同时都满足预算约束,但很明显 B 点是效用最大化的点,而 D 点不是,因为 B 点优于 D 点。因此,效用最大化除了要检验一阶条件外,还要考察二阶条件。

消费者效用最大化的二阶条件实际上就是要求偏好必须是凸性的,或者说无差异曲线要凸向原点。从图 $3-2$ 可以看出,B 点是效用最大化的点,实际上 B 点所在的那部分无差异曲线是凸向原点的;D 点不是效用最大化的点,其所在的无差异曲线实际上是凹向原点的。从图 $3-1$ 可以看出,图中的无差异曲线就是凸向原点的,因此点 E 是效用最大化的点。

从数学上讲,二阶条件要求加边的海塞行列式大于零,即

$$\begin{vmatrix} 0 & g_1 & g_2 \\ g_1 & L_{11} & L_{12} \\ g_2 & L_{21} & L_{22} \end{vmatrix} = \begin{vmatrix} 0 & p_1 & p_2 \\ p_1 & u_{11} & u_{12} \\ p_2 & u_{21} & u_{22} \end{vmatrix} > 0$$

从一阶条件的式（1）和式（2）中，我们有 $p_i = \dfrac{u_i}{\lambda}, i = 1,2$，把它代入上式，有

$$
\begin{vmatrix}
0 & \dfrac{u_1}{\lambda} & \dfrac{u_2}{\lambda} \\[2mm]
\dfrac{u_1}{\lambda} & u_{11} & u_{12} \\[2mm]
\dfrac{u_2}{\lambda} & u_{21} & u_{22}
\end{vmatrix} > 0
$$

即要求

$$
\left[u_{11}(u_2)^2 + u_{22}(u_1)^2 - 2u_1 u_2 u_{12} \right] \frac{1}{\lambda^2} < 0
$$

因此，要求

$$
u_{11}(u_2)^2 + u_{22}(u_1)^2 - 2u_1 u_2 u_{12} < 0 \tag{6}
$$

根据第一章的讨论，式（6）实际上要求效用函数是一个拟凹函数。

二阶条件是充分条件，也就是说当偏好是凸性的，无差异曲线是凸向原点的，或者效用函数是拟凹函数，那么满足了一阶条件的解就是效用最大化的点。当然在本教材中大部分效用函数都满足二阶条件，因此很多时候只要求满足一阶条件就可以了。但是当我们对不太熟悉的效用函数求效用最大化的解时，就需要验证二阶条件了，否则很有可能得出错误的结论。

二、马歇尔需求函数

当消费者的选择满足了一阶条件和二阶条件时，其选择实现了效用最大化，这时消费者就会选择最优的消费束，如图 3 - 1 所示的 E 点所对应的消费束 (x_1^*, x_2^*)。实际上最优消费束完全可以通过一阶条件的三个等式，即式（1）、式（2）、式（3）求解出来，这时求解的结果最终取决于价格 p_1，p_2 和收入 y，即

$$
x_1^* = x_1(p_1, p_2, y), \quad x_2^* = x_2(p_1, p_2, y)
$$

这个结果实际上就是消费者的需求函数，取决于消费者的收入和商品的价格。经济学把这种需求函数称为马歇尔需求函数（有的学者也称其为斯勒茨基需求函数）。

马歇尔需求函数有一个很重要的性质，即需求函数是关于价格和收入的零次齐次函数，也即

$$
x_1(p_1, p_2, y) = x_1(tp_1, tp_2, ty)
$$

$$
x_2(p_1, p_2, y) = x_2(tp_1, tp_2, ty)
$$

其中，$t > 0$。

马歇尔需求函数的零次齐次性的含义是指，当价格和收入同比例变化时，消费者

的需求量保持不变。这个结果很直观,价格和收入同比例变化,对消费者来说实际上没有任何影响。从图形上我们也可以看出,此时的预算约束线不会移动,无差异曲线也没变,当然最优的消费束也不会变化。

例1:设效用函数为 $u(x_1, x_2) = x_1^a x_2^b$,求马歇尔需求函数。

解:我们构造拉格朗日函数

$$L = x_1^a x_2^b + \lambda [y - p_1 x_1 - p_2 x_2]$$

$$\frac{\partial L}{\partial x_1} = \frac{\partial u}{\partial x_1} - \lambda p_1 = a x_1^{a-1} x_2^b - \lambda p_1 = 0 \Rightarrow a x_1^{a-1} x_2^b = \lambda p_1 \tag{7}$$

$$\frac{\partial L}{\partial x_2} = \frac{\partial u}{\partial x_2} - \lambda p_2 = b x_1^a x_2^{b-1} - \lambda p_2 = 0 \Rightarrow b x_1^a x_2^{b-1} = \lambda p_2 \tag{8}$$

$$\frac{\partial L}{\partial \lambda} = y - p_1 x_1 - p_2 x_2 = 0 \tag{9}$$

由式(7)除以式(8),可得

$$\frac{a}{b} \frac{x_2}{x_1} = \frac{p_1}{p_2} \Rightarrow x_2 = \frac{b}{a} \frac{p_1}{p_2} x_1 \tag{10}$$

将式(10)代入式(9),可得

$$x_1 = \frac{a}{a+b} \frac{y}{p_1}, x_2 = \frac{b}{a+b} \frac{y}{p_2} \tag{11}$$

当然,我们还应该验证解的二阶条件,在这里我们不做验证,留给读者自己练习。实际上,这个解满足二阶条件,因此我们求得的解是实现了效用最大化的最优解。

三、间接效用函数

如果我们把求得的马歇尔需求函数 x_1^*, x_2^* 代入效用函数,就可以求得最大的效用水平 u^*,那么有

$$u^* = u(x_1^*, x_2^*) = u[x_1(p_1, p_2, y), x_2(p_1, p_2, y)]$$

我们看到最大的效用水平 u^* 取决于 p_1, p_2, y。换句话说,最大的效用水平 u^* 是 p_1, p_2, y 的函数,我们记为 $v(p_1, p_2, y)$,那么有

$$u^* = u(x_1^*, x_2^*) = u[x_1(p_1, p_2, y), x_2(p_1, p_2, y)] = v(p_1, p_2, y)$$

我们把 $v(p_1, p_2, y)$ 称为间接效用函数,是因为消费者的效用直接取决于所消费的消费束 (x_1, x_2),间接取决于商品的价格和消费者的收入水平。按照这样理解,$u(x_1, x_2)$ 就被称为直接效用函数。

例2:求效用函数为 $u(x_1, x_2) = x_1^a x_2^b$ 的间接效用函数。

解:根据例1中得到的马歇尔需求函数,代入直接效用函数,得

$$v = \left(\frac{a}{a+b} \frac{y}{p_1}\right)^a \left(\frac{b}{a+b} \frac{y}{p_2}\right)^b$$

间接效用函数把价格和收入与效用水平联系起来了,因此当考虑商品价格和消费者收入变化对消费者的效用水平的影响时,有了间接效用函数就非常方便了。进一步地,我们对间接效用函数应当有更深入的认识,以下是间接效用函数具有的一些性质。

性质1:间接效用函数对于价格和收入是零次齐次函数,即 $v(p_1, p_2, y) = v(tp_1, tp_2, ty)$,其中 $t > 0$。

证明:

$$\begin{aligned}
v(tp_1, tp_2, ty) &= u[x_1(tp_1, tp_2, ty), x_2(tp_1, tp_2, ty)] \\
&= u[x_1(p_1, p_2, y), x_2(p_1, p_2, y)] \\
&= v(p_1, p_2, y)
\end{aligned}$$

第一个、第三个等号成立是源于间接效用函数的定义,第二个等号成立的原因是马歇尔需求函数的零次齐次性。

间接效用函数的零次齐次性告诉我们,当收入和价格同比例变化时,最大效用水平不变。这是因为收入和价格的同比例变化,不会影响消费者的最优选择,当然也就不会改变消费者最大的效用水平。

性质2:间接效用函数是收入的严格递增函数,即 $\partial v / \partial y > 0$。

证明:根据包络定理,有

$$\frac{\partial v}{\partial y} = \frac{\partial u^*}{\partial y} = \frac{\partial L^*}{\partial y} = \frac{\partial L}{\partial y} = \lambda > 0$$

从性质2得知,随着收入的增加,消费者最大化的效用水平一定会增加。这很直观,随着收入的增加,消费者可以购买到更多的各种商品,消费者得到的效用自然也会增加。

从性质2我们还知道,$\lambda = \partial v / \partial y$,这说明每增加一元钱所带来的效用的增加量正好等于 λ,这也印证了前面所说的 λ 是货币的边际效用。

性质3:间接效用函数是单个价格 p_i 的递减函数,即 $\partial v / \partial p_i \leqslant 0$, $i = 1, 2$。

证明:根据包络定理,有

$$\frac{\partial v}{\partial p_i} = \frac{\partial u^*}{\partial p_i} = \frac{\partial L^*}{\partial p_i} = \frac{\partial L}{\partial p_i} = -\lambda x_i^* \leqslant 0$$

其中,$i = 1, 2$。

从性质3得知,随着商品价格的提高,消费者的效用水平不会提高,往往会下降,这和我们的常识是吻合的。

性质4:罗伊恒等式 $x_i(p_1, p_2, y) = -\dfrac{\partial v / \partial p_i}{\partial v / \partial y}$。

证明:根据性质2和性质3得到的表达式,两者相除就得到了罗伊恒等式。

罗伊恒等式告诉我们,如果知道了间接效用函数,只需要进行简单的求导运算就可以很快地得到马歇尔需求函数。

第二节　支出最小化

上一节我们讨论了消费者效用最大化问题,接下来我们讨论效用最大化问题的等价问题——支出最小化。有了前面的分析,支出最小化问题就比较容易了。

一、支出最小化(EMP)的一阶条件和二阶条件

(一)一阶条件

支出最小化问题是消费者达到给定的效用水平,如何使花费最小。其数学表达式为

$$\min e = p_1 x_1 + p_2 x_2$$

$$\text{s. t. } u(x_1, x_2) = u$$

这里的 u 是一个给定的效用值,e 代表消费者的支出水平。

求解支出最小化的基本方法也是运用拉格朗日乘数法,构造拉格朗日函数

$$L = (p_1 x_1 + p_2 x_2) + \theta[u - u(x_1, x_2)]$$

支出最小化的一阶条件为

$$\frac{\partial L}{\partial x_1} = p_1 - \theta \frac{\partial u}{\partial x_1} = 0 \Rightarrow p_1 = \theta \frac{\partial u}{\partial x_1} \Rightarrow p_1 = \theta \text{MU}_1 \tag{12}$$

$$\frac{\partial L}{\partial x_2} = p_2 - \theta \frac{\partial u}{\partial x_2} = 0 \Rightarrow p_2 = \theta \frac{\partial u}{\partial x_2} \Rightarrow p_2 = \theta \text{MU}_2 \tag{13}$$

$$\frac{\partial L}{\partial \theta} = u - u(x_1, x_2) = 0 \Rightarrow u(x_1, x_2) = u \tag{14}$$

式(14)重复了约束条件,因此这里重点分析式(12)和式(13)。我们看到式(12)、式(13)和式(1)、式(2)非常相似。实际上,如果 $\lambda = 1/\theta$,那么它们彼此就完全对应了。对式(12)和式(13)进行变形并联立可得

$$\frac{\text{MU}_1}{p_1} = \frac{\text{MU}_2}{p_2} = \frac{1}{\theta} \tag{15}$$

除了 λ 换成了 $1/\theta$ 以外,式(15)基本上和式(4)相同。这说明只有满足了等边际原则,消费者才能实现支出最小化。

对式(15)再进行变形,也可以得到

$$\text{MRS}_{1,2} = \frac{\text{MU}_1}{\text{MU}_2} = \frac{p_1}{p_2} \tag{16}$$

式(16)和式(5)完全一样。这也说明,消费者要实现支出最小化就必须满足边际替代率等于商品价格之比。换句话说,无差异曲线必须要和等支出线相切于支出最小化的点。请参见图 3 - 3,其中 E 点是实现支出最小化的点,而其他点(比如

A 点、C 点)则不是,因为这些点不满足一阶条件。

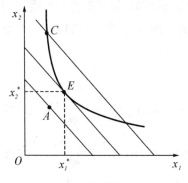

图 3 - 3　支出最小化

（二）二阶条件

同样,一阶条件只是必要条件,要实现支出最小化也必须考虑二阶条件。支出最小化的二阶条件和效用最大化的二阶条件完全一样,即要求偏好是凸性的,无差异曲线是凸向原点的,或者效用函数是拟凹函数,那么满足一阶条件的解就是支出最小化的最优解。

二、希克斯需求函数和支出函数

当消费者实现支出最小化时,其所消费的商品数量为(x_1^*,x_2^*),如图3 - 3所示。这个数量也可以通过一阶条件的三个等式,即式(12)、式(13)和式(14)求解出来。这时商品的最优需求量就取决于商品的价格和消费者要达到的效用水平,即商品的需求量是价格和效用水平的函数,我们记为

$$x_1^* = h_1(p_1,p_2,u),x_2^* = h_2(p_1,p_2,u)$$

我们不用$x_1^* = x_1(p_1,p_2,u),x_2^* = x_2(p_1,p_2,u)$是为了和马歇尔需求函数相区别。支出最小化时的最优需求量是价格p_1,p_2和效用u的函数。经济学把这种函数$h_1(p_1,p_2,u),h_2(p_1,p_2,u)$称为希克斯需求函数。这里我们强调马歇尔需求函数和希克斯需求函数的区别:马歇尔需求函数是效用最大化时最优的商品需求量,取决于商品价格和消费者的收入水平;希克斯需求函数是支出最小化时最优的商品需求量,取决于商品价格和消费者要达到的效用水平。

把希克斯需求函数代入目标函数,就可以求出消费者达到既定效用水平的最小的支出水平,有

$$e^* = p_1 x_1^* + p_2 x_2^*$$
$$= p_1 h_1(p_1,p_2,u) + p_2 h_2(p_1,p_2,u)$$
$$= e(p_1,p_2,u)$$

可以看出,消费者最优的支出水平实际上是取决于商品的价格和消费者要实现

的效用水平的,我们把 $e(p_1,p_2,u)$ 称为支出函数。

希克斯需求函数和支出函数都有很多重要的性质,本书不做过多的介绍,但在这里我们需要掌握一个重要的引理——谢泼德引理。它把希克斯需求函数和支出函数联系了起来,非常有用。

谢泼德引理为

$$h_i(p_1,p_2,u) = \frac{\partial e(p_1,p_2,u)}{\partial p_i}, i = 1,2$$

证明:这里以证明 $h_1(p_1,p_2,u) = \dfrac{\partial e(p_1,p_2,u)}{\partial p_1}$ 为例。

因为 $e(p_1,p_2,u) = p_1 h_1(p_1,p_2,u) + p_2 h_2(p_1,p_2,u)$,所以有

$$\frac{\partial e(p_1,p_2,u)}{\partial p_1} = h_1(p_1,p_2,u) + p_1\frac{\partial h_1(p_1,p_2,u)}{\partial p_1} + p_2\frac{\partial h_2(p_1,p_2,u)}{\partial p_1}$$

现在看 $p_1\partial h_1(p_1,p_2,u)/\partial p_1 + p_2\partial h_2(p_1,p_2,u)/\partial p_1$ 等于多少?

因为 $u(x_1,x_2) = u$,所以有

$$u[h_1(p_1,p_2,u),h_2(p_1,p_2,u)] = u$$

两边同时对 p_1 求导得

$$\frac{\partial u}{\partial h_1}\times\frac{\partial h_1(p_1,p_2,u)}{\partial p_1} + \frac{\partial u}{\partial h_2}\times\frac{\partial h_2(p_1,p_2,u)}{\partial p_1} = 0$$

$$\mathrm{MU}_1\times\frac{\partial h_1(p_1,p_2,u)}{\partial p_1} + \mathrm{MU}_2\times\frac{\partial h_2(p_1,p_2,u)}{\partial p_1} = 0$$

根据式(12)、式(13)可知,$\mathrm{MU}_1 = p_1/\theta$,$\mathrm{MU}_2 = p_2/\theta$,则有

$$\frac{p_1}{\theta}\times\frac{\partial h_1}{\partial p_1} + \frac{p_2}{\theta}\times\frac{\partial h_2}{\partial p_1} = 0$$

上式两边同时乘以 θ,得

$$p_1\partial h_1(p_1,p_2,u)/\partial p_1 + p_2\partial h_2(p_1,p_2,u)/\partial p_1 = 0$$

那么

$$
\begin{aligned}
\partial e(p_1,p_2,u)/\partial p_1 &= h_1(p_1,p_2,u) + p_1\partial h_1(p_1,p_2,u)/\partial p_1 + \\
&\quad p_2\partial h_2(p_1,p_2,u)/\partial p_1 \\
&= h_1(p_1,p_2,u) + 0 \\
&= h_1(p_1,p_2,u)
\end{aligned}
$$

得证。

同理,我们也可以运用类似方法证明 $h_2(p_1,p_2,u) = \dfrac{\partial e(p_1,p_2,u)}{\partial p_2}$。

第三节 效用最大化和支出最小化的关系

效用最大化和支出最小化从本质上都反映了理性消费者的选择行为,只是强调的重点不一样,一个侧重讨论如何使消费者获得最大的满足,一个侧重讨论如何使花费最少。两个问题实际上是等价的问题。从两者必须满足的一阶条件和二阶条件就看得很清楚,两者的二阶条件完全一样,一阶条件都要求满足等边际原则,或者说边际替代率要等于价格之比,或者说消费者的无差异曲线要和预算约束线(或等支出线)相切。

这里有两个命题能够更好地反映效用最大化和支出最小化的关系。

命题1:当消费者收入为 y 时,$x^* = (x_1^*, x_2^*)$ 是效用最大化的解,那么当效用水平为 $u(x^*)$ 时,x^* 也是支出最小化的解,而且这时最小支出水平正好为 y。

命题1如图3-4所示。

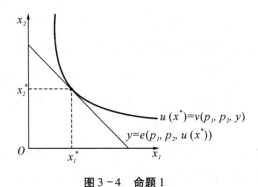

图3-4 命题1

当消费者的收入为 y 时,$x^* = (x_1^*, x_2^*)$ 实现了效用最大化,此时的需求就是马歇尔需求,可以表示为 $x^* = [x_1(p_1, p_2, y), x_2(p_1, p_2, y)]$,此时的效用水平为 $u(x^*) = v(p_1, p_2, y)$。当效用水平为 $u(x^*) = v(p_1, p_2, y)$ 时,很显然 x^* 也正好实现了支出最小化,此时的需求就是希克斯需求,可以表示为 $x^* = h_1[p_1, p_2, u(x^*)]$,$h_2[p_1, p_2, u(x^*)]$。希克斯需求量和马歇尔需求量实际上是同一个点,此时的最小支出水平正好为 y,可以表示为 $y = e[p_1, p_2, u(x^*)]$。根据上面的分析,我们可以得到以下几个重要的等式:

$$x_1(p_1, p_2, y) = h_1[p_1, p_2, u(x^*)] = h_1[p_1, p_2, v(p_1, p_2, y)] \qquad (17)$$

$$x_2(p_1, p_2, y) = h_2[p_1, p_2, u(x^*)] = h_2[p_1, p_2, v(p_1, p_2, y)] \qquad (18)$$

$$y = e[p_1, p_2, u(x^*)] = e[p_1, p_2, v(p_1, p_2, y)] \qquad (19)$$

命题 2：当效用水平为 u 时，$x^* = (x_1^*, x_2^*)$ 是支出最小化的解，那么当收入为 $p_1 x_1^* + p_2 x_2^*$ 时，x^* 也是效用最大化的解，此时的效用水平正好就是 u。

命题 2 如图 3-5 所示。

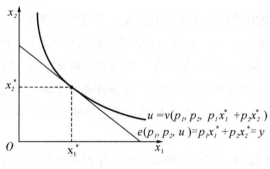

图 3-5 命题 2

当消费者的效用水平为 u 时，$x^* = (x_1^*, x_2^*)$ 实现了支出最小化，此时的需求是希克斯需求，可以表示为 $x^* = [h_1(p_1, p_2, u), h_2(p_1, p_2, u)]$，此时的最小支出水平为 $p_1 x_1^* + p_2 x_2^* = e(p_1, p_2, u)$。当收入为 $p_1 x_1^* + p_2 x_2^*$ 时，很显然，x^* 也正好实现了效用最大化，此时的需求就是马歇尔需求，可以表示为 $x^* = [x_1(p_1, p_2, p_1 x_1^* + p_2 x_2^*), x_2(p_1, p_2, p_1 x_1^* + p_2 x_2^*)]$。马歇尔需求量和希克斯需求量实际是同一个点，此时最大的效用水平正好为 u，可以表示为 $u = v(p_1, p_2, p_1 x_1^* + p_2 x_2^*)$。根据上述分析，我们可以得到以下几个重要等式：

$$h_1(p_1, p_2, u) = x_1(p_1, p_2, p_1 x_1^* + p_2 x_2^*) = x_1[p_1, p_2, e(p_1, p_2, u)] \qquad (20)$$

$$h_2(p_1, p_2, u) = x_2(p_1, p_2, p_1 x_1^* + p_2 x_2^*) = x_2[p_1, p_2, e(p_1, p_2, u)] \qquad (21)$$

$$u = v(p_1, p_2, p_1 x_1^* + p_2 x_2^*) = v[p_1, p_2, e(p_1, p_2, u)] \qquad (22)$$

复习思考题

1. 请判断例 1 的解是否满足二阶条件。

2. 验证例 2 的间接效用函数是否满足间接效用函数的性质。

3. 当效用函数为 $u = x_1 x_2$ 时，求出马歇尔需求函数和间接效用函数。

4. 当效用函数为 $u = x_1 x_2$ 时，求出希克斯需求函数和支出函数，并且和题 3 比较，验证马歇尔需求函数和希克斯需求函数之间的相互转换关系。

5. 当效用函数为 $u = \ln x_1 + \ln x_2$ 时，求马歇尔需求函数，并且和题 3 比较，可得出什么结论？

练习题

1. 当效用函数为完全替代品的效用函数时,求马歇尔需求函数并绘出示意图。

2. 当效用函数为完全互补品的效用函数时,求马歇尔需求函数并绘出示意图。

3. 设一个消费者的直接效用函数为 $u = a\ln x_1 + x_2$,构造出该消费者的间接效用函数,并运用罗伊恒等式去构造关于两种物品的需求函数。验证:这样得到的需求函数与从直接效用函数推得的需求函数是相同的。

4. 怀特的效用函数取决于他喝了多少马天尼 $U(m) = m$。同时,他只喝由两个单位杜松子酒(g)和一个单位苦艾酒(v)调配成的马天尼。因此,我们可以把他的效用函数重写为 $U(m) = U(g, v) = \min(g/2, v)$。

(1)画出怀特关于 g 和 v 的无差异曲线。证明无论两种成分的价格如何变化,都不会改变他调制马天尼的方法。

(2)计算 g 和 v 的需求函数。

(3)运用(2)中的结果说明怀特的间接效用函数是什么?

(4)计算怀特的支出函数。

5. 当消费者的效用函数 $u = \sqrt{x_1 x_2}$,$p_1 = 1$,$p_2 = 4$,$y = 8$ 时,求:

(1)消费者的需求量和效用水平。

(2)当对消费者征收 2 元的总额税时,消费者的需求量变为多少?效用水平为多少?

(3)如果对第 1 种商品征收从量税,每个单位的商品征收 1 元,消费者的需求量变为多少?效用水平为多少?

(4)征收从量税时,税收总额为多少?与(2)比较,可得出什么结论?

6. 当效用函数为 $u = \ln x_1 + \ln x_2$ 时,求希克斯需求函数和支出函数,并验证谢泼德引理。

7. 当 $u = \sqrt{x_1 x_2}$ 时,求希克斯需求函数和支出函数,并和题 6 中的结果进行比较。

8. 消费者效用函数为 $u = \sqrt{x_1^2 + x_2^2}$,当 $p_1 = 3$,$p_2 = 4$,$y = 50$ 时,求效用最大化的需求量,并验证二阶条件。

9. 请问以下函数可以作为马歇尔需求函数吗?为什么?

$$x(p_1, p_2, y) = \frac{2p_1 y}{p_1^2 + p_2^2}$$

10. 柯布－道格拉斯偏好效用函数为 $U(x_1, x_2) = x_1^a x_2^b$，预算约束为 $m = p_1 x_1 + p_2 x_2$。

（1）求出马歇尔需求函数。

（2）求出间接效用函数。

（3）验证罗伊恒等式。

11. 已知效用函数为 $U = \ln x + \ln y$，商品价格为 P_x 和 P_y。

（1）求出希克斯需求函数。

（2）求出支出函数。

（3）验证谢泼德引理。

12. 完全互补偏好，效用函数为 $U(x, y) = \min(x, 4y)$，预算约束为 $m = p_1 x_1 + p_2 x_2$，求解马歇尔需求函数。

13. 效用函数为 $U = q^{\frac{1}{2}} + 2m$，q 为消费的商品量，价格为 P，收入为 m，求解需求曲线。

14. 若无差异曲线是一条斜率为 t 的直线，$t < 0$，消费者选择价格为 P_1 和 P_2 的两种商品，预算收入为 m。请讨论消费者最优的商品组合并绘图。

15. 假设一位消费者想在北京、上海与广州三座城市中选择最佳居住地，假设他的选择只根据其效用函数 $u = x_1 x_2$ 来决定。已知北京的价格为 (p_1^b, p_2^b)，上海的价格为 (p_1^s, p_2^s)，且 $p_1^b p_2^b = p_1^s p_2^s$，但是 $p_1^b \neq p_1^s$，$p_2^b \neq p_2^s$，广州的价格为 (p_1^g, p_2^g)，其中 $p_1^g = \frac{1}{2}(p_1^b + p_1^s)$，$p_2^g = \frac{1}{2}(p_2^g + p_2^s)$，请问该消费者应该选择在广州居住吗？

第四章 比较静态和福利分析

通过第三章的学习,我们得到了消费者的马歇尔需求函数和希克斯需求函数,其中的马歇尔需求函数对我们的分析尤其重要,因为其取决于我们可以观测得到的变量——价格和收入水平。当价格和收入发生变化时,马歇尔需求量就会随之发生变化,这就是所谓的需求的比较静态分析。比较静态分析的方法在经济学里经常使用,主要讨论由于参数的变化,经济的初始均衡被打破,新的均衡形成,并且分析均衡变化过程中最优选择的变化及其相应经济性质的变化。对于需求函数而言,本章主要讨论价格和收入变化时马歇尔需求函数的经济特性的变化,并且也会探讨希克斯需求函数的一些比较静态的性质。同时,在本章中我们还要简单分析一下,价格变化后消费者福利的变化。最后,我们会从另一种角度——显示偏好的角度来理解消费者行为。

第一节 收入变化和价格变化分析

一、收入提供曲线和恩格尔曲线

当消费者的收入水平变化时(此时商品的价格保持不变),消费者需求量也会发生变化,可以通过图 4-1 来反映这种变化。我们知道,当只有消费者的收入水平发生改变时,预算约束线只会平移,如图 4-1 所示的预算线,$y^c > y^b > y^a$,此时对应的最优消费束为 (x_1^c, x_2^c),(x_1^b, x_2^b),(x_1^a, x_2^a)。如果我们绘出更多的预算线(反映收入的更多变化),那么我们就可以得到更多的最优消费束点,把所有的这些点连接起来,就得到一条曲线,这条曲线就是收入提供曲线,如图 4-1 所示。

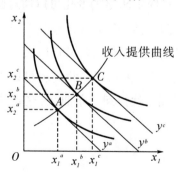

图 4-1 收入提供曲线

很明显,收入提供曲线是最优消费束的轨迹,但我们有时候想研究某一种商品的需求量(比如 x_1)随消费者的收入是怎么具体变化的,那么收入提供曲线就不是特别直观,这时就需要直接绘出收入-数量曲线。我们把需求量随收入变化的曲线称为恩格尔曲线。恩格尔曲线可以通过收入提供曲线绘出,我们在收入提供曲线中找到收入-需求量的组合,比如 (y^a, x_1^a),(y^b, x_1^b),(y^c, x_1^c),并且把这些点绘制在一张图上,得到的曲线就是恩格尔曲线,如图 4-2 所示。

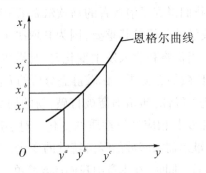

图 4-2 正常品的恩格尔曲线

从图 4-2 的恩格尔曲线中,我们看到随着收入的增加,商品 1 的需求量也随之增加。我们将随着收入增加需求量也增加的商品称为正常品,图 4-2 实际上画的就是正常品的恩格尔曲线。在生活中绝大多数商品是正常品。正常品的数学表达式为 $\partial x(p_1, p_2, y)/\partial y \geq 0$。

当然,在生活中还有一部分商品不属于正常品。换句话说,这类商品的需求量会随着消费者收入的增加而减少。我们把这类商品称为低档品,其数学表达式为 $\partial x(p_1, p_2, y)/\partial y < 0$。在生活中,日常的二手商品就是典型的低档品。

二、价格提供曲线和需求曲线

当某种商品的价格变化时(此时消费者的收入保持不变,其他商品的价格也保持不变),消费者需求量也会发生变化。在这里,我们假定商品 1 的价格发生变化,即 p_1 改变,而 p_2 和 y 不变,此时需求量的变化可以通过图 4-3 反映出来。我们知道,只有当商品价格发生改变时,预算约束线才会旋转,正如图 4-3 所示的预算线,$p_1^a > p_1^b > p_1^c$,此时对应的最优消费束为 (x_1^a, x_2^a),(x_1^b, x_2^b),(x_1^c, x_2^c)。如果我们绘出更多的预算线(反映价格的更多变化),那么我们就可以得到更多的最优消费束点。我们把所有的这些点连接起来,就得到一条曲线,这条曲线就是价格提供曲线,如图 4-3 所示。

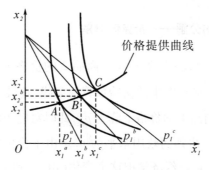

图 4 - 3　价格提供曲线

显然,价格提供曲线也是消费者最优消费束的轨迹,但它不能反映价格和需求量的直接关系,而这种关系往往很重要。这就需要直接绘出价格 - 数量的曲线。我们把需求量随价格变化的曲线称为需求曲线。需求曲线可以通过价格提供曲线绘出。我们在价格提供曲线中找到价格 - 需求量的组合,如 (p_1^a, x_1^a),(p_1^b, x_1^b),(p_1^c, x_1^c),并且把这些点绘制在一张图上,得到的曲线就是需求曲线。这条需求曲线称为马歇尔需求曲线,因为它反映的是价格、收入与需求量的关系。换句话说,它描绘的是马歇尔需求函数中价格变化的情形(见图 4 - 4)。

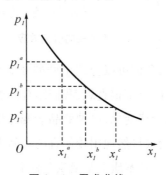

图 4 - 4　需求曲线

第二节　收入效应和替代效应

我们在上一节的图 4 - 4 中绘出了价格变化时的需求曲线。这条需求曲线是一条斜向下的需求曲线,反映了在收入和其他商品价格不变的情况下,商品自身价格的变化与该商品需求量之间成反比的关系,即商品价格上升需求量减少,商品价格下降需求量上升,这就是所谓的需求法则。是不是所有的商品都遵循需求法则,有没有例外呢? 这就需要我们对商品价格变化的效应做一个更加深入的分析。

一、价格变化效应的分解——希克斯分解

我们首先来看图4-5,假设收入为y,商品2的价格为p_2都保持不变。商品1的初始价格为p_1^a,此时对应于图中的初始预算约束线,其最优选择为A点,这时达到的效用水平为u^a;如果商品1的价格下降为p_1^c,此时对应于图中的最终预算约束线,其最优选择为C点,这时达到的效用水平为u^c。由于价格的变化,消费者对商品1的需求量由x_1^a增加到了x_1^c。经济学把这个变化(由x_1^a到x_1^c的变化)称为价格变化的总效应,它反映了价格变化对消费者需求量的总体影响。

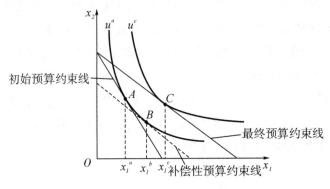

图4-5　正常品的价格效应

在价格变化的总效应中,我们可以分离出两种效应来:一种是替代效应,另一种是收入效应。这两种效应实际上都很直观,我们结合图形加以说明。

替代效应是指由于商品价格变化,一种商品会变得相对便宜,而另一种商品会变得相对较贵,那么消费者就会很自然地用较便宜的商品去替换相对较贵的商品,这就是所谓的替代效应。替代效应从本质上是要反映商品相对价格发生变化时对商品需求量的影响。因此,为了体现只有商品相对价格的变化,我们必须保持消费者的效用水平(或者实际收入水平)不变。经济学中把保持效用水平不变的价格效应分解称为希克斯分解,把保持实际收入水平不变的价格效应分解称为斯勒茨基分解。本部分讨论希克斯分解,后面部分讨论斯勒茨基分解。现在我们看看在图4-5中怎么体现希克斯的替代效应和收入效应。我们首先做一条辅助预算约束线,这条辅助预算约束线也称为补偿性预算约束线,如图4-5中虚线所示。它和最终预算约束线平行,反映了商品价格的相对变化(在第二章中我们知道,预算约束线平行,那么其斜率,即价格比就是一样的。这里的辅助预算约束线和最终预算约束线的斜率都为p_1^c/p_2,而初始预算约束线的斜率为p_1^a/p_2)。同时,这条辅助预算约束线要和最初的无差异曲线u^a相切,以保持原有的效用水平不变,并且实现了最优选择。这时的最优选择点为B点,消费者对商品1的最优需求量就变为x_1^b。消费者对商品1的需

求量由 x_1^a 增加到了 x_1^b，反映了商品价格变化的替代效应。

收入效应是指由于价格的变化，消费者实际收入会发生改变，从而引起需求量的变化。例如，商品价格的降低，在货币收入（或名义收入）不变情况下，意味着消费者实际收入（实际购买力）的增加，于是消费者就会调整其对商品的需求量。收入效应实质上是要反映消费者实际收入（实际购买力）的变化对商品需求量的影响。因此，为了突出实际收入的变化，就必须保证商品的相对价格不会发生改变（实际上相对价格变化的影响已经体现在替代效应中了）。从图 4-5 中我们可以看出，补偿性预算约束线与最终预算约束线平行，就意味着它们之间的相对价格一样，而收入水平不一样。实际上，由于价格由 p_1^a 降到 p_1^c，消费者实际收入增加，因此预算线由补偿性预算约束线向外平移到最终的预算约束线就反映了实际收入的增加。这时，需求量由 x_1^b 增加到了 x_1^c，反映了商品价格变化的收入效应。这里显然有

$$总效应(x_1^a \rightarrow x_1^c) = 替代效应(x_1^a \rightarrow x_1^b) + 收入效应(x_1^b \rightarrow x_1^c)$$

还有一个问题需要注意，在图 4-5 中，商品价格由 p_1^a 降到 p_1^c，消费者实际收入增加，收入效应使需求量由 x_1^b 增加到了 x_1^c。换句话说，图 4-5 反映的是随着消费者收入的增加，需求量也随之增加的商品的价格效应。我们知道这种商品就是上一节所说的正常品，于是图 4-5 就是正常品的价格效应图。

但我们也知道，经济中除了正常品外，还有一种商品叫低档品。低档品随着收入的增加，其需求量反而会降低。从图 4-5 中我们得知，对于正常品来说，随着价格的下降，替代效应使需求量增加，收入效应也使需求量增加，因此总效应也使需求量增加。但对于低档品而言，随着价格的下降，替代效应也会使需求量增加，但收入效应会使需求量减少，抵消掉部分替代效应，使得我们不能确定最后的总效应到底是使需求量增加还是使需求量减少，具体要看替代效应和收入效应谁大谁小。如果替代效应大于收入效应，那么随着价格的下降，最后总效应还是表现为商品需求量的增加，如图 4-6 所示，价格由 p_1^a 降到 p_1^c，总效应为 $(x_1^a \rightarrow x_1^c)$，替代效应为 $(x_1^a \rightarrow x_1^b)$，收入效应为 $(x_1^b \rightarrow x_1^c)$，收入效应小于替代效应。可见，这种低档品还是满足需求法则，我们称之为一般低档品。

但如果替代效应小于收入效应，如图 4-7 所示，价格由 p_1^a 降到 p_1^c，总效应为 $(x_1^a \rightarrow x_1^c)$，替代效应为 $(x_1^a \rightarrow x_1^b)$，收入效应为 $(x_1^b \rightarrow x_1^c)$，收入效应大于替代效应，那么最后的总效应表现为商品需求量的减少。这种低档品就不符合需求法则，我们称之为吉芬商品。当然，吉芬商品是罕见的。

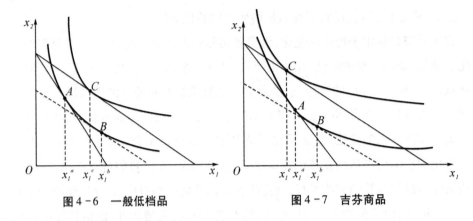

图 4-6 一般低档品　　　　图 4-7 吉芬商品

最后我们总结一下,从上面的分析可以看出:总效应 = 替代效应 + 收入效应;无论是正常品、一般低档品还是吉芬商品,随着价格的下降,替代效应总是使得需求量增加,经济学上认为替代效应始终为负[1];对于收入效应而言,正常品的收入效应为负,所以总效应为负;一般低档品的收入效应为正但小于替代效应,所以总效应为负;吉芬商品的收入效应为正但大于替代效应,所以总效应为正(见表4-1)。

表4-1　各种商品的价格效应

项目	总效应	替代效应	收入效应
正常品	-	-	-
一般低档品	-	-	+
吉芬商品	+	-	+

二、斯勒茨基方程

前面对价格变化的效应做了直观的说明,但经济学里有一个很重要的方程对价格变化的效应做了深入的探讨,这个方程就是斯勒茨基方程。我们先推导出斯勒茨基方程,然后对其进行说明。

斯勒茨基方程为

$$\frac{\partial x_i(p_1, p_2, y)}{\partial p_i} = \frac{\partial h_i(p_1, p_2, u)}{\partial p_i} - \frac{\partial x_i(p_1, p_2, y)}{\partial y} x_i(p_1, p_2, y)$$

其中,$i = 1, 2$。

证明:我们以第1种商品为例进行推导,由第三章的式(20)可知

$$h_1(p_1, p_2, u) = x_1[p_1, p_2, e(p_1, p_2, u)]$$

---

[1]价格变化效应正负的判别是比较需求量变动方向和价格变动方向。如果需求量变动与价格变动呈反向变动,那么效应为负;如果需求量变动与价格变动呈正向变动,那么效应为正。随着价格下降,替代效应使需求量增加,两者反向变动,因此替代效应为负。

两边同时对 p_1 求导,得

$$\frac{\partial h_1(p_1,p_2,u)}{\partial p_1} = \frac{\partial x_1(p_1,p_2,e)}{\partial p_1} + \frac{\partial x_1(p_1,p_2,e)}{\partial e} \cdot \frac{\partial e(p_1,p_2,u)}{\partial p_1}$$

由第三章"效用最大化和支出最小化的关系"中的命题 1 和命题 2 可知,在最优解时,$y=e(p_1,p_2,u)$,$h_1(p_1,p_2,u)=x_1(p_1,p_2,y)$。

根据谢泼德引理,有

$$h_1(p_1,p_2,u) = \frac{\partial e(p_1,p_2,u)}{\partial p_1}$$

所以

$$\frac{\partial h_1(p_1,p_2,u)}{\partial p_1} = \frac{\partial x_1(p_1,p_2,y)}{\partial p_1} + \frac{\partial x_1(p_1,p_2,y)}{\partial y}h_1(p_1,p_2,u)$$

$$= \frac{\partial x_1(p_1,p_2,y)}{\partial p_1} + \frac{\partial x_1(p_1,p_2,y)}{\partial y}x_1(p_1,p_2,y)$$

移项,得

$$\frac{\partial x_1(p_1,p_2,y)}{\partial p_1} = \frac{\partial h_1(p_1,p_2,u)}{\partial p_1} - \frac{\partial x_1(p_1,p_2,y)}{\partial y}x_1(p_1,p_2,y)$$

得证。

同理也可证明

$$\frac{\partial x_2(p_1,p_2,y)}{\partial p_2} = \frac{\partial h_2(p_1,p_2,u)}{\partial p_2} - \frac{\partial x_2(p_1,p_2,y)}{\partial y}x_2(p_1,p_2,y)$$

$\partial x_1(p_1,p_2,y)/\partial p_1$ 反映的是当 p_2 和 y 不变时,p_1 对需求量 x_1 的影响,也即上面所说的总效应。对于正常品来说,总效应为负,也就是说 $\partial x_1(p_1,p_2,y)/\partial p_1<0$。对照图 4-5,我们可以绘出马歇尔需求曲线(正常品的需求曲线),见图 4-8。

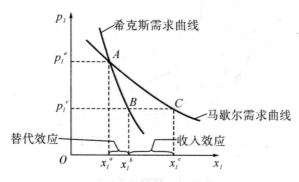

图 4-8 正常品的需求曲线

$\partial h_1(p_1,p_2,u)/\partial p_1$ 是替代效应,是希克斯需求函数对价格的偏导数。我们从图 4-5 可以清楚地看到,由 A 点到 B 点是替代效应,而 A 点和 B 点是保持了效用水平 u^a 和价格 p_2 不变时的消费者的最优选择点,用希克斯需求函数表示。因此,A 点

到 B 点的替代效应就用希克斯需求的变化来表示。我们从前面的分析中可以得知，替代效应始终为负，即 $\partial h_1(p_1, p_2, u)/\partial p_1 < 0$。我们可以在图 4-8 中绘出价格变化时，希克斯需求的变化，从而得到希克斯需求曲线，同时也就得到了替代效应。

$-\partial x_1(p_1, p_2, y)/\partial y \times x_1(p_1, p_2, y)$ 是收入效应。我们看到它由两部分构成，实际上它反映了价格变化通过收入变化对需求量的影响。首先，价格变化引起收入（或者是支出）的变化，反映为 $h_1(p_1, p_2, u) = \partial e(p_1, p_2, u)/\partial p_1$；其次，收入（或者是支出）的变化再引起需求量的变化，反映为 $\partial x_1(p_1, p_2, y)/\partial y$，前面的负号表明价格变化和实际收入变化呈反方向变化。参照图 4-5，我们也在图 4-8 中绘出了收入效应。对于正常品来说，收入效应为负，即 $-\partial x_1(p_1, p_2, y)/\partial y \times x_1(p_1, p_2, y) < 0$。

图 4-8 同时也表明了正常品的马歇尔需求曲线和希克斯需求曲线的关系。很显然，希克斯需求曲线显得更陡峭，马歇尔需求曲线更平坦。这是因为希克斯需求曲线只有替代效应，而马歇尔需求曲线由于收入效应使得需求量变化更大。

我们这里只绘出了正常品的需求曲线。如果有兴趣的话，读者们可以绘出一般低档品与吉芬商品的马歇尔需求曲线和希克斯需求曲线。

三、价格变化效应的分解——斯勒茨基分解

前面我们讨论了价格变化的希克斯分解。希克斯的替代效应和收入效应的前提是保持效用水平的不变，实际上它是以效用水平的不变来代替实际收入水平的不变，而斯勒茨基分解就直接保持实际收入水平不变。接下来，我们结合图 4-9 简单地介绍一下斯勒茨基的替代效应和收入效应（我们还是以正常品为例）。

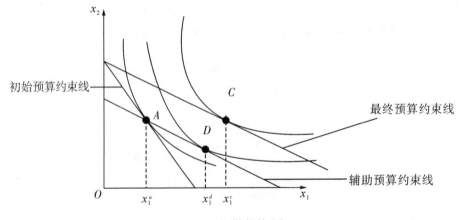

图 4-9　斯勒茨基分解

假设消费者的收入为 y，商品 2 的价格为 p_2，均保持不变。商品 1 的价格 p_1^a，此时对应图 4-9 中的初始预算约束线，其最优选择为 A 点。如果价格下降为 p_1^c，此时对应于最终预算约束线，其最优选择为 C 点。由于价格的变化，消费者对商品 1 的需求量由 x_1^a 增加到了 x_1^c，经济学把这个变化（由 x_1^a 到 x_1^c 的变化）称为价格变化的总效应，它反映了价格变化对消费者需求量的总体影响。现在我们把这种总效应分解为斯勒茨基的替代效应和收入效应。

斯勒茨基的替代效应是指保持实际收入水平不变，反映商品相对价格变化对需求量的影响。如同希克斯分解一样，我们也用预算约束线的斜率的变化反映相对价格的变化。怎么保持实际收入不变呢？这里的思路是如果价格变化后消费者能买得起和价格变化前一样多的商品，则消费者的实际收入（实际购买力）就保持了不变。因此，为了找到斯勒茨基的替代效应，我们画了一条辅助预算约束线，如图 4-9 所示。这条辅助预算约束线与最终预算约束线平行，反映相对价格的变化；同时这条辅助预算约束线经过 A 点，代表在新的价格水平下能购买得起和原来一样多的商品，即实际收入水平不变。很显然，A 点不是消费者在辅助预算约束线下的最优选择点，此时的最优选择点为 D 点。因此，这时消费者对商品 1 的最优需求量就变为 x_1^d。根据上面的分析，消费者对商品 1 的需求量由 x_1^a 增加到了 x_1^d，就反映了商品价格变化的斯勒茨基的替代效应。

同样，价格变化还会引起实际收入的改变，带来收入效应。从图 4-9 中我们可以看出，辅助预算约束线与最终预算约束线平行，就意味着它们之间的相对价格一样，而实际收入水平却不一样。实际上，由于价格由 p_1^a 降到 p_1^c，消费者实际收入增加，于是预算约束线由辅助预算约束线向外平移到最终预算约束线，就反映了实际收入的增加，这时需求量由 x_1^d 增加到了 x_1^c，就反映了商品价格变化的收入效应。

最终由斯勒茨基的价格效应分解为

$$总效应(x_1^a \to x_1^c) = 替代效应(x_1^a \to x_1^d) + 收入效应(x_1^d \to x_1^c)$$

从前面的分析可以看出，斯勒茨基的价格效应分解和希克斯的价格效应分解在本质上没有区别，都反映的是商品价格变化后对商品需求量的影响，这种影响都可以分解为替代效应（反映相对价格变化对需求量的影响）和收入效应（反映实际收入改变对需求量的影响）。不同的是，斯勒茨基分解保持的是实际收入水平不变，而希克斯分解保持的是效用水平不变，因此两者的替代效应和收入效应在量上是有差异和区别的。

第三节 弹性

一、弹性的定义和分类

弹性是用来测量因变量变动对自变量变动的敏感度的指标,其度量通常是用因变量变动的百分比除以自变量变动的百分比来表示。很明显,弹性是一个没有计量单位的指标,从而非常方便比较。在经济学中有很多弹性,常用的有以下几种:

(一)需求的收入弹性

需求的收入弹性反映的是需求量变动对收入变动的敏感度,用 η 表示。

商品 1 的收入弹性 $\eta_1 = \dfrac{\partial x_1(p_1, p_2, y)}{\partial y} \times \dfrac{y}{x_1(p_1, p_2, y)}$

商品 2 的收入弹性 $\eta_2 = \dfrac{\partial x_2(p_1, p_2, y)}{\partial y} \times \dfrac{y}{x_2(p_1, p_2, y)}$

显然对于正常品来说,$\eta > 0$;对于低档品来说,$\eta < 0$。在经济学中,对于正常品而言,根据收入弹性还可以进一步进行区分:如果 $\eta > 1$,表明商品需求量增加的比例大于收入增加的比例,这种商品被称为奢侈品;如果 $0 < \eta < 1$,表明商品的需求量的变化程度赶不上收入的变化程度,这种商品被称为必需品。

(二)需求的价格弹性

需求的价格弹性反映的是需求量变动对价格变动的敏感度,用 ε 表示。需求的价格弹性又可以进一步分为以下两种:

一种称为需求的自价格弹性,反映的是需求量变动对自身价格变动的敏感度,用 ε_{ii} 表示($i = 1, 2$)。

商品 1 的需求自价格弹性 $\varepsilon_{11} = \dfrac{\partial x_1(p_1, p_2, y)}{\partial p_1} \times \dfrac{p_1}{x_1(p_1, p_2, y)}$

商品 2 的需求自价格弹性 $\varepsilon_{22} = \dfrac{\partial x_2(p_1, p_2, y)}{\partial p_2} \times \dfrac{p_2}{x_2(p_1, p_2, y)}$

如果 $|\varepsilon| > 1$,我们称需求富有弹性;如果 $|\varepsilon| < 1$,我们称需求缺乏弹性;如果 $|\varepsilon| = 1$,我们称需求具有单位弹性。

另一种称为需求的交叉价格弹性,反映的是需求量变动对其他商品价格变动的敏感度,用 ε_{ij} 表示($i = 1, 2; j = 1, 2; i \neq j$)。

$$\varepsilon_{12} = \dfrac{\partial x_1(p_1, p_2, y)}{\partial p_2} \times \dfrac{p_2}{x_1(p_1, p_2, y)}$$

$$\varepsilon_{21} = \dfrac{\partial x_2(p_1, p_2, y)}{\partial p_1} \times \dfrac{p_1}{x_2(p_1, p_2, y)}$$

如果 $\varepsilon_{ij} > 0$，那么我们称这两种商品为替代品；如果 $\varepsilon_{ij} < 0$，那么我们称这两种商品为互补品；如果 $\varepsilon_{ij} = 0$，那么我们称这两种商品为独立品，其中 $i \neq j$。

为了方便今后分析，我们在这里再定义一个指标 $s_i (i = 1, 2)$，用于表示第 i 种商品的消费支出占收入的比重，有

$$s_1 = \frac{p_1 x_1(p_1, p_2, y)}{y}, s_2 = \frac{p_2 x_2(p_1, p_2, y)}{y}$$

二、恩格尔加总法则和古诺加总法则

(一)恩格尔加总法则

恩格尔加总法则

$$s_1 \eta_1 + s_2 \eta_2 = 1$$

证明：根据预算约束，有

$$p_1 x_1(p_1, p_2, y) + p_2 x_2(p_1, p_2, y) = y$$

两边同时对 y 求导，有

$$p_1 \partial x_1(p_1, p_2, y) / \partial y + p_2 \partial x_2(p_1, p_2, y) / \partial y = 1$$

$$\frac{p_1 x_1}{y} \times \left(\frac{y}{x_1} \times \frac{\partial x_1}{\partial y} \right) + \frac{p_2 x_2}{y} \times \left(\frac{y}{x_2} \times \frac{\partial x_2}{\partial y} \right) = 1$$

即 $s_1 \eta_1 + s_2 \eta_2 = 1$，得证。

恩格尔加总法则表明商品的消费支出占收入的比重与收入弹性的乘积之和刚好为 1。

(二)古诺加总法则

古诺加总法则

$$s_1 \varepsilon_{11} + s_2 \varepsilon_{21} = -s_1$$

证明：根据预算约束，有

$$p_1 x_1(p_1, p_2, y) + p_2 x_2(p_1, p_2, y) = y$$

两边同时对 p_1 求导，有

$$x_1(p_1, p_2, y) + p_1 \frac{\partial x_1(p_1, p_2, y)}{\partial p_1} + p_2 \frac{\partial x_2(p_1, p_2, y)}{\partial p_1} = 0$$

同时乘以 p_1 / y，得

$$\frac{p_1}{y} \times x_1(p_1, p_2, y) + \frac{p_1}{y} \times p_1 \frac{\partial x_1(p_1, p_2, y)}{\partial p_1} + \frac{p_1}{y} \times p_2 \frac{\partial x_2(p_1, p_2, y)}{\partial p_1} = 0$$

$$\frac{p_1 x_1}{y} + \frac{p_1 x_1}{y} \times \frac{p_1}{x_1} \times \frac{\partial x_1}{\partial p_1} + \frac{p_2 x_2}{y} \times \frac{p_1}{x_2} \times \frac{\partial x_2}{\partial p_1} = 0$$

即

$$s_1 + s_1 \varepsilon_{11} + s_2 \varepsilon_{21} = 0$$

则

$$s_1\varepsilon_{11} + s_2\varepsilon_{21} = -s_1$$

得证。

如果对第二种商品的价格 p_2 求导,可以得到类似的结论:

$$s_1\varepsilon_{12} + s_2\varepsilon_{22} = -s_2$$

第四节　消费者福利变化的度量

前面对消费者行为进行了实证分析,但是消费者行为的规范分析也非常重要。商品价格变化,使得消费者的选择发生改变,也使得消费者效用水平(或者说福利水平)发生改变。我们往往需要知道消费者效用水平变化的大小,以判断价格变化对消费者影响的好坏。当然,若能直接求出消费者的直接或间接效用函数,那么问题就比较简单了。实际上,经济学有一些更加直观的方法来衡量消费者的福利及其变化,我们现在就来介绍一些方法。

一、消费者剩余及其变化

消费者剩余(CS)是指马歇尔需求曲线和价格曲线之间的面积,这是用来衡量消费者福利的一个最常用的指标。如图 4-10 所示,价格为 p_1^0,需求量为 x_1^0,图中阴影部分的面积就是消费者剩余。直观来看,消费者剩余是指当消费者购买第一个商品时,其愿意支付的价格为 p_1^1,实际支付的价格为 p_1^0,消费者得到的"净剩余"为 $p_1^1 - p_1^0$;当消费者购买第二个商品时,其愿意支付的价格为 p_1^2,实际支付的价格为 p_1^0,消费者得到的"净剩余"为 $p_1^2 - p_1^0$……以此类推,当消费者最后购买了 x_1^0 数量的商品时,其得到的"净剩余"的总和就是消费者剩余。

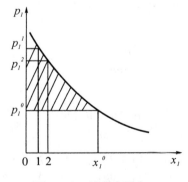

图 4-10　消费者剩余

当商品价格变化时,消费者的福利水平也会变化,这是我们非常关心的问题,我们可以用消费者剩余的变化来反映此变化。如图 4-11 所示,初始价格为 p_1^a,当商品价格上升到 p_1^b,此时消费者剩余的变化为图中阴影部分的面积,代表了消费者由于价格水平的提高而损失的福利水平。而这个损失又可以分为两个部分:矩形面积 R 测度的是因消费者要对继续消费的商品数量(x_1^b)支付更多的货币而造成的损失,三角形面积 T 测度的是因消费者减少消费($x_1^a - x_1^b$)而造成的损失。

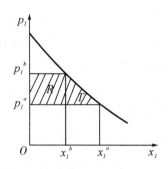

图 4-11　消费者剩余的变化

二、补偿变化和等价变化

消费者剩余的概念非常直观,运用也非常广泛,但消费者剩余本质上只是一个近似的指标。在有些情况下,用消费者剩余来衡量福利的变化不太合适,需要有更准确的概念和指标。这里我们介绍两个精确的福利变化的衡量指标:补偿变化(CV)和等价变化(EV)。

消费者最初面临的价格为 p_1^a,最优选择为 A 点,此时的消费者的效用水平为 u^a;当商品价格上升到 $p_1^b(p_1^b > p_1^a)$,消费者的最优选择为 B 点,此时消费者的效用水平为 u^b。显然,消费者效用水平下降了。那么,消费者到底遭受了多大的损失呢? 回答这个问题有两个思路,就是前面提到的补偿变化和等价变化。

补偿变化说的是商品价格变化后,消费者的福利水平也变化了,如果在新的价格水平下,给消费者一定数量的货币补偿,使其能够回到原来的效用水平,那么这个补偿的货币数量就可以用来衡量消费者福利变化的大小。如果补偿的数量很大,那么表明消费者福利的变化也很大。如图 4-12 所示,图中画了一条辅助预算约束线,这条预算约束线代表着在新的价格水平下对消费者进行补偿后,使其能够和原来无差异的支出水平获得相同的效用,这条辅助预算约束线就是第二节所提到的补偿性预算约束线,那么补偿性预算约束线所代表的支出水平和原来的支出水平的差额就是补偿变化。

根据上面的讨论,我们可以得出补偿变化的数学表达式。当消费者面临的初始价格为 p_1^a(商品 2 的价格为 p_2),实现 u^a 的效用水平,此时的支出水平可以用支出函

数 $e(p_1^a,p_2,u^a)$ 表示。当价格变为 p_1^b,要实现相同的效用水平 u^a 时,这时的支出水平为 $e(p_1^b,p_2,u^a)$,那么根据补偿变化的含义可得

$$CV = e(p_1^b,p_2,u^a) - e(p_1^a,p_2,u^a)$$

等价变化是从另一个角度来回答所提问题的。等价变化说的是商品价格变化后,消费者在原来的价格水平下,达到新的效用水平时的支出水平与原来支出水平的差额。图 4-13 给出了一个直观的解释,图中也画了一条新的辅助预算约束线,代表在原有价格水平下达到新的效用水平时的支出水平。很显然,由于价格的提高,辅助预算约束线低于原有的预算约束线,这代表着商品价格的提高等价于消费者收入水平(或者支出水平)的下降,因为两者变化后实现的效用水平是一样的,那么辅助预算约束线和原有的预算约束线所代表的收入(支出)之间的差额就是等价变化。

接下来,我们给出等价变化的数学表达式。当消费者面临的初始价格为 p_1^a,效用水平为 u^a 时的支出水平为 $e(p_1^a,p_2,u^a)$;当价格还是 p_1^a,消费者要实现 u^b 的效用水平时,其支出水平为 $e(p_1^a,p_2,u^b)$,那么根据等价变化的含义可得

$$EV = e(p_1^a,p_2,u^b) - e(p_1^a,p_2,u^a)$$

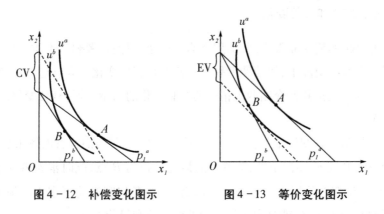

图 4-12　补偿变化图示　　　　图 4-13　等价变化图示

第五节　显示偏好理论

前面对消费者行为的分析都是建立在偏好理论和效用函数基础之上的,由此得到关于需求的相关理论和结论。但很多学者对建立在不可观测效用和偏好上的消费者理论提出了质疑。于是,以萨缪尔森为代表的一批经济学学者提出了一套完全不同的方法来研究消费者理论,这套理论被称为显示偏好理论,其基本思想是通过消费者的行为来推出消费者的偏好,并得出需求的相关理论。

一、显示偏好

(一)直接显示偏好

在商品的价格 p_1, p_2 和收入 y 给定的情况下，消费束 (x_1^a, x_2^a) 和 (x_1^b, x_2^b) 都是消费者能负担得起的消费束，但消费束 (x_1^a, x_2^a) 是消费者最终选择的消费束，那么我们就称 (x_1^a, x_2^a) 被直接显示偏好于 (x_1^b, x_2^b)，如图 4-14 所示。

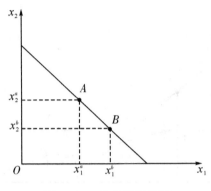

图 4-14　直接显示偏好

根据图 4-14，我们可以知道，如果 (x_1^a, x_2^a) 被直接显示偏好于 (x_1^b, x_2^b)，那么有

$$p_1 x_1^a + p_2 x_2^a = y$$
$$p_1 x_1^b + p_2 x_2^b \leqslant y$$

所以有

$$p_1 x_1^a + p_2 x_2^a \geqslant p_1 x_1^b + p_2 x_2^b$$

(二)显示偏好原理

从显示偏好的定义中我们可以看出，"显示偏好"实际上不是偏好，它反映的是消费者的选择行为。(x_1^a, x_2^a) 被直接显示偏好于 (x_1^b, x_2^b)，实际上是指在 (x_1^a, x_2^a) 和 (x_1^b, x_2^b) 都能购买得起的情况下，消费者会优先选择 (x_1^a, x_2^a)。

虽然显示偏好反映的是消费者的行为而不是消费者的偏好，但消费者的行为却可以真实地反映出消费者的偏好。如果消费者是理性的，那么如果 (x_1^a, x_2^a) 被直接显示偏好于 (x_1^b, x_2^b)，即在 (x_1^a, x_2^a) 和 (x_1^b, x_2^b) 都能购买得起的情况下，消费者会优先选择 (x_1^a, x_2^a)。那么，对于消费者而言，很显然有消费者更偏好 (x_1^a, x_2^a)。我们可以用显示偏好原理把这一思想表达出来。

显示偏好原理：给定 (p_1, p_2, y)，如果 (x_1^a, x_2^a) 被直接显示偏好于 (x_1^b, x_2^b)，即 $p_1 x_1^a + p_2 x_2^a \geqslant p_1 x_1^b + p_2 x_2^b$，且消费者是理性的或者说消费者是追求自身效用最大化的，那么就有 $(x_1^a, x_2^a) > (x_1^b, x_2^b)$。

根据显示偏好原理,如果(x_1^a, x_2^a)被直接显示偏好于(x_1^b, x_2^b),有$(x_1^a, x_2^a) > (x_1^b, x_2^b)$;如果$(x_1^b, x_2^b)$被直接显示偏好于$(x_1^c, x_2^c)$,有$(x_1^b, x_2^b) > (x_1^c, x_2^c)$,那么根据偏好的传递性,有$(x_1^a, x_2^a) > (x_1^c, x_2^c)$,如图4-15所示。因此,如果有足够多的消费者选择行为的数据(有足够多的显示偏好关系),那么从理论上讲,我们就可以构造出消费者的偏好。

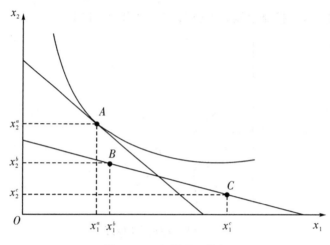

图4-15　间接显示偏好

(三)间接显示偏好和显示偏好

根据前面的分析,我们知道,(x_1^a, x_2^a)被直接显示偏好于(x_1^b, x_2^b),(x_1^b, x_2^b)被直接显示偏好于(x_1^c, x_2^c),那么就有(x_1^a, x_2^a)偏好于(x_1^c, x_2^c),但却没有(x_1^a, x_2^a)被直接显示偏好于(x_1^c, x_2^c)(为什么?请读者思考)。(x_1^a, x_2^a)没有被直接显示偏好于(x_1^c, x_2^c),但我们却可以称(x_1^a, x_2^a)被间接显示偏好于(x_1^c, x_2^c)。

间接显示偏好:如果(x_1^a, x_2^a)被直接显示偏好于(x_1^b, x_2^b),(x_1^b, x_2^b)被直接显示偏好于(x_1^c, x_2^c),我们称(x_1^a, x_2^a)被间接显示偏好于(x_1^c, x_2^c)(当然,这个比较的链条可以长于三个)。

显示偏好:如果(x_1^a, x_2^a)被直接显示偏好于(x_1^b, x_2^b),同时(x_1^a, x_2^a)被间接显示偏好于(x_1^b, x_2^b),我们称(x_1^a, x_2^a)被显示偏好于(x_1^b, x_2^b)。

二、显示偏好公理

显示偏好本质上表示的是消费者的选择行为,那么理性的消费者的选择行为应该符合基本逻辑,不应该出现选择上的矛盾和冲突。同时,我们还要考虑什么样的选择行为会和我们前面讲的效用最大化的行为是相吻合的。于是,我们需要对选择行为(或显示偏好)做出一些基本的假定。

(一)显示偏好弱公理

我们设想一下这种情形:假设在某种价格收入的组合下,(x_1^a, x_2^a)被直接显示偏好于(x_1^b, x_2^b)[(x_1^a, x_2^a)和(x_1^b, x_2^b)能都被选择的情况下，(x_1^a, x_2^a)被优先选择了]，在另外一种价格收入组合下，如果(x_1^a, x_2^a)和(x_1^b, x_2^b)还是能都被选择，那么合理的情况应该还是优先选择(x_1^a, x_2^a)，而不应该是优先选择(x_1^b, x_2^b)[(x_1^b, x_2^b)不应该被直接显示偏好于(x_1^a, x_2^a)]。因为如果在第一种情况下，(x_1^a, x_2^a)被优先选择了，那么就有$(x_1^a, x_2^a) > (x_1^b, x_2^b)$；如果在第二种情况下，$(x_1^b, x_2^b)$被优先选择了，那么就有$(x_1^b, x_2^b) > (x_1^a, x_2^a)$，显然这是矛盾的，说明消费者选择是不符合逻辑的。

我们把上面的思路总结一下，得出显示偏好弱公理如下：

如果(x_1^a, x_2^a)被直接显示偏好于(x_1^b, x_2^b)，且$(x_1^a, x_2^a) \neq (x_1^b, x_2^b)$，那么$(x_1^b, x_2^b)$就不可能被直接显示偏好于$(x_1^a, x_2^a)$。

这也就意味着，如果$p_1^a x_1^a + p_2^a x_2^a \geqslant p_1^a x_1^b + p_2^a x_2^b$，那么就不可能有$p_1^b x_1^b + p_2^b x_2^b \geqslant p_1^b x_1^a + p_2^b x_2^a$，只可能有$p_1^b x_1^b + p_2^b x_2^b < p_1^b x_1^a + p_2^b x_2^a$。

上述的表达式意味着，在价格(p_1^a, p_2^a)下，如果(x_1^a, x_2^a)被优先选择了，那么在价格(p_1^b, p_2^b)下，如果(x_1^b, x_2^b)被优先选择了，那一定意味着在(p_1^b, p_2^b)下，(x_1^a, x_2^a)是消费者购买不起的消费组合。因此，图4-16的情形符合显示偏好弱公理，而图4-17就不符合。

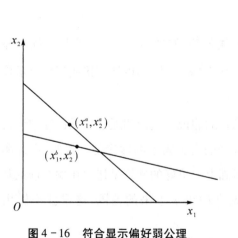

图4-16　符合显示偏好弱公理　　　　图4-17　不符合显示偏好弱公理

（二）显示偏好弱公理与负的替代效应

如果消费者行为符合显示偏好弱公理，也就意味着消费者需求的替代效应为负。我们以希克斯的替代效应为例加以说明。假如在(p_1^a, p_2^a, y^a)下，(x_1^a, x_2^a)被直接显示偏好于(x_1^b, x_2^b)，同时在(p_1^b, p_2^b, y^b)下，(x_1^b, x_2^b)被直接显示偏好于(x_1^a, x_2^a)，且(x_1^a, x_2^a)与(x_1^b, x_2^b)是无差异的，那么符合显示偏好弱公理的(x_1^a, x_2^a)与(x_1^b, x_2^b)的关系就如图4-18所示。

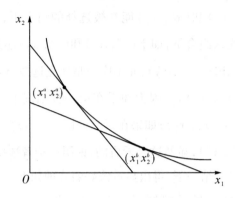

图 4 - 18　显示偏好弱公理与替代效应

根据显示偏好弱公理,有 $p_1^b x_1^b + p_2^b x_2^b < p_1^b x_1^a + p_2^b x_2^a$,即 $p_1^b(x_1^b - x_1^a) + p_2^b(x_2^b - x_2^a) < 0$。

同时,有 $p_1^a x_1^a + p_2^a x_2^a < p_1^a x_1^b + p_2^a x_2^b$,即 $p_1^a(x_1^b - x_1^a) + p_2^a(x_2^b - x_2^a) > 0$。

由上面的第一式减去第二式就有 $(p_1^b - p_1^a)(x_1^b - x_1^a) + (p_2^b - p_2^a)(x_2^b - x_2^a) < 0$。如果假设只有价格 p_1 变动,p_2 不变$(p_2^b = p_2^a)$,则有 $(p_1^b - p_1^a)(x_1^b - x_1^a) < 0$。

这就意味着,商品 1 价格变化与商品需求量的变化是反方向变化的,而这时的 (x_1^a, x_2^a) 与 (x_1^b, x_2^b) 是无差异的,因此也就意味着替代效应为负。

(三) 显示偏好强公理

对消费者行为更强的假定是显示偏好强公理:如果(x_1^a, x_2^a)被直接或间接显示偏好于(x_1^b, x_2^b),且$(x_1^a, x_2^a) \neq (x_1^b, x_2^b)$,那么$(x_1^b, x_2^b)$不可能直接或间接显示偏好于$(x_1^a, x_2^a)$。

显示偏好强公理本质上等价于理性偏好的假说。这说明通过显示偏好理论得到的有关需求的理论与通过理性偏好理论得到的有关需求的理论是一致的,也说明有关需求的理论可以不建立在偏好的假设基础上。更好的理解是建立在偏好理论基础上的需求理论是牢靠的。当然,其中的论证超出了本书的范围,这里就不做出证明了。

复习思考题

1. 画出完全替代偏好的收入提供曲线和恩格尔曲线。

2. 画出完全互补偏好的价格提供曲线和需求曲线。

3. 画出正常品价格上升时的价格效应分解图。

4. 如果需求函数为线性方程 $q = a - bp$,求出需求价格弹性的表达式,并讨论弹性的分布。

5. 效用函数为 $u = x_1 x_2$,初始价格 $p_1 = 1$,$p_2 = 1$,收入 $y = 24$,当 p_1 变为 2 时,求替代效应和收入效应。

练习题

1. 请画出拟线性偏好的收入提供曲线和恩格尔曲线。

2. 请画出完全替代品偏好的价格提供曲线和需求曲线。

3. 请绘出价格上升时的一般低档品和吉芬商品的价格效应分解图。

4. 请绘出完全替代偏好、完全互补偏好和拟线性偏好的价格效应分解图,并以此说明不同偏好的特征。

5. 设消费者对某种商品的需求函数是 $x_1 = 10 + \dfrac{y}{10p_1}$,如果最初商品的价格为 3 元,收入为 120 元,当商品价格下降为 2 元,求斯勒茨基分解的收入效应和替代效应。

6. 政府对消费者购买的某种商品征收从量税,然后把征收所得的税额全部返还给消费者。请画图描绘这种情形,并讨论消费者的效用水平是提高还是下降了? 为什么会这样?

7. 假定消费者的效用函数为 $u = x_1^2 x_2$,初始价格和收入分别为 $p_1 = 2$,$p_2 = 2$,$y = 48$。如果第 2 种商品的价格下降变为 $p_2 = 1$ 时,求价格变化的收入效应和替代效应。

8. 已知需求函数 $Q = AP^{-b}$,求:

(1)反需求函数 $p(Q)$。

(2)计算需求价格弹性,说明当 b 为多少时,需求富有弹性。

(3)证明 $p(Q)/\mathrm{MR}(Q)$ 与 Q 无关。

9. 小赵消费蛋糕和面包。他对蛋糕的需求函数为 $Q_c = I - 30P_c + 20P_b$,其中 I 是小赵的收入,P_c 是蛋糕的价格,P_b 是面包的价格。对于小赵来说,蛋糕是面包的替代品还是互补品?

10. 证明:当经济中只包含两种商品时,如果一种商品为低档品,那么另外一种商品就一定是奢侈品。

11. 消费者的效用函数为 $u = \sqrt{x_1 x_2}$,消费者的收入为 100,面临的初始价格为 $(1,1)$。当商品 1 的价格上升为 2 时,求补偿变化和等价变化。

12. 消费者的需求函数为 $q = a - bp$，当政府对消费者征收从价税时，消费者支付的价格变为 $p(1 + \tau)$。请计算消费者剩余的损失和政府征得的税额，并比较两者的大小。

13. 若效用函数为 $u = x_1 x_2 + x_2$，求马歇尔需求函数并验证恩格尔加总法则和古诺加总法则。

14. 效用函数为 $u = (x_1)^a (x_2)^{1-a} (0 < a < 1)$，商品 1 的价格为 3，商品 2 的价格为 2，求收入提供曲线和商品 1 的恩格尔曲线。

15. 消费者的效用最大化选择决定对一种商品的需求具有以下函数形式：$\ln(q) = 3 + b\ln(p) + 0.3\ln(p_r) + 0.2\ln(y)$。其中，$p_r$ 是相关商品的价格，y 是消费者的收入，求消费者对此商品的需求价格弹性。

16. 某消费者原来每月煤气开支为 10 元，现在煤气每期价格上涨了 100%，其他商品价格不变，政府给予该消费者 10 元作为补贴。请画图分析并说明该消费者的处境是改善了还是恶化了。

17. 消费者效用函数为 $u = \min\{x_1, x_2\}$，商品 1 价格为 2，商品 2 价格为 3，收入为 10。如果消费者得到货币补贴 10，求最优选择。如果消费者得到的补贴是 5 个单位的第一种商品且不能转售，求最优选择。哪一种补贴方式能为消费者带来更高的效用？用货币度量这里的效用差额。

18. 某人的效用函数是 $u(x_1, x_2) = x_1 x_2$，他居住在成都，每月可以得到工资收入 1 500 元，两种商品的价格都为 1。他将被派往另一个城市广州，那里商品 1 的价格不变，但商品 2 的价格为 2。他抱怨说，这次调动相当于工资减少了 A 元，又说如果工资提高 B 元的话，他一点都不介意这次调动。不考虑迁移的成本和城市的环境等因素，求 A 和 B，并求出补偿变化 CV 与等价变化 EV。

19. 一个消费者的效用函数为 $u = v(x_1) + x_2$，而且满足 $v' > 0, v'' < 0$。请画图说明当第一种商品的价格下降时的价格效应分解。

20. 消费者的效用函数为 $u = x_1 x_2 + x_2$，商品的价格为 p_1 和 p_2，收入为 y。

(1)请用马歇尔需求函数求解出两种商品的交叉价格弹性，并说明两种商品之间的关系。

(2)请用希克斯需求函数求解出两种商品的交叉价格弹性，并说明两种商品之间的关系。

21. 消费者消费两种商品，当价格 $p_1 = 8, p_2 = 6$ 时，消费者的需求量为 $x_1 = 10$，$x_2 = 20$，请问当商品价格变为 $P_1 = 10, p_2 = 5$ 时，消费者的福利水平是提高还是降低了？

22. 表4-2中的消费数据是我们观测消费者的一系列消费的数据。请问:消费者的行为满足显示偏好弱公理吗?

表4-2　消费数据

项目	p_1	p_2	x_1	x_2
数据1	1	2	1	2
数据2	2	1	2	1
数据3	1	1	2	2

23. 请证明:如果消费者行为满足显示偏好弱公理,那么斯勒茨基的替代效应为负。

第五章　具有初始禀赋的消费者选择行为

在前面的分析中,我们始终假定消费者的收入是事先给定的。但在实际生活中,消费者的收入来源于消费者拥有的一些初始财产和能力,比如获得的遗产、拥有的劳动能力、自己生产的商品等。消费者通过在市场上交换这些初始物品来获得收入。我们把消费者拥有的这些初始物品称为初始禀赋。本章的内容就是讨论具有初始禀赋的消费者的选择行为所具有的一些性质,并且与原来的消费者行为理论进行比较,同时介绍具有初始禀赋的消费者的选择行为理论的一些应用。

第一节　基本理论

一、模型和求解

(一)基本模型

我们仍然考察只有两种商品的模型。我们现在假设,消费者一开始拥有两种商品的禀赋,表示为(w_1, w_2),这是消费者进入市场前所拥有的两种商品的数量。商品的价格为(p_1, p_2),这时消费者的收入为$y = p_1 w_1 + p_2 w_2$。具有初始禀赋的消费者的选择行为的模型为

$$\max u = u(x_1, x_2)$$

$$\text{s. t. } p_1 x_1 + p_2 x_2 = y = p_1 w_1 + p_2 w_2$$

在这里,我们把收入y看作价格和禀赋量的函数,即$y = y(p_1, p_2, w_1, w_2)$。

预算约束线也可以表示为

$$p_1(x_1 - w_1) + p_2(x_2 - w_2) = 0$$

这里我们要区分关于需求的一些概念。需求量(x_1, x_2)被称为商品的总需求,即消费者对这两种商品的实际最终消费的数量。需求量$(x_1 - w_1, x_2 - w_2)$被称为商品的净需求,是总需求减去禀赋之后的差额,表示消费者在市场上实际购买或销售的量。如果净需求是正值,那么消费者就是该商品的净购买者;如果净需求是负值,那么消费者就是该商品的净提供者。

（二）预算约束线

具有初始禀赋的消费者选择问题与原来的消费者行为问题的最大区别就在于预算约束线不一样。预算约束线 $p_1 x_1 + p_2 x_2 = p_1 w_1 + p_2 w_2$ 的图形见图 5-1，预算约束线的斜率仍然是 $\Delta x_2 / \Delta x_1 = -p_1 / p_2$，但这条预算约束线必定过禀赋点 (w_1, w_2)。

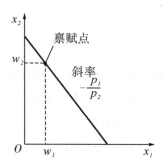

图 5-1　禀赋预算约束线

当禀赋点 (w_1, w_2) 发生变化时，相当于收入发生变动，这时候预算约束线会发生平移。如图 5-2 所示，当禀赋点变为 (w_1', w_2') 时，预算约束线的收入水平会提高，预算约束线向外移动。

当价格发生变动时，需求曲线的斜率发生变化，因为预算约束线必然过禀赋点 (w_1, w_2)，于是预算约束线围绕着禀赋点旋转，见图 5-3。初始价格为 p_1，当价格下降为 p_1'，预算约束线围绕禀赋点逆时针旋转。

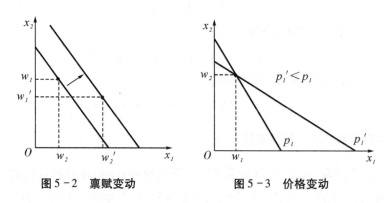

图 5-2　禀赋变动　　　　　　　　图 5-3　价格变动

（三）求解

模型的求解并不复杂，我们首先看图 5-4。一般来说，禀赋点并不是最优点，于是消费者会重新选择，以实现效用最大化，图中最优点为 (x_1^*, x_2^*)。此时无差异曲线与预算约束线相切，$\mathrm{MRS}_{1,2} = p_1 / p_2$，这就是该模型的一阶条件，与第三章效用最大化的一阶条件一样。

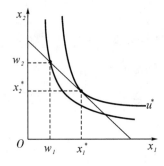

图 5 - 4　最优解

在图 5 - 4 中,我们还可以得知,对于商品 1 而言,$x_1^* - w_1 > 0$,消费者是净购买者;对于商品 2 而言,$x_2^* - w_2 < 0$,消费者是净提供者。

当然,我们也可以构造拉格朗日函数

$$L = u(x_1, x_2) + \lambda [p_1 w_1 + p_2 w_2 - p_1 x_1 - p_2 x_2]$$

一阶条件为

$$\partial L / \partial x_1 = \partial u / \partial x_1 - \lambda p_1 = 0 \Rightarrow \partial u / \partial x_1 = \lambda p_1 \Rightarrow \mathrm{MU}_1 = \lambda p_1$$

$$\partial L / \partial x_2 = \partial u / \partial x_2 - \lambda p_2 = 0 \Rightarrow \partial u / \partial x_2 = \lambda p_2 \Rightarrow \mathrm{MU}_2 = \lambda p_2$$

$$\partial L / \partial \lambda = y - p_1 x_1 - p_2 x_2 = 0 \Rightarrow p_1 x_1 + p_2 x_2 = y = p_1 w_1 + p_2 w_2$$

这和基本的效用最大化模型的一阶条件基本一样。通过变形,我们也可得到

$$\frac{\mathrm{MU}_1}{p_1} = \frac{\mathrm{MU}_2}{p_2} = \lambda$$

$$\mathrm{MRS}_{1,2} = \frac{\mathrm{MU}_1}{\mathrm{MU}_2} = \frac{p_1}{p_2}$$

当然,我们也可以求出最优解

$$x_1^* = x_1(p_1, p_2, y), x_2^* = x_2(p_1, p_2, y)$$

不过,这里的 y 是价格和禀赋的函数,即

$$y = y(p_1, p_2, w_1, w_2) = p_1 w_1 + p_2 w_2$$

二、具有禀赋的斯勒茨基方程

我们在第三章和第四章中分析需求如何随价格变化时,在分析替代效应和收入效应的时候,始终假定消费者的货币收入不变,但是具有禀赋的消费者的货币收入本身就是价格的函数,即价格变化,货币收入水平也会随之发生变化,那么第四章的价格效应分析在这里就不太适用了,需要进行一些修正。我们现在就结合图 5 - 5 来具体分析一下具有初始禀赋的消费者行为的价格变化效应。

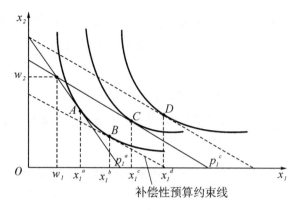

图 5 - 5　价格变化效应分解

假设消费者的禀赋点 (w_1, w_2) 和商品 2 的价格保持不变。商品 1 的初始价格为 p_1^a，其最优选择为 A 点，当价格下降变为 p_1^c 时，其最优选择为 C 点。消费者对商品 1 的需求量由 x_1^a 增加到了 x_1^c，这就是价格变化的总效应。

同样，我们可以找到由于相对价格变化而引起的需求量的变化，即替代效应，这时我们必须保持效用水平（或实际收入水平）不变。在图 5 - 5 中，我们画一条辅助预算约束线——补偿性预算约束线，与初始无差异曲线相切于 B 点，则需求量从 x_1^a 到 x_1^b 的变化就是替代效应（我们在这里以希克斯的替代效应和收入效应为例来分析）。

总效应中的其余部分就是收入效应了，但这时的收入效应与无禀赋时的收入效应有所不同。因为收入效应实际上要反映的是消费者实际收入（实际购买力）的变化对商品需求量的影响。在没有禀赋时，因为货币收入不变，所以实际收入的变化只是由价格水平变化而引起的。但有了禀赋，价格的变化会引起货币收入的改变，所以实际收入变化既有价格水平变化（货币收入不变）引起的又有货币收入变化引起的。于是具有禀赋时的收入效应就由两部分构成。

第一部分的收入效应为普通收入效应，实际上就相当于原来的收入效应。它反映的是价格水平变化后，货币收入不变，由实际收入变化而造成的收入效应。在图 5 - 5 中，我们再画一条新的辅助预算约束线，这条预算约束线与最终的预算约束线（或者说与补偿性预算约束线）平行，反映的是价格已经变化后的情形。同时，这条辅助预算约束线和最初的预算约束线交于纵轴的同一点，反映名义收入不变，这时候的最优选择为 D 点，那么由 x_1^b 到 x_1^d 的变化就是普通收入效应。

第二部分的收入效应为禀赋收入效应。由于禀赋的存在，价格变化会引起货币收入的变化，从而造成实际收入变化并引起收入效应。在图 5 - 5 中，从补偿性预算约束线到 D 点所在的预算约束线，反映的是货币收入不变，实际收入的变化。但由于价格下降，货币收入也会下降，实际收入也会减少，那么实际收入增加不到 D 点所在的预算约束线。换句话说,预算约束线必须从 D 点所在的预算约束线回移到最终的预算约束线,反映实际收入由于货币收入的下降而下降,那么由 x_1^d 到 x_1^c 的变化就是禀赋收入效应。

具有禀赋的价格变化效应由三部分构成,具体为

$$\text{总效应}(x_1^a \to x_1^c) = \text{替代效应}(x_1^a \to x_1^b) + \text{普通收入效应}(x_1^b \to x_1^d) +$$
$$\text{禀赋收入效应}(x_1^d \to x_1^c)$$

对这个价格效应的分解,有一个对应的斯勒茨基方程,我们称为具有禀赋的斯勒茨基方程

$$\frac{\partial x_i(p_1, p_2, y)}{\partial p_i} = \frac{\partial h_i(p_1, p_2, u)}{\partial p_i} - \partial x_i(p_1, p_2, y)/\partial y \times [x_i(p_1, p_2, y) - w_i]$$

其中 $i = 1, 2$。

证明:我们以第 1 种商品为例进行推导。

$$\partial x_1(p_1, p_2, y)/\partial p_1$$
$$= \frac{\partial x_1(p_1, p_2, y)}{\partial p_1}\bigg|_{y\text{不变}} + \frac{\partial x_i(p_1, p_2, y)}{\partial y} \times \frac{\partial y}{\partial p_1}$$
$$= \frac{\partial h_1(p_1, p_2, u)}{\partial p_1} - \frac{\partial x_1(p_1, p_2, y)}{\partial y} \times x_1(p_1, p_2, y) + \frac{\partial x_1(p_1, p_2, y)}{\partial y} \times \frac{\partial y}{\partial p_1}$$

由 $y = y(p_1, p_2, w_1, w_2) = p_1 w_1 + p_2 w_2$,可得

$$\frac{\partial y}{\partial p_1} = w_1$$

上式

$$= \frac{\partial h_1(p_1, p_2, u)}{\partial p_1} - \frac{\partial x_1(p_1, p_2, y)}{\partial y} \times x_1(p_1, p_2, y) + \frac{\partial x_1(p_1, p_2, y)}{\partial y} \times w_1$$
$$= \frac{\partial h_1(p_1, p_2, u)}{\partial p_1} - \frac{\partial x_1(p_1, p_2, y)}{\partial y} \times [x_1(p_1, p_2, y) - w_1]$$

得证。

$\frac{\partial x_1(p_1, p_2, y)}{\partial p_1}$ 为总效应。

$\frac{\partial h_1(p_1, p_2, u)}{\partial p_1}$ 为替代效应。

$\frac{-\partial x_1(p_1, p_2, y)}{\partial y} \times x_1(p_1, p_2, y)$ 为普通收入效应。

$\frac{\partial x_1(p_1, p_2, y)}{\partial y} \times w_1$ 为禀赋收入效应。

三、价格变化

具有禀赋的斯勒茨基方程讨论的是价格变化后需求量的变化,但价格变化后,消费者的效用水平或福利水平也会发生改变。图 5-6 分析的是价格变化后消费者效用和福利的变化。这里假定商品 1 价格变化,消费者的禀赋 4(w_1,w_2) 和商品 2 的价格保持不变。

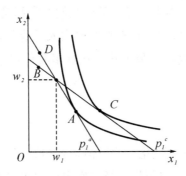

图 5-6　价格变化的福利分析

商品 1 的初始价格为 p_1^a,其最优选择为 A 点,这时对于商品 1 来说,消费者是净购买者;当价格下降为 p_1^c 时,其最优选择为 C 点,这时对于商品 1 来说,消费者仍然是净购买者。很显然,C 点明显优于 A 点,或者说对于消费者而言,$x^C > x^A$,这是为什么呢? 因为 A 点位于 C 点所在的预算约束线内,而 C 点才是新预算集的效用最大化点,所以对于消费者来说,C 点优于 A 点。那么,当价格下降的时候,消费者是否一定会是净购买者,会不会变成净提供者呢? 比如价格下降后,最优点为 B 点而不是 C 点。这是不可能的。因为对于 A 点所在的预算约束线而言,A 点是效用最大化的点,而 B 点位于 A 点所在的预算约束线内,因此 $x^A > x^B$;同理,对于 B 点所在的预算约束线而言,B 点是效用最大化的点,而 A 点位于 B 点所在的预算约束线内,因此 $x^B > x^A$。这显然违背了理性偏好的假定。综上所述,我们可以得到这样一个结论:如果消费者起初是商品的净购买者,当所购买商品的价格下降时,消费者仍然会是净购买者,而且消费者的福利会增加。

如果商品价格上升会有什么样的结论呢? 比如消费者最初在 C 点,价格上升,消费者的最终选择为 A 点。根据上面的分析可知,假设消费者起初是商品的净购买者,当所购买商品的价格上升时,如果消费者仍然是净购买者,那么消费者的福利会减少。消费者这时候有没有可能变成净提供者呢,比如到 D 点? 这是有可能的,而且这时我们不能直接判断消费者福利水平的变化。

如果大家对显示偏好理论熟悉的话,我们会发现上面的分析实际上是显示偏好理论的运用。我们在这里讨论的是消费者初始为净购买者的情况。如果消费者初始为净提供者的话,请读者自己分析,看能得到什么结论。

第二节　劳动供给的选择

具有禀赋的消费者行为模型可以加深我们对消费者行为的理解。我们首先讨论这个模型的一个应用:劳动供给的选择。可能读者们会觉得在这里讨论劳动供给非常奇怪,实际上这并不奇怪,因为在经济学中我们通常都是假设消费者拥有要素(比如劳动和土地等)并通过出售这些要素来获取收入。消费者获得收入的根本目的是购买各种商品以实现自身效用的最大化。在这里我们讨论的就是消费者拥有劳动时,如何做出最优决策。

一、基本模型

现在我们把上面的问题模型化。假设消费者初始拥有的财产为 m,拥有的时间为 T,现在消费者面临的基本问题是选择工作多少时间(L)、休闲多少时间(R)以实现最大满足,这里 $L + R = T$。工作可以增加收入,从而增加消费(C)来增加效用,而休闲可以直接带来满足。但由于时间有限,消费者必须做出时间上的安排,实现时间的合理应用从而实现效用最大化。

假设消费品的价格为 p,劳动的价格(工资水平)为 w,则模型为

$$\max u(R, C)$$
$$\text{s. t. } pC = m + wL = m + w(T - R)$$

约束条件表明,消费者的消费支出来源于其拥有的初始财产和劳动收入。对这个模型,我们似乎不太熟悉,但如果对约束条件变形,可得

$$pC + wR = m + wT = p \times (m/p) + wT$$

于是模型变为

$$\max u(R, C)$$
$$\text{s. t. } wR + pC = wT + p \times m/p$$

对这个模型,我们就比较熟悉了,就是上一节所学习的具有初始禀赋的消费者选择模型。此时两种商品为休闲时间 R 和消费品 C,拥有的初始禀赋为 $(T, m/p)$,其价格分别为 (w, p)。这里需要指出的是,工资 w 既是劳动的价格,也是休闲的价格。也可以这样理解,w 是休闲时所放弃的劳动收入,所以 w 也可以理解为休闲的机会成本。

接下来,我们求解这个模型,见图 5-7。

在 A 点,消费者实现效用最大化,此时消费者的最优休闲时间为 R^*,最优工作时间为 $(T - R^*)$。消费者必须满足一阶条件 $\text{MRS}_{R,C} = w/p$。w/p 是实际工资水平。那么,根据一阶条件,决定消费者最优选择的不是名义工资水平而是实际工资水平。

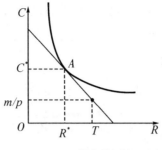

图 5-7　基本模型

二、禀赋变动对消费者选择的影响

这里的消费者初始禀赋的变动,主要是指消费者拥有的初始财产的变化,因为我们拥有的初始劳动时间不会变动。如果消费者拥有的初始财产增加,那么预算约束线向上平移(如图 5-8 所示)。消费者最初拥有禀赋 $(T, m_1/p)$,最优选择在 A 点,这时的休闲时间为 R_1;当禀赋变为 $(T, m_2/p)$,最优选择在 B 点,这时的休闲时间为 R_2,$R_2 > R_1$,休闲时间增加。但这是一个必然现象吗? 如果休闲是正常品(休闲时间为正常品是一个非常自然合理的假设,即 $\partial R/\partial y > 0$),那么当初始财富增加时,休闲时间必然增加。当休闲为正常品时,财富或收入增加,休闲时间增加,劳动时间会减少。

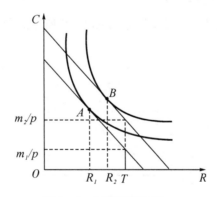

图 5-8　初始财富增加

三、劳动供给曲线

我们现在讨论一下工资水平变动对消费者劳动时间(或休闲时间)的影响。通常,我们的直觉是工资水平增加,消费者会增加劳动时间,因为这样会带来更多的收入。这个直觉很有道理,但一定正确吗? 我们来具体分析一下。当工资水平增加,即意味着休闲变贵了,于是消费者会减少对休闲这种昂贵商品的消费,也就意味着劳动时间的增加。但是工资增加了,也意味着初始禀赋的价值(或者说消费者收入)增加了,消费者收入的增加会增加对休闲这种正常品的消费,这也意味着劳动时间的减少。显然,工资上涨对劳动时间的影响有两种方向,那到底哪种方向的影响大呢? 这主要取决于工资的替代效应和收入效应。关于这一点,我们可以通过具有禀赋的斯勒茨基方程式进行更准确的讨论

$$\frac{\partial R}{\partial w} = \frac{\partial h_R}{\partial w} + (T - R)\frac{\partial R}{\partial y}$$

其中,h_R 代表休闲的希克斯需求,$\partial h_R / \partial w$ 为替代效应,所以$\partial h_R / \partial w < 0$;$(T-R)\partial R/\partial y$ 为收入效应,休闲为正常品,所以$\partial R/\partial y > 0$。

当 R 很大,$L = T - R$ 很小或者为零的时候,工资变动主要体现为替代效应,即 $\partial R/\partial w < 0$,那么$\partial L/\partial w > 0$。这说明当消费者休闲时间很多(比如消费者处在失业或半失业状态),消费者的收入较低时,休闲对消费者显得过于昂贵,因此工资稍微上涨,消费者都愿意减少休闲,增加劳动时间。

当 $L = T - R$ 较大的时候,$(T - R)\partial R/\partial y$ 的值较大,这时收入效应会起主要作用。此时,$\partial R/\partial w > 0$,则$\partial L/\partial w < 0$。这说明当消费者的工作时间较长,收入较高时,消费者有能力承担很多的休闲。随着工资的提高,消费者反而会增加休闲时间,减少劳动供给。

当劳动时间为某个临界值,比如 L^* 时,工资的替代效应与收入效应相抵消,劳动供给在此处由增加转向减少。

通过上述分析,劳动供给曲线呈现出如图 5-9 所示的背弯劳动供给曲线。

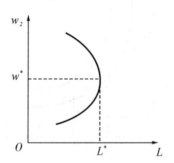

图 5-9　背弯劳动供给曲线

第三节　跨期选择

具有禀赋的消费者的选择理论有很强的解释力,第二节的劳动供给选择是其中的一个运用,本节介绍的跨期选择是上述理论的另一个运用。

一、基本模型

跨期选择是指消费者需要在多个时期做出消费决策,以实现在多个时期内效用的最大化。为了方便分析,我们假设只有两期,即时期 1 和时期 2。相应各时期的收入为 m_1 和 m_2,消费为 c_1 和 c_2,以实现在两个时期中的效用最大化,于是此模型为

$$\max u = u(c_1, c_2)$$

$$\text{s. t. } c_2 = m_2 + (m_1 - c_1)$$

约束条件的含义是消费者在第 2 期的消费等于第 2 期的收入加上第 1 期的结余。这里需要注意的是,如果 $m_1 - c_1 > 0$,表明消费者在第 1 期有结余,那么消费者是储蓄者;如果 $m_1 - c_1 < 0$,表明消费者第 1 期的花费多于第 1 期的收入,这意味着消费者此时是一个借款者。同时,在现实中,无论消费者储蓄还是借款都需要涉及利息,如果利率为 r,那么预算约束变为

$$c_2 = m_2 + (m_1 - c_1)(1 + r)$$

对预算约束变形,可得

$$(1 + r)c_1 + c_2 = (1 + r)m_1 + m_2$$

那么模型就变为

$$\max u = u(c_1, c_2)$$

$$\text{s. t. } (1 + r)c_1 + c_2 = (1 + r)m_1 + m_2$$

如果把 (c_1, c_2) 看作两种商品,那么它们的价格分别为 $p_1 = 1 + r, p_2 = 1$。(m_1, m_2) 就相当于禀赋,那么这就是具有初始禀赋的选择问题。在这里我们把禀赋或消费的价值都换算成最终一期所具有的价值。例如,第 1 期禀赋具有 m_1 的价值,那在第 2 期就有了 $(1 + r)m_1$ 的价值。我们把这个预算约束方程称为预算约束的终值形式。

如果我们把禀赋或消费的价值都以第 1 期的价值来表示,就得到预算约束的现值形式为

$$c_1 + \frac{c_2}{1 + r} = m_1 + \frac{m_2}{1 + r}$$

那么模型就变为

$$\max u = u(c_1, c_2)$$

$$\text{s. t. } c_1 + \frac{c_2}{1 + r} = m_1 + \frac{m_2}{1 + r}$$

此时,$p_1 = 1, p_2 = 1/(1 + r)$,这里第 2 期的禀赋价值 m_2 在第 1 期就只有 $m_2/(1 + r)$ 的价值了。

无论预算约束是以现值形式还是以终值形式来表示,其价格比 p_1 / p_2 始终等于

$1+r$,因此如果利率 r 上升,那么第一期的消费价格更高,显得更贵。

求解这个问题,可以参见图 5-10。

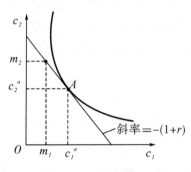

图 5-10　跨期选择

在图 5-10 中,禀赋点为 (m_1, m_2),消费者最优选择为 A 点,(c_1^a, c_2^a),$m_1 - c_1^a < 0$,消费者是借款者。同时,最优点满足一阶条件,有 $\mathrm{MRS} = p_1 / p_2 = 1 + r$。

二、利率变动对消费者的影响

紧接上面的分析,消费者最初的最优选择在 A 点,此时消费者是借款者,如果 r 上升,消费者的最优选择会如何变化,其福利水平又会受到什么影响呢(见图 5-11)?

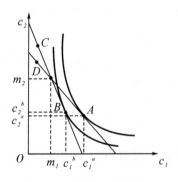

图 5-11　利率变动分析

如果消费者在利率上升时的选择为 B 点,此时 $m_1 - c_1^b < 0$,消费者仍然是借款者,那么消费者福利水平降低(读者可以自己想想这是为什么)。消费者能否变成储蓄者呢?比如到 C 点。这当然是有可能的,此时福利水平的变化就不能简单地判定了。

反过来说,如果消费者最初是借款者,比如在 B 点,利率 r 下降后,消费者的最优选择一定还是当一个借款者,而不会变为一个储蓄者(读者们可以自己想想这又是为什么)。换句话说,消费者的最优选择一定在禀赋点的右方,比如 A 点;而不会在禀赋点的左方,比如 D 点,此时消费者的福利水平一定增加。

三、现值分析与资产市场

有了前面的基本分析,我们可以简单地讨论一下资产市场(或金融机构)存在的原因和功能,并且讨论一下在分析投资时用得最多的现值分析方法。

在求解跨期选择模型的时候,实际上我们有一个隐含的假设。这个隐含的假设就是当消费者是一个借款者的时候,他能够顺利地借到钱;当消费者是一个储蓄者的时候,他能够顺利地存钱或找到地方投资。

在图 5-12 中,我们可以看到,当消费者是借款者时,如果他能借到钱,他能达到的效用水平为 u^A;但如果他借不到钱,就只能在初始禀赋点消费,那么他的效用水平为 u^0。显然 $u^A > u^0$,即对于消费者来说,借钱优于不借钱或借不到钱,借钱可以使跨期的效用最大化。同样的道理,对于储蓄者来说,能够顺利地存钱优于不能存钱或投资。那么,消费者在哪里借钱、存钱或投资呢? 在现代经济中,这主要是通过银行等金融机构或股票、债券等资产市场来完成的。这样我们就看到资产市场或金融机构的一个主要职能或作用就是跨期配置资源,实现资源的合理运用,在这里表现为消费者效用水平的提高。当然,在今后的分析中我们将会看到资产市场的其他职能。

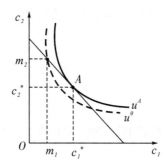

图 5-12 跨期配量资源

在资产市场中,运用得非常普遍的分析方法就是现值分析法。现值分析法实际上是用现在的价格来度量今后资产的价值。如果一项资产能在 n 个时期内产生一个价值流$(m_1, m_2, \cdots, m_n)$,那么这个资产的现值为

$$PV = m_1 + \frac{m_2}{1+r} + \frac{m_3}{(1+r)^2} + \cdots + \frac{m_n}{(1+r)^{n-1}}$$

这里假定每期的利率均为 r,如果每期利率都发生变化,为$(r_1, r_2, \cdots, r_{n-1})$,那么现值为

$$PV = m_1 + \frac{m_2}{(1+r_1)} + \frac{m_3}{(1+r_1)(1+r_2)} + \cdots + \frac{m_n}{(1+r_1)(1+r_2)\cdots(1+r_{n-1})}$$

在经济中,有一种很特殊的资产称为永久支付利息债券。它是指消费者一旦购买这种债券,消费者每年都会得到一笔固定的利息收入 x,没有期限限制,直到永远,

那么这种债券的现值为

$$PV = x/(1+r) + x/(1+r)^2 + \cdots = x/r$$

它表明永久支付利息债券的现值与市场利率成反比关系。

在资产市场上有一个基本原理：当资产市场不存在不确定性时，那么各种资产一定就有相同的报酬率。

假设现在有两类资产：资产 A 当期的价格为 p_0，下期的价格为 p_1；资产 B 在下期可获得利率 r。从而资产 A 可获得的报酬率为 $r_A = \dfrac{p_1 - p_0}{p_0} = \dfrac{p_1}{p_0} - 1$，资产 B 可获得的报酬率为 $r_B = r$。如果 $r_A > r_B$，这时候消费者愿意在当期购买更多的资产 A，以在将来获得更多的收益，那么资产 A 的当期价格 p_0 就会上升，则 r_A 下降；反过来，如果 $r_A < r_B$ 时，消费者就会出售资产 A，资产 A 的当期价格 p_0 下降，则 r_A 上升。只有当 $r_A = r_B$，市场才不会变动，处于均衡状态。此时有

$$\frac{p_1}{p_0} - 1 = r \Rightarrow p_0 = \frac{p_1}{1+r}$$

如果 r 是市场利率，则 $p_1/(1+r)$ 为资产 A 的现值。这里就有一个结论：在没有不确定性的情况下，资产的当期价格等于资产的现值。

复习思考题

1. 若消费者初始为净提供者的话，则当价格发生变化时，消费者福利如何变化，能得到什么结论？

2. 当休闲是一种低档品时，劳动供给曲线是什么形状？

3. 当消费者最初是一个储蓄者，如果利率下降后他仍然是一个储蓄者，他的情况是变好还是变坏？ 如果他变为了一个借款者，情况又如何？

4. 消费者的效用函数为 $u(c_1, c_2) = c_1^{0.4} c_2^{0.6}$，在第 1 期和第 2 期的收入分别为 $m_1 = 100$ 元和 $m_2 = 180$ 元，利率为 r，求：

（1）第 1 期和第 2 期的最优消费分别是多少？

（2）r 分别取什么值时，该消费者在第 1 期将借入、借出，或者既不借入也不借出？

5. 假如一天 24 小时，一个人每天的消费是商品 x 和睡觉 s，他要最大化其效用函数 $u = x^2 s$，其中 $x = w(24 - s)$，w 为工资率。

（1）在模型中，消费者一天睡几小时是最优的？

（2）在模型中，随着工资率 w 的增加，消费者最优的睡觉时间是增加或减少，还是不变？

练习题

1. 小明只消费 A 和 B 两种商品,他仅有的收入来源于别人给予他的一定数量的这两种商品。然而小明的最优消费量并不总是被给予的这些数量。他可以以价格 $P_A = 1$ 和 $P_B = 2$ 分别买卖 A 和 B 两种商品。小明的效用函数是 $U(a,b) = ab$,其中 a 是消费商品 A 的数量,b 是消费商品 B 的数量。

（1）假定别人给予小明 100 个单位的商品 A 和 200 个单位的商品 B,画出其预算约束线,并用 W 点标出其初始的禀赋点。

（2）小明对商品 A 和商品 B 的总需求为多少？

（3）小明对商品 A 和商品 B 的净需求为多少？

（4）假定在小明进行任何买卖活动之前,商品 B 的价格下降为 $P_B = 1$,商品 A 的价格仍然维持在 $P_A = 1$ 不变,画出此价格条件下小明的预算约束线（在同一个图中画）。

（5）小明对商品 B 的需求是上升了还是下降了？上升或下降了多少？对商品 A 的需求呢？

（6）假定在商品 B 的价格下降之前,小明已经把别人给他的所有商品 A 和 B 都换成了货币收入,然后计划用这些货币收入去购买消费束,则他对商品 A 和商品 B 的需求分别为多少？

（7）解释为什么在价格变化时,小明持有商品和持有货币收入最终的消费是不同的。

2. 假设劳动者每天 24 小时的时间资源用 T 表示,24 小时中提供劳动的时间用 L 表示,自留自用的时间即闲暇用 R 表示,劳动的单位价格即工资率用 W 表示,劳动的收入用 y 表示,劳动者从劳动收入和闲暇中获得的总效用函数为 $U = 48R + R \times y - R^2$。试求劳动供给曲线,并证明:

（1）当 $W = 0$ 时,劳动者完全不劳动。

（2）劳动供给 L 随 W 的上升而增加。

（3）不管工资率 W 有多高,劳动时间 L 不超过 12 小时。

3. 宁宁的效用函数是 $U(C,R) = C - (12 - R)^2$,其中 R 为他每天消费的闲暇时间,他每天有 16 小时在工作和闲暇之间分配,且每天能获得 20 元的非劳动收入,商品 C 的价格为 $P = 1$ 元。

（1）如果宁宁能够选择每天工作的时间,但工资率为 0,那么他会选择消费多少闲暇时间？

(2)如果工资率为每小时 10 元,宁宁可以选择每天工作的时间,那么他会选择每天工作多少小时?

(3)如果宁宁每天的非劳动收入减少为 5 元(工资率仍然为每小时 10 元),那么他会选择每天工作多少小时?

4. 张三是一名水管工,他每周有 168 小时在工作和闲暇之间分配。他每工作一小时向顾客收费 10 元,并且如果他喜欢的话,他可以选择任何数量的工作时间。张三除了工作收入外没有其他的收入来源。

(1)写出张三的预算约束方程,画出张三的预算约束线,描述张三能够负担的每周闲暇和收入的组合(闲暇为横轴,消费为纵轴)。

(2)当自我雇用时,张三选择每周工作 40 小时。现在有一家公司有一项紧急的工作,他们以每小时 20 元雇用张三工作并许诺其可以按自己的意愿选择工作多少时间,但是张三仍然选择每周工作 40 小时。在你所绘的图中,加上此时张三的预算约束线。

(3)假设张三的偏好满足严格凸性,是良好性状的。在你所绘的图中,再加上满足他自我雇用和受雇于公司时的工作选择的无差异曲线。

(4)假定这家公司的工作任务非常紧急,希望张三每周的工作时间多于 40 小时,于是他们决定不付给张三每小时 20 元的报酬,而是在前 40 小时仅付每小时 10 元,而在 40 小时以外,张三每“加班”一小时,公司付给其 20 元。在你所绘的图中,画出此时张三的预算约束线,画出通过张三的工作选择点的无差异曲线。请问在这种情况下,张三会选择工作 40 小时以下还是 40 小时以上?为什么?

5. 小强拥有柯布－道格拉斯形式的效用函数 $U(c_1, c_2) = c_1^\alpha c_2^{1-\alpha}$,其中 $0 < \alpha < 1$,c_1 和 c_2 分别是其在第 1 期和第 2 期的消费。

(1)假定小强在第 1 期和第 2 期的收入分别为 m_1 和 m_2,以现值的形式写出其预算约束式(利率为 r)。

(2)我们想用一种“标准”形式比较预算约束式,那么在小强的预算约束式中,p_1 是什么?p_2 是什么?m 是什么?

(3)若 $\alpha = 0.2$,求解小强在第 1 期和第 2 期的需求函数,用 m_1, m_2 和 r 表示。

(4)利率 r 的上升对小强第 1 期的消费、第 2 期的消费以及第1 期的储蓄分别有什么影响?

6. 小李拥有每期 20 美元的禀赋收入,他可以以 200% 的利率向别人借钱,也可以按零利率借钱给别人(注:如果利率为 0,则他在本期储蓄 1 美元,在下期能够收回 1 美元;而利率为 200% 时,他每借入 1 美元,要在下一期偿还 3 美元)。

(1)画出小李的预算约束“线”(提示:可能并不是一条直线),并用阴影标示出他的预算约束集。

（2）小李投资了一个项目，结果是使他面临 $m_1 = 30, m_2 = 15$ 的状况。在此项目之外，他仍可以以 200% 的利率借入或以零利率贷出。在问题（1）的图中画出此时的预算约束线。请问：小李投资这个项目，境况是变好了还是变坏了？在没有给出其偏好的相关信息时能够做出判断吗？试解释原因。

（3）考虑另外一个项目，这个项目使小李面临 $m_1 = 15, m_2 = 30$ 的境况。仍然假设其可以按上述利率借贷，但是他投资此项目，便不能投资上一个项目，在上图中再画上此时的预算约束线。请问：小李投资此项目后，境况是变好了还是变坏了？在没有给出偏好的相关信息时能够做出判断吗？试解释原因。

7. 假设某种不可再生资源在第一阶段的需求函数为 $q_1 = 200 - 2p_1$，在第二阶段的需求函数为 $q_2 = 200 - 2p_2$。已知在两个阶段共有 100 个单位的资源可以被利用，货币市场利率为 50%。求两个阶段的竞争性均衡价格以及均衡资源配置。

8. 消费者的效用函数为 $u = R^{0.5}X^{0.2}Y^{0.1}$，其中 R 代表消费者每周闲暇的小时数，X 和 Y 为两种商品。现在的工资为 10 元/小时，商品 X 和 Y 的价格分别为 P_X 和 P_Y，消费者只有劳动收入。请问：

（1）消费者每周会工作多少小时？

（2）他会把多高比例的收入用来购买 X 商品？

9. 某企业在考虑是否建造新厂房以扩大产量。修建新厂房需投资 50 万元，一年后可以投产。估计在投产后的 5 年内，新厂房每年可以创收 106.6 万元，经营费用为每年 90 万元。此企业还可以通过扩建现有厂房来提高产量，扩建成本为 10 万元，一年可以竣工。扩建的生产能力在今后 5 年内每年可创造利润 4 万元。假设年利率为 12%，此企业应该采取哪一个投资方案？

10. 消费者当期收入 $m_1 = 120$，未来期收入 $m_2 = 110$，利率水平为 0.1，消费者的偏好为完全互补品偏好。请问：

（1）消费者当期消费和未来期消费是多少？消费者是储蓄者还是借款者？

（2）如果政府对消费者的当期收入征收一次性总额税 40 元，消费者的最优消费选择是什么？消费者是储蓄者还是借款者？

（3）在（2）中，如果消费者存在信贷约束，消费者的最优消费选择是什么？

第六章　不确定性条件下消费者选择行为

前面章节研究的问题都是在确定性条件下消费者如何进行选择的,但俗话说得好"天有不测风云,人有旦夕祸福"。实际上,现实生活中充满了风险和不确定性,比如投资、买彩票等。本章研究在不确定性条件下消费者如何进行选择。

第一节　基本概念

首先我们给出不确定性的基本定义。不确定性是指当人们在做出选择的时候,会面临多种结果$(x_1, x_2, \cdots, x_n)$,这些结果中肯定会有一个结果出现,但具体出现哪一个事先并不知道,只知道每一个结果出现的概率为$(\pi_1, \pi_2, \cdots, \pi_n)$且$\pi_1 + \pi_2 + \cdots + \pi_n = 1, \pi_i \geq 0 (i = 1, \cdots, n)$,那么我们把这种现象称为不确定性。

在现实生活中,有很多这样的例子。例如,天气预报,现在的天气预报经常这样报道,明天下雨的可能性为80%。这实际上就是一种不确定性,明天天气有两个结果(下雨,不下雨),其概率分布为(80%,20%)。又如,扔骰子,显然扔之前我们并不知道会出现几点,但我们知道最后的结果一定会出现在这6个结果(1,2,3,4,5,6)中,每一个结果出现的可能性为1/6。

在经济学中,不确定性的现象也非常多,比如买卖股票。如果买卖股票不存在不确定性,那么买卖股票就不是一件令人又爱又恨的事情了。我们再看一个具体的保险的例子,假如一个消费者拥有初始财产50 000元,但初始财产有1%的可能性会发生损失(如火灾),损失额为10 000元。请注意,这时候消费者面临不确定性,他拥有的不是100%的50 000元,而是1%的40 000元(50 000 - 10 000),99%的50 000元。当然绝大多数的消费者不愿意冒险损失10 000元,于是很多人愿意购买保险。假如消费者购买了5 000元保额的保险,保险费率为1%,则消费者支付50元保费,这时消费者得到的结果仍然是有不确定性,但是现在他能以1%的可能性得到50 000 - 10 000 - 50 + 5 000 = 44 950元,有99%的可能性得到50 000 - 50 = 49 950元。如果消费者购买了10 000元保额的保险,保险费率仍然为1%,那么消费者支付保费100元,这时消费者就将以1%的可能性得到50 000 - 10 000 - 100 + 10 000 = 49 900元,有99%的可能性得到50 000 - 100 = 49 900元。很显然,从上面的分析中我们可以看出,当消费者选择购买多少金额的保险时,实际上是在选择各种不确定性。换句话说,消费者是在选择不同结果的概率分布。如果不确定性的各种结果为 $(x_1, x_2, \cdots, x_n)$,各种结果出现的概率为 $(\pi_1, \pi_2, \cdots, \pi_n)$,那么消费者此时的选择记为 $(\pi_1, x_1; \pi_2, x_2; \cdots; \pi_n, x_n)$,代表着不同结果的概率分布。我们把上述表示称为一个彩票,记为 L,则 $L = (\pi_1, x_1; \pi_2, x_2; \cdots; \pi_n, x_n)$。彩票就是不确定性条件下选择的基本对象,相当于确定性条件下的消费束,不过存在不确定性时,选择的就是概率分布。结合保险的例子,当不买保险时,消费者选择的彩票为 $(99\%, 50\,000;$ $1\%, 49\,000)$,当买了 5 000 元保额的保险时,消费者选择的彩票为 $(99\%, 49\,950;$ $1\%, 44\,950)$;当买了 10 000 元保额的保险时,消费者选择的彩票为 $(99\%, 49\,900;$ $1\%, 49\,900)$。

消费者面临如此多的选择时,究竟选哪一个才是最好的? 这时,我们就需要借助偏好和效用函数来分析消费者的选择,这也是第二节的主要内容。

第二节　期望效用函数

一、不确定性条件下的效用函数

如果消费者的一个彩票 $L = (\pi_1, x_1; \pi_2, x_2; \cdots; \pi_n, x_n)$ 有一个效用值,那么按照以前的讨论,其效用函数为 $u(L) = u(\pi_1, x_1; \pi_2, x_2; \cdots; \pi_n, x_n)$,但在不确定性条件下,我们可以把效用函数表示为

$$U(L) = \pi_1 u(x_1) + \pi_2 u(x_2) + \cdots + \pi_n u(x_n) \tag{1}$$

式(1)中的 $U(L)$ 被称为期望效用函数或冯·诺伊曼-摩根斯坦效用函数,表示为消费者对不确定选择(彩票)的一个主观评价或偏好。它等于各种结果效用值的加权平均,权重为各种结果的概率。

$u(x_i)(i=1,2,\cdots,n)$ 表示对某一结果的偏好和评价。为了与期望效用函数相区别,$u(x_i)$ 被称为贝努利效用函数,与普通效用函数是没有区别的。在经济学中,不确定性的结果往往是不同的货币数量。因此,$u(x_i)$ 变为一元函数 $u(x)$,x 为货币数量的大小,$u(x)$ 有时也被称为货币效用函数。

例 1:当货币效用函数为 $u(x) = \sqrt{x}$ 时,如果消费者有这样一个选择,他有 50% 的可能性得到 100 元钱,有 50% 的可能性得到 36 元钱,那么这个选择带给消费者的满足程度多大呢?

此时,消费者的选择为 $L = (50\%, 100; 50\%, 36)$。

$$U(L) = \pi_1 u(x_1) + \pi_2 u(x_2) = 0.5 \times \sqrt{100} + 0.5 \times \sqrt{36} = 8$$

这里需要指出的是,只有具有式(1)形式的效用函数,或者说只有具有相加形式的效用函数才能称为期望效用函数。我们知道效用函数的一个单调变换也是代表同一偏好的效用函数,比如 $U = a\ln x_1 + (1-a)\ln x_2$ 和 $U = x_1^a x_2^{1-a}$ 都代表同一偏好,但前者才是期望效用函数,而后者不是。期望效用函数能采取相加的形式,关键在于消费者在不确定性条件下的选择,各种可能的结果之间很自然地存在着一种"独立性",即消费者对各种结果的消费必定是分开的,而不可能同时消费。如例1中,消费者有50%的可能性得到100元钱,有50%的可能性得到36元钱。但在一次选择中,他要么得到100元,要么得到36元,而不可能同时得到两者。当他得到100元时,其效用水平为10;当他得到36元时,其效用水平为6。但在选择前,他并不知道会得到哪一种具体的结果,因此消费者只能估计其得到的效用的平均值,即 $0.5 \times 10 + 0.5 \times 6 = 8$。相加性的效用函数能很好地表明不确定性选择的这种独立性和效用的期望性质,而其他函数形式就没有这种性质,因此只有像式(1)这种形式的效用函数才是期望效用函数。

二、期望效用函数形式与消费者的风险态度

期望效用函数是贝努利效用函数的加权平均,因此期望效用函数的性质取决于贝努利效用函数(货币效用函数)的性质,贝努利效用函数的不同形式实际上反映了消费者对待风险的不同态度。

假设消费者有这样两个机会:一个机会是他有50%的机会可以得到50元,同时有50%的机会可以得到10元钱,此时其期望收入为30元;另一个机会是他可以确定得到30元。消费者究竟选择哪一个机会呢? 在第一个机会中,消费者的期望收入为30元,但他面临不确定性,有一定风险,此时他的期望效用为 $0.5u(50) + 0.5u(10)$;在第二个机会中,消费者可以得到确定的30元,无风险,此时的效用水平为 $u(30)$。消费者选择哪个机会取决于其效用值大小的比较,效用值大小的比较又取决于其对待风险的态度,而对待风险的态度又反映在货币效用函数的形式上。

(一)凹函数与风险厌恶

如图6-1所示,当货币效用函数为凹函数时, $u(30) > 0.5u(50) + 0.5u(10)$,消费者选择机会2。这说明消费者更偏好于确定的30元收入,而不喜欢有风险的期望收入30元,即使这时他有50%的可能获得高达50元的收入。显然,这个消费者是一个风险厌恶者。

一般而言,如果彩票 $L = (\pi_1, x; \pi_2, x_2; \cdots; \pi_n, x_n)$,彩票的期望值为 $E(L) = \pi_1 x_1 + \pi_2 x_2 + \cdots + \pi_n x_n$。

当 $u[E(L)] > U(L)$ 时,消费者为风险厌恶者,其货币效用函数为凹函数,有 $u' > 0, u'' < 0$,即货币的边际效用为正,但货币边际效用递减。

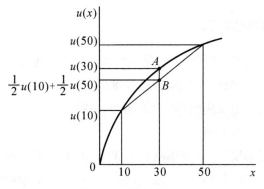

图6-1　风险厌恶

（二）凸函数与风险偏好

如图6-2所示，当效用函数为凸函数时，$u(30) < 0.5u(50) + 0.5u(10)$，消费者更喜欢一个不确定的结果，即消费者是一个风险偏好者。

一般而言，当 $u[E(L)] < U(L)$ 时，消费者为风险偏好者，此时货币效用函数为凸函数，则 $u' > 0, u'' > 0$。

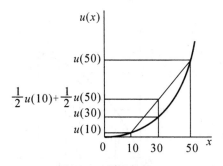

图6-2　风险偏好

（三）线性函数与风险中立

如图6-3所示，当效用函数为线性函数时，$u(30) = 0.5u(50) + 0.5u(10)$，即消费者对风险持一种中性的态度，消费者是风险中立者。

当 $u[E(L)] = U(L)$ 时，消费者为风险中立者，此时货币效用函数为线性函数，则 $u' > 0, u'' = 0$。

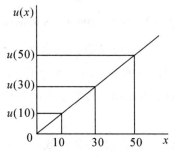

图6-3　风险中立

三、风险厌恶程度的度量

一般来说,经济学中最常用的假设是消费者为风险厌恶者,但不同消费者风险厌恶程度却是不一样的。因此,对风险厌恶程度的度量在经济学中就显得特别重要。下面我们就介绍经济学中常用的风险厌恶程度的指标。

(一)确定性等值和风险升水

对于风险厌恶者来说,一个期望收益为30元的不确定性选择是劣于确定性的30元的,前者的效用水平低于后者。那么,这个不确定性的选择相当于多少确定性的收入呢?这个问题的回答就是确定性等值的概念。确定性等值(CE)是一个完全确定的收入量,此收入水平所对应的效用水平等于不确定性条件下的期望效用水平,即确定性等值满足 $u(CE) = U(L)$。

假设消费者面临这样一个彩票 $L = (\pi_1, a_1; \pi_2, a_2)$,其期望效用为 $U(L) = \pi_1 u(a_1) + \pi_2 u(a_2)$,满足 $u(CE) = U(L)$(如图 6-4 所示),其中 $E(L) = \pi_1 a_1 + \pi_2, a_2$ 为彩票的期望值。

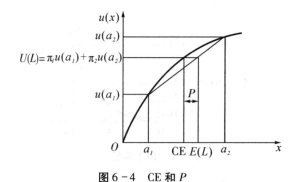

图 6-4　CE 和 P

例2:求例1中的确定性等值。

解:
$$u(CE) = U(L) = 8$$

$$\sqrt{CE} = 8$$

$$CE = 64$$

此时,彩票的期望收益 $E(L) = 0.5 \times 100 + 0.5 \times 36 = 68$。

对于风险厌恶者来说,CE 往往小于 $E(L)$,两者之间的差值可定义为 $P = E(L) - CE$,我们称之为风险升水。风险升水表示消费者为了规避风险而愿意付出的最大代价,也可以认为风险升水是消费者承担风险所要求的补偿。

(二)普拉特指标

从图形的直观分析中我们可以得知,当货币效用函数是凹函数时,消费者是风险厌恶者。函数越凹,消费者的风险厌恶程度越大。函数的凹度可以在一定程度上表明消费者的风险厌恶程度,而函数的凹度是由函数的二阶导数刻画的,于是我们在经济学中找到了一个非常重要的度量风险厌恶程度的指标,即普拉特指标,记为 $R_a(w)$。普拉特指标又称为绝对风险规避系数,用效用函数的二阶导数和一阶导数的比值来度量风险厌恶程度,准确地表示为

$$R_a(w) = -u''(w)/u'(w)$$

当 $R_a(w) > 0$ 时,消费者为风险厌恶者。

当 $R_a(w) < 0$ 时,消费者为风险偏好者。

当 $R_a(w) = 0$ 时,消费者为风险中立者。

$R_a(w)$ 的值越大,消费者的风险厌恶程度越高。

第三节　不确定性条件下的最优选择

现在我们讨论在不确定性条件下消费者是如何做出最优选择的以及在最优选择时遵循的条件。我们以一个例子来具体说明不确定性条件下最优选择的方法。这个例子就是第一节中关于保险的例子的简单扩展。

消费者一开始拥有初始财产 M,此时消费者有 π 的可能性面临损失,损失额为 b。如果消费者投保,保额为 k,保险费率为 r,这时支付的保费为 rk,那么消费者面临的不确定性为有 π 的可能性得到 $(M-b-rk+k)$,或者有 $(1-\pi)$ 的可能性得到 $(M-rk)$。此时消费者的彩票为

$$L = (1-\pi, M-rk; \pi, M-b-rk+k)$$

如果我们定义

$$c_g = M - rk, \tag{2}$$

$$c_b = M - b - rk + k, \tag{3}$$

则彩票变为

$$L = (1-\pi, c_g; \pi, c_b)$$

消费者的效用为 $U(L) = (1-\pi)u(c_g) + \pi u(c_b)$。

接下来,我们讨论 c_g 和 c_b 的关系。

对式(2)变形可得

$$k = (M - c_g)/r \tag{4}$$

将式(4)代入式(3)可得

$$c_b = M - b - (M - c_g) + (M - c_g)/r \tag{5}$$

对式(5)变形可得

$$(1-r)c_g + r c_b = (1-r)M + r(M-b) \tag{6}$$

式(6)表明 c_g 和 c_b 必须满足这样一个等式关系。换句话说,消费者要实现效用 $U(L)$ 的最大化,必须满足式(6)。此时,消费者购买保险以实现效用最大化的问题就变为以下模型:

$$\max U(L) = (1-\pi)u(c_g) + \pi u(c_b)$$

$$\text{s. t. } (1-r)c_g + r c_b = (1-r)M + r(M-b)$$

这个模型的形式实际上就是有禀赋的消费者选择模型。这里有两种商品:第一种商品的数量为 c_g,价格为 $(1-r)$,禀赋量为 M;第二种商品的数量为 c_b,价格为 r,禀赋量为 $M-b$。

如果把 c_g 和 c_b 看成商品,那么这类商品在经济学中被称为或然商品。或然商品是指即使是同一种物品,在不同状态下也应看成不同的商品。例如,天气有两种状态(热天,冷天),那么我们把热天的冰淇淋和冷天的冰淇淋往往看成两种商品。在跨期选择的时候,实际上我们也把今天的钱和明天的钱看成两种不同商品。在不确定性条件下,有几种结果就认为有几种商品。在上面的例子里,对经济中的两种状态发生损失和不发生损失,我们分别称为好状态和坏状态。我们把好状态下得到的 1 元钱和坏状态下得到的 1 元钱也看成两种不同的商品,分别称为好状态商品和坏状态商品。在本例中,如果没有买保险,消费者拥有的好状态商品的数量为 M,拥有的坏状态商品的数量为 $M-b$,即此时拥有的两种商品数量为初始禀赋量。当购买保险后,好状态商品数量为 c_g,坏状态商品数量为 c_b。

如果按照上面的方式来理解商品,那么消费者购买保险就是在重新选择两种商品的数量。由于初始禀赋有限,购买保险后消费者能得到的好状态商品数量 c_g 和坏状态商品数量 c_b 必须满足式(6),即约束条件。约束条件表明好状态商品和坏状态商品的价格为 $(1-r, r)$,如 $r = 0.1$,那么好状态商品的价格为 0.9,坏状态商品的价格为 0.1,则好状态商品显得较贵。此时预算约束线如图 6-5 所示。

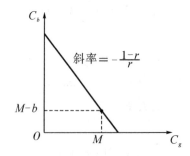

图 6-5 预算约束线

这时预算约束线的斜率为 $\Delta c_b / \Delta c_g = -(1-r)/r$,表明用 1 元钱的好状态商品可以在市场上交换到 $(1-r)/r$ 的坏状态商品。也就是说,消费者用 1 元钱购买保险(减少 1 个单位的好状态商品),如果 $r = 0.1$,那么消费者在发生损失时可以得到

9元钱的保险(可以增加9个单位的坏状态商品)。

当消费者实现效用最大化时(如图6-6所示),无差异曲线和预算约束线相切,即

$$MRS = (1-r)/r \tag{7}$$

$$\frac{(1-\pi)\partial u(c_g)/\partial c_g}{\pi\partial u(c_b)/\partial c_b} = \frac{1-r}{r} \tag{8}$$

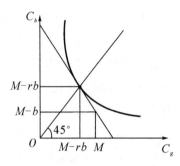

图6-6　最优保险选择

我们看看如果保险公司的保费是公平保费,上述结论意味着什么。公平保费意味着保险公司的期望利润为零。在正常情况下,保险公司的收益为保费收入rk,保险公司的成本为支付赔偿的期望值πk,则期望利润为$rk-\pi k$。若是公平保费,则保险公司的期望利润为零,即$rk-\pi k=0$,那么必然有$r=\pi$。也就是说,如果保险公司的保费为公平保费,其保费率应该等于发生损失的概率,此时式(8)就变为

$$\frac{\partial u(c_g)/\partial c_g}{\partial u(c_b)/\partial c_b} = 1 \Rightarrow \frac{\partial u(c_g)}{\partial c_g} = \frac{\partial u(c_b)}{\partial c_b} \Rightarrow u'(c_g) = u'(c_b)$$

由于消费者为风险厌恶者,即$u'>0$,$u''<0$,u'为严格减函数,因此由上式可得

$$c_g = c_b \tag{9}$$

将式(9)代入预算约束线可得

$$c_g = c_b = M - rb$$

$$k = b$$

这说明如果保费是公平的,当消费者实现效用最大化时,消费者会购买全额保险(保险额度等于受损失额度,即$k=b$),而此时消费者得到的好状态商品和坏状态商品的数量相等,即$c_g=c_b$。这意味着,无论损失是发生还是不发生,消费者都能得到固定的收入$M-rb$,即消费者愿意支付rb的费用以获得一个稳定的保障$M-rb$。

接下来,我们用一个具体的例子来说明保险的本质和功能。例如,消费者拥有的初始财产为50 000元,初始财产有1%的可能性会发生损失,损失额为10 000元。此时,消费者的预期收益为49 900元,但他面临很大的风险,因为他有1%的可能性只有40 000元。如果保费是公平的,那么消费者通过购买全额保险,将会获得稳定的

49 900元,这样消费者的效用水平提高了。实际上购买保险是一种风险分散的办法:消费者通过把风险分散给其他人,从而降低其承担的风险。我们看看消费者是通过什么办法来分散风险的。假设经济中有10 000个类似的消费者,那么平均有 100 个消费者会发生损失,损失的金额为 10 000 元。但具体是哪一个人发生损失事先并不清楚,于是这10 000人决定无论谁发生损失,每个人都会向受损失的人捐助 100 元,因为一旦自己受到损失,自己也会得到别人的捐助。从平均意义上看,100 个消费者发生损失,共损失 100 人 × 10 000 元/人 = 1 000 000 元,但得到的捐助也是 100 元/人 × 10 000人 = 1 000 000 元,于是最后每个人都能一直保持稳定的 49 900 元的财产水平。在现实中,这种分散风险的行为不是通过个人捐助来实现的,而是通过保险公司来实现的。保险公司向每个人收取 100 元的保费,当损失发生后,向每个人赔偿 10 000 元,于是达到和前面例子同样的效果,消费者保持稳定的 49 900 元的财富水平。很显然,保险公司的一个基本职能就是分散风险。同样的道理,资产市场(比如股票市场)也同保险公司一样发挥着分散风险的功能。企业的所有者可以通过发行股票,把单个公司或股东所承担的风险分散到大量的股票所有者身上。股票持有者也可以在股票市场买卖股票,重新分配他们的风险,有的人愿意持有稳健的股票,而有的人愿意持有高回报、高风险的股票。总之,金融市场的基本职能之一就是分散风险。

复习思考题

1. 如果某个消费者对小额赌博是风险偏好的,对大额赌博是风险厌恶的,请绘出他的效用函数图。

2. 消费者的效用函数为 $u(w) = \ln w$,请求出普拉特指标并判断消费者是风险厌恶者还是风险偏好者。

3. 消费者效用函数为 $u(w) = w^{0.5}$,消费者初始拥有 10 000 元财产,但有 5% 的可能性损失 3 600 元,求消费者愿意支付的最大保险金额。

4. 为什么一般来说对不可抗力保险公司不予承保?

5. 一个人具有期望效用函数,其货币效用函数的原形为 $u(w) = \sqrt{w}$。他的财产初始值为 4 元。他拥有一张奖券,该奖券值 12 元的概率为 0.5,值零元的概率为 0.5。这个人的期望效用是多少? 若要他出让该彩票,他索取的最低价会是多少?

练习题

1. 消费者的贝努利效用函数为 $u = \ln w$，如果消费者参加赌博，他下赌注 x 元，那么他有 θ 的机会赢取 x 元，有 $1 - \theta$ 的机会输掉 x 元。如果他目前拥有的财富为 w_0，计算他的最优赌注 x 的量。如果 $\theta = 0.5$，最优的 x 量是多少？

2. 消费者的贝努利效用函数为 $u = -e^{-cw}$，请问消费者是风险厌恶者吗？求出其普拉特指标。

3. 消费者的贝努利效用函数为 $u = \sqrt{w}$，消费者的初始财富为 90 000 元，但有 5% 的可能性会发生损失，损失额为 80 000 元。如果保险公司能收取消费者愿意支付的最高保费，请问保险公司的利润是多少？

4. 消费者的贝努利效用函数为 $u = \sqrt{w}$，其面临的彩票为 30% 可能获得 1 600 元，30% 可能获得 900 元，40% 可能获得 400 元，求确定性等值和风险升水。

5. 消费者的贝努利效用函数为 $u = -\dfrac{1}{w}$，他参与一场赌博，赢的可能性为 P，赢了后的财产可以达到 w_1；输的可能性为 $(1 - P)$，输了后的财产可以达到 w_2。如果他赌博和不赌博无差异，请问消费者当前的财产为多少？

6. 一个风险厌恶者要把价值为 w 的黄金运到另一个城市去。在运送途中，黄金被盗的概率为 q，安全到达的概率为 $1 - q$。假设运输费用可以忽略不计，请证明：当黄金分两次运输时，此人可以得到更高的期望效用水平。

7. 某消费者的效用函数为 $u(c_1, c_2) = 2\ln c_1 + \ln c_2$。其中，$c_1$ 和 c_2 为时期 1 和时期 2 的消费支出。市场利率为 20%。消费者预期在时期 2 有 50% 的可能性发生通货膨胀，通货膨胀率为 20%。其在时期 1 的收入为 300 元，在时期 2 没有收入。请分析回答此消费者在时期 1 储蓄吗？如果储蓄，储蓄多少？

8. 若一个人的效用函数为 $u = w - aw^2$，证明其绝对风险规避系数是财富的严格增函数。

9. 某一赌局会产生以下结果：赢 100 元的概率为 0.2，赢 250 元的概率为 0.5，赢 300 元的概率为 0.3。

（1）此赌局的期望值是多少？

（2）此赌局的方差是多少？

（3）风险规避者是否愿意付 235 元参加此赌博？风险中立者如何在接受 240 元与参加赌博中做出选择？

10. (1)求常数绝对风险厌恶效用函数(CARA)$u(w) = -e^{-aw}$的绝对风险规避系数。

(2)常数相对风险厌恶效用函数(CRRA)为$u(w) = \dfrac{w^{1-\theta} - 1}{1 - \theta}(0 < \theta < 1)$,求该效用函数的绝对风险规避系数。

(3)如果定义相对风险规避系数为$rr(w) = -w\dfrac{u''(w)}{u'(w)}$,求上述两个效用函数的相对风险规避系数。

第七章　生产者行为理论

经济学中的生产者指的是厂商或企业。抽象掉制度上的差异,厂商或企业负担的经济职能是把投入组合转化为产出。生产者最基本的经济决策是选择"生产什么""生产多少"以及"如何生产"。为了回答竞争性的厂商如何做出这些决策,我们依次考虑如下问题:第一,生产的技术特征;第二,企业短期和长期的成本行为;第三,利润最大化的产量选择;第四,生产者的行为如何决定对生产要素的需求。

第一节　生产技术

一、生产技术的描述方法

在这一章,我们不考虑厂商多样化生产的选择问题,而是假设一个厂商只生产一种产品。但是,任何一种产品往往都需要不同投入组合起来才能生产出来。因此,本章考察的生产就是投入组合转化为产出的过程。

生产显然会受技术的约束,生产技术约束决定了"什么样的生产活动是可行的"。但是,大量的技术上可行的生产活动都不会成为经济学研究的内容。例如,在技术上,如果一个特定的投入组合可以提供一定的产出,那么相应的投入组合提供较少的产出,或者用更多的投入生产同样的产出在技术上往往是可行的。但是,由于资源的稀缺性,后两种生产活动显然不具有社会合意性。

在理论研究中,排除后两种生产活动的办法是我们只关心有效率的生产。在此,有效率的生产是指无法利用相同的投入获得更多的产出,或者无法利用更少的投入生产相同的产出。

有效率的生产可以理解为总是用给定的投入生产出技术上可能的最大化的产出,因此我们可以用要素投入组合和相应的最大化的产出之间的关系反映生产当中的技术约束。这一关系可以写成函数形式,而这一函数则被称为生产函数。

生产函数是一个对复杂的生产过程进行简化的工具。在最简单的情况下,我们可以把要素投入分成资本和劳动两大类。如果我们用 q 表示产量,用 K 表示资本(可以用使用机器运转的小时数来度量),用 L 表示劳动投入(用劳动时间度量),那么生产函数就可以表示为 $q = f(L, K)$。

给定生产函数,我们可以定义要素投入的平均产量和边际产量,如劳动投入的平均产量为 $\mathrm{AP}_L = \dfrac{f(L, K)}{L}$,劳动投入的边际产量为 $\mathrm{MP}_L = \dfrac{\partial f(L, K)}{\partial L}$,资本的平均产量 $\mathrm{AP}_K = \dfrac{f(L, K)}{K}$,资本的边际产量为 $\mathrm{MP}_K = \dfrac{\partial f(L, K)}{\partial K}$。

一般来说,同样的产出总是可以由不同的投入组合生产出来,从而为生产者提供了选择的机会。在把要素投入简化为只有两种的情况下,给定产量水平为 $\bar{q}$,所有能够有效率地生产出这一产出水平的要素投入组合可以表示为 $\bar{q} = f(L, K)$。在一个二维坐标系内,两个坐标轴分别对应两种投入的数量,描述这种选择可能性的工具就是等产量线(见图 7-1)。

有效率的生产要求等产量线的斜率不能为正,否则就出现了两种投入都增加但产出不变的情况。因此,上述的选择机会实际上意味着生产者可以用要素投入相互替代以生产给定的产量。如果劳动投入变化 ΔL,资本投入变化 ΔK,产出不变,那么 $\left| \dfrac{\Delta K}{\Delta L} \right|$ 被称为劳动对资本的技术替代率,而当劳动投入发生微小变化时,我们就可以得到劳动对资本的边际技术替代率,表示为 $\mathrm{MRTS}_{L,K} = -\dfrac{\mathrm{d}K}{\mathrm{d}L}$。如果边际产量有良好的定义,那么 $\mathrm{MRTS}_{L,K} = \dfrac{\mathrm{MP}_L}{\mathrm{MP}_K}$,并且是等产量线的斜率的绝对值。

描述替代可能性的另一个分析工具是替代弹性。两种要素投入之间的替代弹性是指在产出水平保持不变的前提下,由两种要素之间的边际技术替代率 1% 的变化所导致的投入比例变化的百分比。例如,劳动对资本的替代弹性为 $\sigma_{L,K} = \dfrac{\mathrm{d}(K/L)}{K/L} \Big/ \dfrac{\mathrm{d}\mathrm{MRTS}_{L,K}}{\mathrm{MRTS}_{L,K}} = \dfrac{\mathrm{dln}\,(K/L)}{\mathrm{dln}\,(\mathrm{MRTS}_{L,K})}$。它告诉我们,当边际技术替代率变化 1% 时,人均资本占有量变化的百分比是多少。替代弹性越大表明替代越容易发生,而如果替代弹性为零意味着无法进行替代。

二、生产技术的基本假设

在一般情况下,生产技术被假设为具有单调性和凸性两种特征(这与偏好的单调性和凸性类似)。

单调性是指如果至少一种投入增多,总可以生产至少相同的产出。而严格单调性则意味着任何一种投入增多都可以生产出更多的产出。严格单调性也可以描述为生产函数是严格增函数,或者说任何一种投入的边际产出都是正的。在只有两种投入的情况下,严格单调性也意味着等产量线的斜率为负,并且越远离原点的等产量对应的产量水平越高。

凸性技术是指如果两个要素组合可以生产出相同的产出,那么这两个要素组合的任意的凸组合至少可生产出相同的产出。在只有两种投入的情况下,在一条等产量线上任取两点,在凸性技术下,连接这两点的线段或者落在同一条等产量线上,或者落在原等产量线的右边。如果生产技术是严格凸的,那么一条等产量线上任意两点的连线除了两个端点之外一定落在原等产量线的右边,即可以生产出更高的产出。满足上述特征的等产量线必然是凸向原点的(见图7-1)。

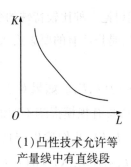

(1)凸性技术允许等产量线中有直线段

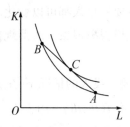

(2)在严格凸性技术下,要素组合 A、B 的凸组合 C 处于更高水平的等产量线上

图 7-1 等产量线

严格凸性技术的一个直接含义是边际技术替代率是递减的。

三、短期生产和长期生产

按照经济学的传统,我们把生产分为短期生产和长期生产。生产过程时间长度不同,技术上的可行性也往往不同。在短期,由于时间较短,部分生产要素投入数量无法改变。在只有资本和劳动两种投入下,我们一般假定资本投入量在短期无法改变,只有劳动投入量会变化。如果用生产函数表示的话,$q = f(L, \bar{K})$,其中 $\bar{K}$ 代表资本数量给定不变。而在长期,由于调整时间足够长,所有生产要素均可改变和调整。用生产函数表示的话,$q = f(L, K)$,L 和 K 上没有一横,代表 L 和 K 都是可以改变和调整的。

在短期,随着劳动投入的增加,劳动的边际产出和平均产出的变化取决于两种效应的综合作用。一方面,随着劳动投入增加,尤其是当劳动者人数增加时,劳动分工提高劳动生产率;另一方面,随着劳动投入增加,人均资本占有量就不断下降,由此导致劳动生产率下降。一般来说,在初始阶段,第一种效应占主导作用,但最终第二种效应会开始起主导作用。因此,随着劳动投入增加,劳动的边际产出和平均产出都会经过一个先提高并最终下降的过程(见图7-2)。这一性质被称为边际产出递减规律,或者被称为边际报酬递减规律。在理论研究中,人们经常抽象掉边际产量递增区域,而假设边际产量始终递减。

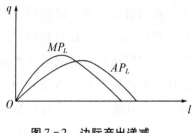

图7-2 边际产出递减

在长期,所有要素投入都可以变化。这里我们讨论一种比较特殊的变化,即规模的变化,或者称规模报酬现象。所谓规模报酬现象,是指所有的要素投入同比例变化时对生产的影响。

在只有两种要素投入的情况下,生产函数为 $q = f(L,K)$。如果对于任意的 $t > 0$ 与任意的 K 和 L,有 $f(tL,tK) = tf(L,K)$,我们称生产具有规模报酬不变的特征;如果对于任意的 $t > 1$ 与任意的 K 和 L,有 $f(tL,tK) > tf(L,K)$,我们称生产具有规模报酬递增的特征;如果对于任意的 $t > 1$ 与任意的 K 和 L,有 $f(tL,tK) < tf(L,K)$,我们称生产具有规模报酬递减的特征。

上面考察的规模报酬特征在整个生产函数的定义域上成立,但有时规模报酬的特征与规模相关。最常见的情况是,随着规模的增大,规模报酬呈现先递增,然后不变,最终递减的变化过程。这被称为规模报酬递减规律。

四、常见的生产技术

完全替代的生产技术特征可以用生产函数 $q = aL + bK$ 表示,等产量线是斜率为 $-\dfrac{a}{b}$ 的直线,替代弹性无穷大(见图7-3)。

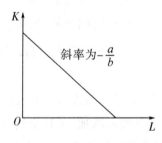

图7-3 完全替代的生产技术

完全互补的生产技术也被称为列昂惕夫生产技术或固定比例生产技术,其生产函数为 $q = \min\{aL, bK\}$,等产量线如图7-4所示,替代弹性为零。这种技术的特征可以比喻为木桶盛水量取决于最短的木板。

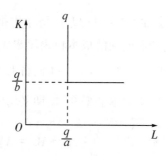

图7-4　固定比例的生产技术

柯布-道格拉斯生产技术可以用生产函数 $q = L^a K^b$ 表示,等产量线凸向原点,并且替代弹性恒为1(见图7-5)。

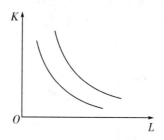

图7-5　柯布-道格拉斯生产技术

在理论研究当中,经济学家偏爱的生产函数是 $q = (aL^\rho + bK^\rho)^{\frac{1}{\rho}}$。这一函数描述的是不变的替代弹性生产技术,因为其替代弹性恒为 $\frac{1}{1-\rho}$。这个函数的一个非常方便的特征是当 ρ 取值不同时,可以表示不同的生产技术。当 $\rho = 1$ 时,对应的是完全替代的生产技术的特征;当 $\rho \to 0$ 时,反映的是柯布-道格拉斯生产技术的特征;当 $\rho \to -\infty$ 时,反映的是固定比例的生产技术的特征。

第二节　成本理论

一、短期成本

通过前面的分析,我们知道企业短期的生产函数为 $q = f(L, \bar{K})$,在劳动价格 w 和资本价格 r 给定的情况下,企业此时的成本为 $C = wL + r\bar{K}$。在经济学中,我们往往把成本函数定义为产量 q 的函数,而不是要素投入的函数。我们通过生产函数的变化,得到 $L = f^{-1}(q, \bar{K}) = L(q)$,那么企业短期成本函数就为 $C(q) = wL(q) + r\bar{K}$。其中,$C(q)$ 为短期的总成本,记为 STC;$wL(q)$ 为可变成本或变动成本,记为 VC;

$r\bar{K}$ 为固定成本,记为 FC。从上面的分析可知,经济学中把随产量变动而变动的成本称为变动成本,把不随产量变动而变动的成本称为固定成本,并且短期总成本等于变动成本和固定成本之和,即 STC = VC + FC。我们将上述成本概念视为产量 q 的函数,用 q 去除上述成本就得到平均成本的概念,短期平均成本 SAC = $\dfrac{STC}{q}$,平均可变成本 AVC = $\dfrac{VC}{q}$,平均固定成本 AFC = $\dfrac{FC}{q}$,且 SAC = AVC + AFC。接下来,我们给出短期边际成本的定义,短期边际成本是指企业的产量每增加一个单位所带来的成本的增加量,其表达式为 SMC = $\dfrac{\Delta STC}{\Delta q}$ = $\dfrac{dSTC}{dq}$。

有了短期成本的定义,接下来我们看看短期成本的一些经济特征。如果边际产出递减规律成立,那么边际成本为 U 形。短期总成本与边际成本的特征和关系如图 7-6 所示。

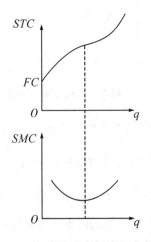

图 7-6　短期总成本与边际成本

由于边际产出递减意味着平均产出递减,因此平均可变成本也为 U 形。固定成本由于具有分摊性质,因此随着产量增大,平均固定成本持续递减。结合两者,平均成本曲线也为 U 形,见图 7-7。

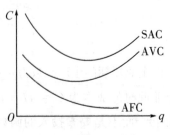

图 7-7　短期平均成本

下面我们要回答的是边际成本曲线和平均可变成本曲线以及平均成本曲线的关系如何。

(1)在边际成本小于平均可变成本时,平均可变成本递减;在边际成本大于平均可变成本时,平均可变成本递增;在两者相等时,平均可变成本最小。

令短期平均可变成本为 $AVC = \dfrac{VC(q)}{q}$,

那么,$\dfrac{dAVC}{dq} = \dfrac{qSMC(q) - VC(q)}{q^2} = \dfrac{SMC(q) - AVC(q)}{q}$,

若 $SMC(q) > AVC(q)$,则有 $\dfrac{dAVC}{dq} > 0$;

若 $SMC(q) < AVC(q)$,则有 $\dfrac{dAVC}{dq} < 0$;

因此,$SMC(q) = AVC(q)$ 时,AVC 取得最小值。

(2)同理,在边际成本小于平均成本时,平均成本递减;在边际成本大于平均成本时,平均成本递增;在两者相等时,平均成本最小。

上述结论见图 7-8。

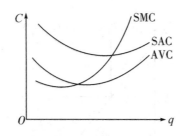

图 7-8 短期平均成本与边际成本

二、长期成本

(一)成本最小化

不论处于何种市场结构,一个以利润最大化为行为目标的厂商都一定以最小化的成本生产给定的产量。思考此问题的过程可以概括为:首先,厂商找到能够得到一个给定产量水平的所有技术上可行并且有效率的要素投入组合;其次,计算所有这些要素投入组合的成本水平;最后,比较成本水平的高低,选择成本水平最低的要素投入组合。因此,成本最小化问题的核心是要素投入组合的选择问题。

为了得到一个产量,所有有效率的要素组合可以用生产函数来描述。要得到不同要素组合的成本水平则必须知道要素的价格。在此我们考察生产者处于完全竞争要素市场的情况。也就是说,生产者是要素市场价格的接受者。

劳动价格用工资率 w 表示,资本的价格用租金率 r 表示,一个成本最小化的选择

问题可以表示为

$$\min wL + rK$$

$$\text{s. t. } f(L,K) = q$$

如何用几何方法思考这一问题呢？约束方程对应着一条等产量线，它告诉我们可选的要素组合的范围。厂商面对的问题就是在等产量线上选一点，但这一点所对应的要素组合应该具有最小的成本。接下来的问题是如何比较不同的要素组合的成本水平。给定目标函数一个确定的值，我们就得到一条等成本线。顾名思义，等成本线上所有的点对应的要素组合具有相同的成本水平。等成本线是一条向下方倾斜的直线（见图 7-9），等成本线的斜率为 $-\dfrac{w}{r}$，并且越远离原点的等成本线所对应的成本水平越高。有了等成本线这一分析工具，我们就可以比较等产量线上任意两点的成本水平了。其方法是确定两个点所处的等成本线，所处的等成本线越靠近原点的点所对应的要素组合就需要更低的成本。在等产量线上所有的点中，成本最小化的点就是所处的等成本线最靠近原点的点。

如果是互补的生产技术，成本最小化的要素组合就是等产量线的折点所对应的要素组合（见图 7-9）。

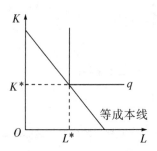

图 7-9　互补生产技术下的最佳要素投入组合

如果生产技术是完全替代的，那么成本最小化的要素组合有三种情况，取决于要素相对价格和边际技术替代率。如果 $\dfrac{w}{r} > \dfrac{a}{b}$，那么等成本线比等产量线陡峭，成本最小化的要素组合选择是等产量线和纵轴的交点，即全部使用资本生产给定的产量。之所以这是最优的选择，是因为用劳动替代资本只会增加成本。如果在此基础上增加一个单位的劳动投入，可以替代资本投入 $\dfrac{a}{b}$。增加一个单位的劳动投入，成本增加 w，但减少资本投入 $\dfrac{a}{b}$，成本降低 $\dfrac{a}{b}r$。由于 $\dfrac{w}{r} > \dfrac{a}{b}$，因此 $w > \dfrac{a}{b}r$。也就是说，进行上述的替代会增加成本。同理，如果 $\dfrac{w}{r} < \dfrac{a}{b}$，成本最小化的生产方式是全部使用劳动，最优选择是等产量线和横轴的交点（见图 7-10）。

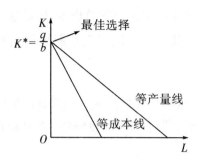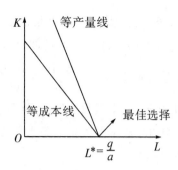

(1) 当 $\dfrac{w}{r} > \dfrac{a}{b}$ 时,成本最小化　　(2) 当 $\dfrac{w}{r} < \dfrac{a}{b}$ 时,成本最小化

的生产方法是全部使用资本　　　　　的生产方法是全部使用劳动

图 7 - 10　完全替代生产技术下的最佳要素投入组合

上述两种生产技术有些特殊。如果生产技术是柯布－道格拉斯生产技术,那么成本最小化的选择是等产量线和等成本线的切点(见图 7 - 11)。

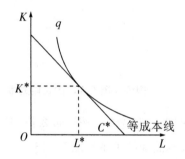

图 7 - 11　柯布－道格拉斯生产技术下最佳要素投入组合

这种情况中的最佳要素投入组合满足 $\mathrm{MRTS}_{L,K} = \dfrac{w}{r}$,即两种投入之间的边际技术替代率等于它们的价格的比率。变换这一条件,得到 $\dfrac{\mathrm{MP}_L}{\mathrm{MP}_K} = \dfrac{w}{r}$,并且进一步变换得到 $\dfrac{\mathrm{MP}_L}{w} = \dfrac{\mathrm{MP}_K}{r}$。其经济学含义是:当实现成本最小化时,最后一单位成本在不同的要素上获得的边际产品都相等。这就是资源配置的等边际法则在生产理论中的运用。通过成本最小化的理论,我们可以得到最佳的要素投入组合,即图 7 - 11 中的 L^* 和 K^*,也可以得到最优的成本 C^*。而这些都是在给定产量 q、要素价格 w 和 r 的前提条件下才成立的。因此,严格地说,L^*、K^* 和 C^* 都是 q,w 和 r 的函数。我们称之为条件要素需求函数 $L^* = L(q,r,w)$,$K^* = K(q,r,w)$ 和成本函数 $C^* = C(q,r,w)$。

(二)长期成本的概念和特征

根据成本最小化的理论,我们得到了长期成本函数 $C^* = C(q,r,w)$。我们通常关注产量和成本之间的关系,所以长期成本函数定义了在长期生产中,产量和最小成本之间的关系。这一成本实际上是企业长期生产中最小的总成本,所以这一成本也称为长期总成本(LTC)。有了长期总成本,我们就可以定义长期平均成本 LAC = $\dfrac{\text{LTC}}{q}$ 和长期边际成本 LMC = $\dfrac{\Delta \text{LTC}}{\Delta q} = \dfrac{\text{dLTC}}{\text{d}q}$。

从长期来看,成本函数的特征受到规模报酬特征的约束。如果规模报酬始终不变,那么长期边际成本曲线是一条水平线,而长期总成本曲线则是一条从原点出发的直线(见图 7-12)。

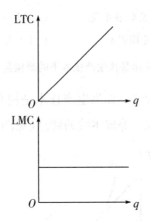

图 7-12 规模报酬不变时的长期成本

如果规模报酬呈现先递增、后递减的过程,那么长期边际成本曲线呈 U 形。长期总成本曲线和长期边际成本曲线的关系见图 7-13。

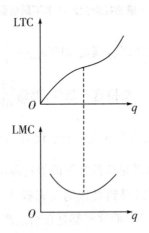

图 7-13 规模报酬递减规律作用下的长期成本

从长期来看,边际成本和平均成本的关系同短期类似,如图 7-14 所示。

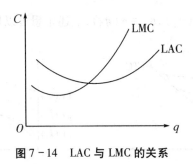

图 7-14 LAC 与 LMC 的关系

三、短期成本和长期成本的关系

假设有三个不同的产量水平 $q_1 < q_2 < q_3$。在图 7-15 中,我们画出了生产三种产量水平的成本最小化的要素组合以及所对应的等成本线。从长期来看,由于所有要素的数量都是可变的,因此上述三条等成本线所对应的成本水平就是长期生产这三个产量水平所需要的成本,分别表示为 $LC(q_1)$,$LC(q_2)$,$LC(q_3)$,而所对应的资本的最优投入水平分别为 $K(q_1)$,$K(q_2)$,$K(q_3)$。但是,在短期内,资本的数量是固定不变的,只有通过改变劳动投入来得到不同的产出。假设短期给定不变的资本投入 $\bar{K} = K(q_2)$,那么生产产量 q_2 的短期成本和长期成本是一样的,这是因为短期内给定不变的资本投入数量正好是长期生产此产量所需的最佳的投入数量。但是,在短期内生产其他的产量水平,则总是会产生比长期更高的成本。相对于长期的最佳投入而言,在短期内,此厂商只能用过高比例的资本投入来生产较低的产量,或者只能用过低比例的资本投入和过高比例的劳动投入生产较高的产量。

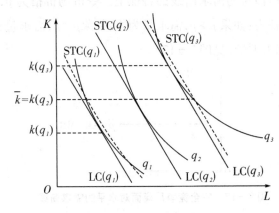

图 7-15 短期成本和长期成本的关系

相对于长期而言,短期的含义是一些可以降低成本的替代无法发生。因此,在给定的生产技术约束下,短期总成本总是等于或大于长期总成本。

若短期内给定的资本投入不同,我们就可以画出不同的短期总成本曲线,而长期总成本曲线就是所有这些短期总成本曲线的下包络线。

令 $\bar{K}_1 = K(q_1)$，$\bar{K}_2 = K(q_2)$，$\bar{K}_3 = K(q_3)$，上述思想可以用图 7 - 16 表示。

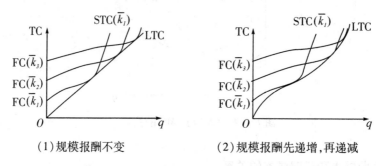

（1）规模报酬不变　　　　　（2）规模报酬先递增，再递减

图 7 - 16　长期成本是短期成本的下包络线

第三节　利润最大化

在第二节中我们分析了在技术和要素市场价格约束下厂商的成本最小化选择，并且由此得到了反映这些约束和理性选择的成本函数。在这一节，我们分析竞争性厂商如何在成本函数和产品市场价格约束下进行利润最大化的选择，并且由此考察竞争性厂商的供给和其他相关问题。

一、竞争性厂商的供给

竞争性厂商是指处于完全竞争市场的生产者，是市场价格的接受者。这一思想反映在竞争性厂商所面对的需求曲线的特征上。令市场价格为 $\bar{p}$，那么一个竞争性厂商面对的需求特征为：如果 $p > \bar{p}$，需求量为零；如果 $p = \bar{p}$，需求量为任意数量；如果 $p < \bar{p}$，需求量为市场需求量（见图 7 - 17）。

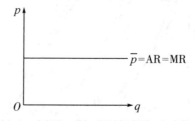

图 7 - 17　完全竞争厂商面对水平的需求曲线

在给定的价格约束下，竞争性厂商选择利润最大化的产量。如果成本函数为 $C(q)$，利润最大化问题就可以表示为 $\max\limits_{q \geqslant 0} \pi = pq - C(q)$。

利润最大化的一阶条件告诉我们产量的选择必须满足 $p = \dfrac{\mathrm{d}C(q^*)}{\mathrm{d}q}$。这也就是说，竞争性厂商选择的产量只有满足价格等于边际成本才能实现利润最大化。

二阶条件为 $C''(q^*) > 0$,即边际成本曲线和市场价格曲线的交点落在边际成本曲线递增的区域时的产量才是利润最大化的产量。

通过一阶条件,我们实际上得到了竞争性厂商的反供给函数,可以简写为 $p = C'(q)$,从而供给函数 $q(p)$ 就必然满足 $p \equiv C'[q(p)]$。等式两边都对价格求导,我们可以得到 $1 \equiv C''[q(p)]q'(p)$。而根据二阶条件 $C''[q(p)] > 0$,我们得到 $q'(p)$ $= \dfrac{1}{C''(q)} > 0$。也就是说,竞争性厂商的供给曲线具有正的斜率,或者说竞争性厂商的利润最大化决策的特征是产量与价格同方向变动。

值得注意的结论是,竞争性厂商的供给曲线的背后是边际成本曲线,而供给规律的背后则是边际成本的递增性质。

价格等于边际成本而且满足二阶条件的产量水平仅仅保证了利润最大化,但是这个最大化的利润可正可负。利润为负即为亏损。从长期来看,如果亏损,企业会退出,因为没有任何企业能够承受长期的亏损。因此,对于长期生产决策而言,只有利润最大化的产量所对应的平均成本不大于价格才有意义。由于利润最大化的产量的边际成本和价格相等,因此有意义的利润最大化产量则一定满足边际成本大于平均成本。进一步地,竞争性厂商的长期供给曲线就是平均成本曲线(LAC)上方的长期边际成本(LMC)曲线(见图7-18)。请谨记,这里得到的长期供给曲线(LAC 曲线以上的 LMC 曲线)是以假定企业在亏损时可以退出,而企业有盈利时,其他企业不能进入为前提的。此后,我们会进一步放松相关假定,得到行业或市场的长期供给曲线。

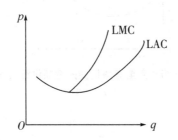

图 7-18 完全竞争厂商的长期供给曲线

在短期内,由于存在固定投入,因此企业无法退出,但是企业可以选择是否继续生产。假设短期成本函数为 $STC(q) = F + VC(q)$,如果停止生产,即产量为零,利润为 $-F$,继续生产的条件一定是生产获得的利润高于停止生产的利润,即要满足 $pq - VC(q) - F \geqslant -F$。简单变换之后,我们得到短期内提供正的产量的条件是 $p = SMC(q) \geqslant AVC(q)$。而 $p = SMC(q) = AVC(q)$ 就是厂商的短期停止生产点。企业短期均衡时,其生产就有四种情况,如图7-19所示。这样,竞争性厂商的短期供给曲线就是短期平均可变成本($SAVC$)曲线之上的短期边际成本(SMC)曲线(见图7-20)。

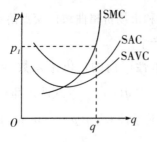

（1）当市场价格为 p_1 时，
厂商利润为正

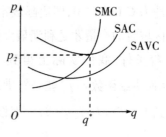

（2）当市场价格为 p_2 时，厂
商利润为零

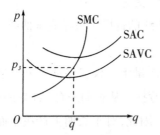

（3）当市场价格为 p_3 时，
厂商亏损，但继续生产

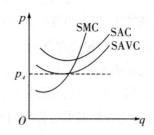

（4）当市场价格为 p_4 以下
时，厂商亏损并停止生产

图 7 – 19 厂商的利润

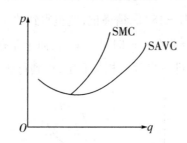

图 7 – 20 完全竞争厂商的短期供给曲线

二、生产者剩余

前面我们已经学习了度量消费者福利的方法，在这里我们考察如何用生产者剩余衡量生产者福利。

同消费者剩余一样，生产者剩余衡量的是生产者参与市场交易增进的福利。因此，生产者剩余是企业在某个价格水平下进行生产时获得的利润与不生产时获得的利润之差。在短期内，由于不生产的利润为 – FC，因此生产者剩余就是短期利润和固定成本的总和，也等于总收益减去可变成本。

总收益补偿可变成本后的部分也可以理解为不变要素的报酬，这一报酬被称为租金。因此，生产者剩余也可以理解为租金。租金的特殊性在于它的多少不影响资源的配置。

从长期来看,如果仍然沿用短期生产者剩余的定义,由于固定成本为零,因此生产者剩余和利润相等。在利润为零时,我们应当用租金的概念来理解长期生产者剩余。由于这涉及市场均衡和成本特征的知识,我们在此不做详细说明。

不论是短期还是长期,生产者剩余都可以表示为市场价格之下和厂商供给曲线(边际成本曲线)之上围成的面积(见图7－21)。

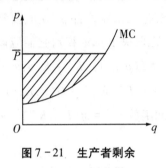

图7－21　生产者剩余

三、利润最大化与要素需求

这里我们简要分析厂商的利润最大化决策如何决定对生产要素的需求。假设一个竞争性厂商面对市场价格 p 的约束、生产函数的约束以及要素价格 w 和 r 的约束。其利润最大化问题就是下面的优化问题

$$\max_{L,K} pf(L,K) - wL - rK$$

假设最优解是内点解,那么根据一阶条件,最优的劳动投入满足

$$pf_L(L,K) = w$$

等式左边是劳动的边际价值产品,右边是劳动的价格。因此,当厂商实现利润最大化时,其投入的劳动要素满足劳动的边际产品价值等于劳动的价格,而且这一条件给出了劳动要素的需求曲线。因此,在竞争性要素市场上,厂商对劳动要素的需求曲线就是劳动的边际产品价值曲线(见图7－22)。在报酬递减规律的作用下,劳动的边际产出递减,从而劳动的边际产品价值曲线向右下方倾斜。也就是说,对劳动要素的需求同样满足需求定律。

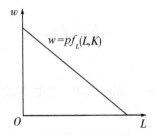

图7－22　劳动的边际产品价值曲线

注:劳动的边际产品价值曲线就是厂商对劳动要素的需求曲线。

　　同理,当厂商实现利润最大化时,其投入的资本要素满足资本的边际产品价值等于资本的价格,即 $pf_K(L,K) = r$,而且这一条件给出了资本要素的需求曲线。因此,在竞争性要素市场上,厂商对资本要素的需求曲线就是资本的边际产品价值曲线。

　　生产要素的价格等于该要素的边际产品价值,这就把生产理论和分配理论联系起来了。实际上,这里的结论正是边际生产力分配理论的基础。

　　这里的利润最大化的求解是以给定产品价格 p、要素价格 w 和 r 为前提的。因此,最优的要素需求量本质上也取决于 p,w 和 r,它们应该是 p,w,r 的函数,我们把这一函数称为要素需求函数 $L^* = L(p,w,r)$,$K^* = K(p,w,r)$。把这一函数代入生产函数,就得到产品供给函数 $Q^* = f(L^*,K^*) = Q(p,w,r)$,把上述函数代入利润表达式,就得到最优的利润,即利润函数 $\pi^* = pf(L^*,K^*) - wL^* - rK^* = \pi(p,w,r)$。

复习思考题

　　1. 假设柯布－道格拉斯生产技术为 $f(L,K) = L^a K^b$,问:

　　(1)如果该生产技术满足边际产出递减假设,参数 a 和 b 有什么特征?

　　(2)如果该生产技术满足规模报酬不变的特征,参数 a 和 b 有什么特征?

　　(3)证明其替代弹性恒为 1。

　　2. 假设柯布－道格拉斯生产技术为 $f(L,K) = L^a K^{1-a}$,$0 < a < 1$,设劳动要素的价格为 w,资本的价格为 r,求与此生产技术对应的成本函数及其特征,并分析说明是否存在供给函数。

　　3. 根据报酬递减规律,判断成本函数 $TC(q) = aq^3 + bq^2 + cq + d$ 的系数需要满足哪些特征?

　　4. 已知一个在竞争性市场中的企业的成本函数为 $C(q) = q^3 - 8q^2 + 20q + 5$,求该企业的短期反供给函数。

练习题

　　1. 假设生产函数为 $f(L,K) = \min\{L,K\}$,分析劳动要素和资本要素的边际产量及其变化特征。

　　2. 用等产量线表示以下生产函数的技术特征:

　　(1) $f(L,K) = \min\{2L,L+K\}$。

　　(2) $f(L,K) = L + \min\{L,L+K\}$(提示:劳动和资本皆用时间度量,因此可以相加)。

3. 假设一生产函数为 $f(L,K) = K + L + 2\sqrt{KL}$。

（1）分析其规模报酬特征。

（2）计算其替代弹性。

4. 假设生产函数为 $f(L,K) = \min\{aL, bK\}$，劳动价格为 w，资本价格为 r，求成本函数。

5. 假设生产函数为 $f(L,K) = (L^{\rho} + K^{\rho})^{\frac{1}{\rho}}$，劳动价格为 w，资本价格为 r，求成本函数。

6. 一组短期成本函数为 $STC = 0.04q^3 - 0.9q^2 + (11 - k)q + 5k^2$，求长期总成本函数。

7. 证明：在边际成本等于平均成本时，平均成本最小。

8. 证明：在产量为零时，边际成本等于平均可变成本。

9. $C(Q) = 10e^{0.2Q} + 80$，求固定成本。

10. 如果我们成功地观察到了产出变动 Δq，成本变化 Δc，劳动要素价格变化 Δw，资本价格变化 Δr 以及劳动要素的使用数量 l，资本要素的使用数量 k 的一组时间序列数据，如何构造每期边际成本的估计方程？

11. 假设某竞争性厂商的生产函数为 $q = L^{\frac{1}{2}} K^{\frac{1}{4}}$。

（1）产品的价格为 4，劳动的价格为 w，资本的价格为 r，求出劳动要素和资本要素的需求函数。

（2）如果劳动的工资为 2，资本的租金价格为 1，那么此企业将生产多少产量？其利润是多少？

12. 一个厂商的成本函数为 $c(q) = \begin{cases} q^2 + 1, & \text{如果 } q > 0 \\ 0, & \text{如果 } q = 0 \end{cases}$，令 p 为产出价格，要素价格固定。如果 $p = 2$，该厂商会生产多少？ 如果 $p = 1$，该厂商会生产多少？

13. 假设一竞争性厂商的生产函数为 $q = \sqrt{2L + 4K}$，产品价格为 4，劳动价格为 2，资本价格为 3，求利润最大化的要素投入及产量。

14. 证明：对于规模报酬递增的技术，只要有一个要素投入组合产生正的利润，就不存在利润最大化投入组合。

15. 某竞争性企业的短期成本函数为 $c(q) = q^3 - 8q^2 + 30q + 5$，计算：

（1）边际成本函数。

（2）平均可变成本函数。

（3）当产量为多少时，边际成本等于平均可变成本？

（4）当价格小于多少时，企业的供给量为零？

16. 生产函数为 $Q(L) = 21L + 9L^2 - L^3$，求 L 的平均产出函数与边际产出函数，合理的 L 使用量应该在什么范围？

17. $f(L,K) = AL^{\alpha}K^{\beta}$, 技术进步率如何测算? 索洛研究了美国 1909—1949 年的数据, 得到如下数据: $Gf = 2.75\%$, $GL = 1\%$, $Gk = 1.75$, $\alpha = 0.65$ $\beta = 0.35$, 求技术进步率。

18. 论证边际成本曲线与平均成本曲线之间的关系。

19. 生产函数 $q = x^{0.5}$, 产出价格为 p, 要素价格为 w, 求解要素需求函数、产出供给函数、利润函数。

20. 根据柯布－道格拉斯生产函数 $y = f(x_1, x_2) = x_1^{\frac{1}{3}} x_2^{\frac{2}{3}}$, 求解条件要素需求函数、成本函数。

21. 已知某企业的生产函数为 $q = L^{\frac{2}{3}} K^{\frac{1}{3}}$; 劳动的价格 $w = 2$, 资本的价格 $r = 1$。

(1) 求长期成本函数。

(2) 当 $K = 8\,000$ 时, 求企业的短期成本函数。

22. 生产函数为 $q = L^{\frac{1}{3}} K^{\frac{1}{3}}$, 产品价格为 p, 劳动价格为 w, 资本的价格为 r。

(1) 求条件要素需求函数和成本函数。

(2) 求要素需求函数和利润函数。

23. 企业短期成本函数为 STC $= q^2 + 25$, 产品价格为 20 元。

(1) 企业的产量为多少? 利润为多少?

(2) 企业的生产者剩余为多少?

24. 一家企业有两间工厂, 生产相同的产品, 每间工厂的生产函数为 $q = \sqrt{L_i K_i}$ ($i = 1, 2$), 但工厂 1 拥有 $K_1 = 25$, 工厂 2 拥有 $K_2 = 100$。

(1) 如果该企业最小化短期总成本, 则产出应该如何在两间工厂分配?

(2) 给定两间工厂的最优产量分配, 计算短期的总成本为多少?

(3) 在长期中, 产出应该如何在两间工厂分配? 计算长期总成本是多少?

25. 证明: 短期 SMC、AVC、SAC 曲线为什么呈 U 形。

第八章　完全竞争市场局部均衡与福利分析

前面各章分析回答了消费者和生产者的个体理性选择。从这一章开始,我们关心个体之间的互动,分析这种互动如何决定市场价格和资源配置。

不同商品市场之间往往存在相互影响的关系。如果把一个市场从市场体系中割裂出来分析,这种分析方法称为局部均衡分析。如果同时考察所有市场上的价格决定和资源配置,这种分析方法称为一般均衡分析。

在这一章,我们把分析限制在完全竞争市场,这种市场的特征在于单个消费者和生产者都是市场价格的接受者。之所以如此,是因为这种市场至少具备四个特征:众多的消费者和厂商、产品同质、信息充分、资源可以自由流动。

第一节　市场均衡

一、市场需求

(一)个体需求的加总

市场需求是所有消费者对一种商品的需求的总和,反映的是在一定的时间内,在给定消费者的偏好和收入以及其他商品的价格的前提下,所有消费者愿意而且能够购买的商品数量和市场价格之间的关系。我们在消费者行为理论部分仅仅考察了如何为单个消费者的选择建立模型,这里我们考虑如何把单个消费者的选择加在一起。

在竞争性的市场上,所有消费者都是市场价格的接受者,面对相同的市场价格选择各自的购买数量。把所有消费者的购买数量加在一起就得到对应于市场价格的市场需求量。因此,如果我们知道消费者 i 的个体需求为 $Q_i = D_i(p, y_i)$,那么 I 个消费者的市场需求就为

$$Q = D(p) = \sum_{i=1}^{I} D_i(p, y_i)$$

假设只有两个消费者,从个体需求得到市场需求的加总机制如图 8-1 所示。

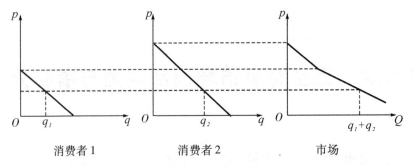

图 8-1　个体需求与市场需求的关系

下面我们把消费者的选择和市场需求联系起来。假设消费者具有类似的偏好,并且都是拟线性偏好。消费者 i 的效用函数可以表示为 $u(q_i, y_i) = v_i(q_i) + y_i$。这样我们从消费者选择理论可以得到消费者 i 的需求函数为 $p = v_i'(q_i)$。也就是说,在拟线性偏好下,消费者的个体需求曲线就是其用货币度量的边际效用曲线。

在此情况下,市场需求曲线的背后是什么呢? 我们知道,给定市场价格,每个消费者选择自己的购买数量,不同消费者的购买数量可能不同,但边际效用相同,都等于市场价格。加总这些数量得到的总量就是对应于此价格的市场需求量,而对应此数量的市场价格反映的则是所有消费者都相等的边际效用。因此,在市场需求曲线上,若给定一个数量,则市场价格会告诉我们所有消费者都相等的边际效用。如果我们定义所有消费者都相等的边际效用为总需求量的边际效用,那么市场需求曲线也是用货币度量的边际效用曲线。

(二)需求价格弹性

在实际应用中,我们把市场需求看成价格的函数,因此市场需求函数为 $Q = D(p)$。有时候我们也会把需求价格 p 看成 Q 的函数,即 $p = p(Q)$,经济学把这个函数称为反需求函数。现在我们仿照消费者需求价格弹性的定义来定义市场的需求价格弹性(E_d)。市场需求价格弹性代表着市场需求变动对价格变动的敏感程度,其定义式为

$$E_d = \left| \frac{dQ}{dp} \times \frac{p}{Q} \right| = -\frac{dQ}{dp} \times \frac{p}{Q} = -D'(p) \times \frac{p}{Q} \text{。市场需求价格弹性在经济学分析中有}$$

很多用处,我们接下来介绍它的一些经济特性,特别是它和企业收益的关系。

企业的总收益(TR)是指企业销售的商品的价格与销售量的乘积,表示为 $TR = p \times Q$。而销售量 Q 实际上是取决于市场的需求量的。因此,市场需求价格弹性不同,价格变化对总收益的影响也不同。价格与总收益的关系可以由下面的推导加以说明。

$$\frac{dTR}{dp} = \frac{d(p \times Q)}{dp} = Q + p\frac{dQ}{dp} = Q\left(1 + \frac{dQ}{dp} \times \frac{p}{Q}\right) = Q(1 - E_d)$$

当商品富有弹性($E_d > 1$)时,总收益的变动与价格变动呈反方向变动;当商品缺

乏弹性($E_d < 1$)时,总收益的变动与价格变动呈同方向变动;当商品为单位弹性($E_d = 1$)时,价格变动对总收益没有影响。

同样,企业的边际收益也和市场需求价格弹性密切相关。企业的边际收益(MR)是指企业每增加一个商品的销售量带来的总收益的增加。下面的公式表明边际收益和需求价格弹性的关系。

$$MR = \frac{dTR}{dQ} = \frac{d(p \times Q)}{dQ} = p + Q\frac{dp}{dQ} = p\left(1 + \frac{dp}{dQ} \times \frac{Q}{p}\right) = p\left(1 - \frac{1}{E_d}\right)$$

当商品富有弹性($E_d > 1$)时,MR > 0;当商品缺乏弹性($E_d < 1$)时,MR < 0;当商品为单位弹性($E_d = 1$)时,MR $= 0$。

二、市场供给

(一)短期市场供给

从生产技术来看,短期是指存在不变的要素投入的时间长度。对一个市场进行短期分析意味着不考虑新厂商的进入,也不考虑行业内厂商的退出。也就是说,在短期内,行业内厂商的数量是预先给定的。

完全竞争厂商的短期供给曲线就是其平均可变成本上方的短期边际成本曲线。与得到市场需求的方法相同,加总厂商的供给就可以得到市场供给。

假设行业内存在 J 个厂商,第 j 个厂商的供给函数为 $S_j(p)$,则市场供给函数为

$$Q = S(p) = \sum_{j=1}^{J} S_j(p)$$

假设只有两个厂商,我们用下面的图形理解这种加总机制。给定一个市场价格水平,我们从两个厂商的边际成本曲线找到每个厂商的利润最大化产量,加总得到的总产量就是与这一市场价格相对应的市场供给量。这样我们就得到市场供给曲线上的一个点。当我们改变市场价格并重复上述相同的过程时,可以得到不同的点,连接这些点就得到了市场供给曲线(见图8-2)。

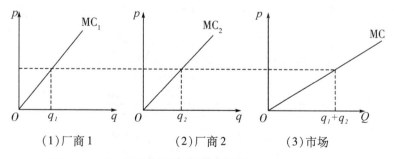

(1)厂商1　　　(2)厂商2　　　(3)市场

图 8-2　厂商供给曲线与市场供给曲线之间关系

从图8-2可见,在给定的价格水平下,不同厂商可能供给的数量不同,但都具有相同的边际成本(等于价格)。因此,正如同单个厂商的供给曲线反映的是产量和边

际成本之间的关系一样,行业供给度量的是行业总产量和生产该产量的所有厂商相同的边际成本之间的关系。

有了市场的供给曲线 $Q = S(p)$,我们就可以定义市场的供给价格弹性(E_S),其表达式为 $E_S = \dfrac{\mathrm{d}Q}{\mathrm{d}p} \times \dfrac{p}{Q} = S'(p) \times \dfrac{p}{Q}$,代表着市场供给变动对价格变动的敏感程度。

(二)长期市场供给

在长期内,厂商可以自由地进入或退出一个行业,因此行业内厂商的数量不是外生的而是内生的。我们无法像在短期分析中那样加总个体供给得到市场供给。为了分析长期市场供给,我们必须首先理解长期市场均衡的特征。

在长期内,市场均衡仍然表现为价格和数量的不变性。除了同短期分析中一样的利润最大化和供求相等两个条件之外,我们还需要增加一个厂商数量稳定不变的条件。因此,一个市场的长期均衡由均衡价格、均衡数量和均衡厂商数量三个变量来描述。

厂商数量稳定不变的前提是生产者的边际利润为零。为了能够简化描述这一要求,我们假设所有的厂商都是同质的。选择一厂商作为代表性厂商,厂商数量稳定不变的条件就可以表述为代表性厂商的利润为零。

给定市场需求函数为 $D(p)$,假设代表性厂商的长期成本函数为 $C(q)$,这样完全竞争市场长期均衡满足下列一组条件:

(1) $p^e = C'(q^e)$,q^e 是代表性厂商的均衡产量,这一条件表明实现均衡时所有的厂商都实现了利润最大化。

(2) $p^e q^e - C(q^e) = 0$,即代表性厂商的利润为零,这是厂商能够自由进入和退出市场的结果,也是行业内厂商数量稳定的要求。

(3) $D(p^e) = J^e q^e$,其中 J^e 是行业内厂商的均衡数量。也就是说,当市场实现均衡时,供给量等于需求量。这是价格稳定不变的条件。

完全竞争市场长期均衡见图 8-3。

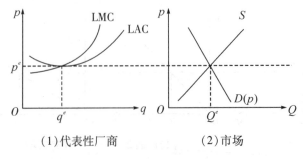

图 8-3　完全竞争市场长期均衡

从条件(1)和(2),我们可以得到 $p^e = C'(q^e) = AC(q^e)$。这不仅告诉我们完全竞争市场的长期均衡价格决定于生产技术,而且告诉我们完全竞争厂商在最低的平均成本水平上生产,即规模经济效应得到了充分的利用。

行业内厂商的数量是市场结构的重要决定因素。在这里,它是由市场需求和生产技术内生决定的。如果一个行业的生产技术具有显著的规模经济效应,那么 q^e 就会较大,在给定的市场需求约束下,行业内厂商的数量就较少。因此,完全竞争市场往往需要将不存在显著的规模经济效应作为其技术前提。在给定生产技术的前提下,市场需求决定厂商的数量。这提醒我们:足够大的市场需求是市场竞争的前提条件。

理解了长期均衡的含义和特征之后,我们就可以分析长期市场供给了。市场供给指的是行业内所有厂商供给的数量与市场价格之间的关系,但在分析长期市场供给的时候,价格不是任意的,而厂商的数量是可变的。

假设一个完全竞争市场初始均衡于零利润状况,某种因素的作用引起了需求的上升。在短期内,需求上升作用于短期市场供给。由于边际成本递增的原因,价格上涨,行业内厂商获得正利润。但是,从长期来看,正的利润引来了新厂商的进入,这将会不断降低价格直到此行业重新回到零利润为止。现在的问题是:使得行业利润为零的新价格是多少? 和初始价格相比,是上升、下降,还是不变?

新的均衡价格和初始均衡价格的比较取决于进入和退出对厂商成本的影响。我们仍然假设所有厂商都是相同的,但是进入和退出可能会影响生产要素的价格,进而影响成本。如果进入和退出不改变生产要素的价格,那么就不会改变企业的生产成本,需求上升作用引起的进入一直持续到市场价格回到初始均衡价格为止。请注意,虽然价格不变,但是行业内生产者的数量增加了,供给数量也增加了。这样我们就得到了一条水平的长期市场供给曲线,这种行业被称为不变成本行业(见图8-4)。

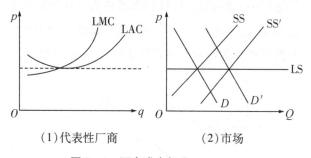

图8-4 不变成本行业

注:其中 SS 和 SS′均为短期市场供给曲线,LS 为长期市场供给曲线(下同)。

同理,我们也可以得到向右上方倾斜的市场供给曲线,出现这种情况是因为新企业的进入提高了生产成本,这种行业被称为成本递增行业(见图8-5)。

还有一种比较特殊的情况,新企业的进入还可能会降低所有企业的成本,这时我们得到向右下方倾斜的市场供给曲线,这种行业被称为成本递减行业(见图8-6)。

成本递减行业经常被作为支持保护性关税的理由,这种行业在发展初期被称为幼稚产业(Infant Industry),这些行业的发展最终能够降低成本并参与世界市场竞争。

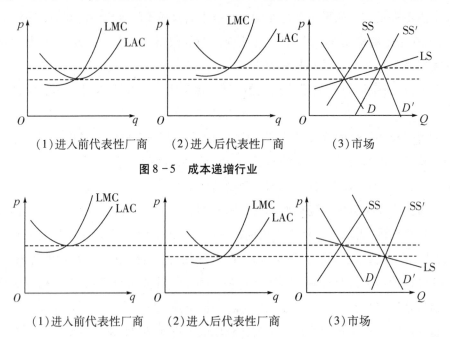

（1）进入前代表性厂商　（2）进入后代表性厂商　（3）市场

图 8-5　成本递增行业

（1）进入前代表性厂商　（2）进入后代表性厂商　（3）市场

图 8-6　成本递减行业

三、市场均衡

有了市场需求和市场供给,我们就可以分析市场均衡了。在经济学中,均衡是指一种稳定不变的经济状态。市场均衡是指由于供求双方的力量使得市场达到供需一致,市场出现了一种稳定不变的状态,这种状态被称为市场均衡状态。在市场均衡的时候,需求等于供给,即 $D(p) = S(p)$。在均衡时的价格被称为均衡价格(如图 8-7 所示的 P_E),均衡时的数量被称为均衡数量(如图 8-7 所示的 Q_E)。

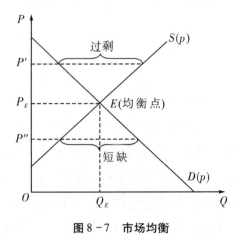

图 8-7　市场均衡

市场均衡的实现,本质上是靠价格的调整和变动来完成的。当市场价格高于均衡价格时(如图8-7所示的$P' > P_E$),市场供给就会大于需求,出现过剩的现象,那么市场价格就有下降的趋势,来消除过剩。当市场价格低于均衡价格时(如图8-7所示的$P'' < P_E$),市场供给就会小于需求,出现短缺的现象,市场价格就有上升的趋势,来消除短缺。只有当市场价格回到均衡价格时,供需一致,市场才会处于稳定或均衡状态。市场均衡的实现实际上是靠价格的灵活变动来调整的,因此经济学中也把市场机制称为价格机制。

第二节　资源配置与市场福利

一、资源配置

在一个市场上,我们需要回答的最基本的资源配置问题是"生产多少""由谁生产""为谁生产"。下面我们要回答的是完全竞争市场如何解决这些问题。

为了便于表述,我们假设一个市场存在I个消费者和J个厂商。总结前面的分析,我们得知市场均衡产量满足$Q^E = \sum_{i=1}^{I} q_i = \sum_{j=1}^{J} q_j$,市场价格满足"价格=所有企业的边际成本=所有消费者的边际效用",可以表示为$p^E = v_i'(q_i) = C_j'(q_j)$,对所有的消费者和生产者都成立。

因此,市场均衡产量在消费者之间是按照等边际效用的原则配置的,而市场均衡产量在生产者之间是按照等边际成本的原则生产出来的。市场均衡数量则满足消费者的边际效用和生产者的边际成本相等。

这样的资源配置有什么"好处"呢?简单来说,按照等边际效用的原则在消费者之间配置产品,使得既定数量的产品能够产生最大的社会效用(所有的消费者从消费该种商品中得到的效用的总和),否则可以通过改变产品的分配增加总效用。此时,我们称商品在消费者之间的配置是有效率的。

类似地,市场按照等边际成本的原则生产使得生产既定数量的产品的总成本最小化;否则,市场可以通过改变企业间的产量份额降低成本。此时,我们称生产是有效率的。

满足边际效用和边际成本相等的均衡产量则使得消费者的总效用和生产者的总成本的差额最大。此时,我们称均衡产量是有效率的。

二、总剩余

消费者的总效用反映的是消费者的总的支付意愿,它和总的生产成本之间的差额被称为总剩余。这是因为这一差额可以变换为两个组成部分:(支付意愿－价格×数量)＋(价格×数量－生产成本)。前面的部分就是消费者剩余,而后面的部分就是生产者剩余。总剩余就是两者之和。

消费者剩余度量的是消费者从市场交易中增进的福利。而生产者剩余衡量的是生产者从市场交易中增进的福利。因此,总剩余反映的是从交易中增进的全部福利,即社会福利。

总剩余是度量社会福利的工具,同时也用于衡量一个市场资源配置的优劣。当一个市场实现了最大化的总剩余时,我们称此市场上的资源配置是有效率的,否则称资源配置是无效率的。

在已知市场需求和市场供给时,如何考察总剩余呢?我们已经知道:给定一个产量水平,市场需求曲线的纵坐标反映的是消费者的边际支付意愿,而市场供给曲线的纵坐标反映的是边际生产成本,两者之间的差额反映的就是增加交易在边际上增进的社会福利,即边际社会福利(见图8－8)。

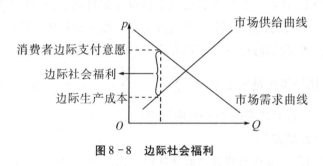

图8－8　边际社会福利

如果边际社会福利为正,那么增大产量就可以增加社会福利;如果边际社会福利为负,减少产量能够增加社会福利。只有在边际社会福利为零时,社会福利才实现最大化,并且可以分成消费者剩余和生产者剩余两部分。在完全竞争市场实现均衡时,总剩余(社会福利)就实现了最大化(见图8－9)。

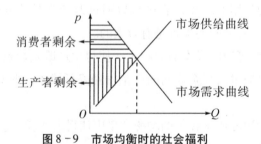

图8－9　市场均衡时的社会福利

三、消费税的无谓损失

这里我们引入消费税,看看其对市场均衡的影响。

一旦引入税收,我们需要把价格分为消费者实际支付的价格 p_d 和生产者实际得到的价格 p_s。如果从量税率为 t,那么在税收约束下有 $p_d = p_s + t$,我们可以表示为 $p_d - t = p_s$,也可以写为 $p_d - p_s = t$,这表明税收是针对商品交易征收的。

引入税收之后的市场均衡条件为 $D(p_d) = S(p_s)$(见图 8−10)。

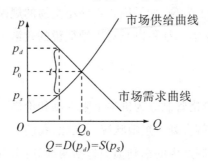

$$Q = D(p_d) = S(p_s)$$

图 8−10　引入税收之后的市场均衡

从图 8−10 中可知,征税后消费者支付的价格为 p_d,相比于原来支付的价格 p_0,消费者多支付了$(p_d - p_0)$,这部分就是消费者承担的税额。征税后厂商最后得到的价格为 p_s,相比于原来的价格 p_0,厂商少得了$(p_0 - p_s)$,这部分就是厂商承担的税收。$(p_d - p_0) + (p_0 - p_s)$ 正好等于税收 t。

同时,我们也发现,税后交易的商品数量往往少于税前均衡数量,这一数量满足 $p_d = u'(Q) > p_s = C'(Q)$,即消费者的边际效用(支付意愿)高于边际生产成本。因此,在有税收的时候,市场没能够实现总剩余最大化,其差额被称为无谓损失(见图 8−11)。

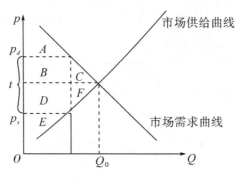

图 8−11　无谓损失

我们用表 8−1 说明税收的福利后果。

表 8−1　税收的福利后果

项目	消费者剩余	生产者剩余	税收收入	总剩余
税前	$A + B + C$	$D + E + F$	0	$A + B + C + D + E + F$
税后	A	E	$B + D$	$A + B + D + E$

税收的无谓损失就是 C 和 F 的面积。我们可以有两种理解:第一种,税收缩小了交易的规模,从而本来可以通过交易增加的福利没能够产生;第二种理解,税收减少了消费者剩余和生产者剩余,但他们的损失只有一部分转化为了税收。无谓损失度量的就是这未转移的部分,从而也往往被称为税收的社会福利净损失。

按照第一种理解,我们发现,如果税收不缩小交易的规模,就不会发生无谓损失。这一理论假说支持了对必需品征税以及对土地征税的政策。

四、价格管制

政府对市场交易的价格管制分为价格上限管制和价格下限管制。如果价格上限低于市场均衡价格,市场就会处于短缺状况。在此,我们关心价格管制政策的福利后果。实际上,价格上限管制产生的福利损失包括两部分:来自供给不足的福利损失和来自消费者之间无效率配置产品的福利损失。

第一种福利损失来源于供给不足。供给不足(undersupply)是指价格上限管制下的市场交易数量少于市场均衡数量,从而使得本来可以增进交易双方福利的交易没能发生,由此导致社会福利的净损失产生。

第二种福利损失来源于无效率配置。在价格管制实施后,由于价格难以发挥竞争规则的作用,因此不足的供给量在消费者之间的有效率配置无法实现。当价格竞争规则受到限制时,替代性的规则必须引入。这些规则往往不能保证商品总是配置给支付意愿最高的消费者,由此导致福利损失产生(见图 8 - 12)。

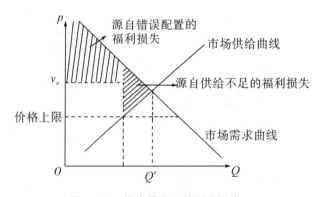

图 8-12　价格管制下的福利损失

在几何图形中,第一部分福利损失可以非常容易地在供求模型中表示出来。如何画出第二部分福利损失呢? 给定价格管制下生产者提供的数量,此数量在消费者之间有效率地配置时的总效用,就是在这一产量下,市场需求曲线下的面积。价格管制下同样数量的商品能够产生的总效用则取决于替代价格的竞争规则。假设我们在所有愿意支付管制价格购买商品的消费者之间等概率地配置商品,那么价格管制下的总效用就是平均支付意愿和数量的乘积。最后,假设所有的支付意愿都是均匀分布的,那么平均支付意愿就是所有消费者中最高的支付意愿和管制价格(也就是最低的支付意愿)的均值,在图 8-12 中表示为 v_a(a 表示平均)。这样价格管制下的总效用就是 v_a 和数量的乘积,在图形中表示为一个矩形的面积。两个面积的差额就是来自错误配置(misallocation)的福利损失。

第二部分福利损失非常重要,因为它提醒我们,即使价格管制不会引起严重的生产不足(如在供给完全无弹性的情况下),也会由于配置无效率而导致社会福利的净损失产生。

价格管制虽然有某种道德动机,而且往往也是政治压力的结果,但是经济学家很少批评这些动机的合理性。经济学家的理性思维试图提醒人们:限制了价格的变化,也就限制了价格的作用,因此价格管制的政策往往损害了本来它想要帮助的人的利益。

复习思考题

1. 如果两个人的需求函数分别为 $D_1(p) = 20 - p$,$D_2(p) = 10 - 2p$,求市场需求函数。

2. 假设一个竞争性市场只有两个厂商,厂商 1 的成本函数为 $C_1(q_1) = q_1^2$,厂商 2 的成本函数为 $C_2(q_2) = 2q_2^2$,求短期市场供给函数,并且画图说明市场供给曲线和厂商供给曲线之间的关系。

3. 一个完全竞争市场的代表性厂商的成本函数为 $C(q) = q^3 - 8q^2 + 30q$,市场需求函数为 $D(p) = 98 - p$,求此市场实现长期均衡时的均衡价格和厂商的数量。

4. 某种商品的市场需求曲线为 $D(P_D) = 100 - 2P_D$,供给曲线为 $S(P_S) = 3P_S$。

(1)假定政府对商品征收 5 元的数量税,均衡的数量和价格(P_S 和 P_D)将是多少?

(2)计算税收的社会福利净损失。

5. 某种商品的市场需求函数为 $D(P) = 100 - 2P$,市场供给函数为 $S(P) = 3P$。政府对此行业实施价格上限管制,最高限价为 10。

(1)请计算由于供给不足所产生的社会福利净损失。

(2)由于供给不足,为了使所有愿意支付最高限价获得商品的消费者有相同的机会获得商品,政府决定通过抽签的方式公平地分配市场所提供的商品,并且限制消费者之间转售商品。请计算这种配置方式所导致的社会福利净损失。

练习题

1. 设 m 个完全竞争厂商具有相同的成本函数 $c(y) = y^2 + 1$，求行业供给函数，并比较行业供给曲线和单个厂商的供给曲线的斜率和弹性。

2. 证明:市场需求曲线的弹性等于个体需求曲线的弹性的加权平均,其权数是每个消费者的购买量的相对比例。

3. 假设需求函数和供给函数分别为 $Q_d = a - bP$, $Q_s = c + dP$,求均衡价格和均衡数量,并说明市场需求和供给变化如何影响市场均衡(a, b, c, d 均大于 0)。

4. 请证明:在线性需求和线性供给条件下,税收归宿满足 $\dfrac{\mathrm{d}p_d}{\mathrm{d}t} = \dfrac{E_s}{E_s + E_d}$, $\dfrac{\mathrm{d}p_s}{\mathrm{d}t} = \dfrac{E_d}{E_s + E_d}$,并以此表达式说明税收归宿和供求弹性的关系。

5. 一种商品的反需求函数为 $p_d = 18 - 3Q_d$,反供给函数为 $p_s = 6 + Q_s$。

(1)均衡产量和价格是多少?

(2)如果政府对生产者每个单位产出补贴 2 元,计算新的均衡价格和产量。

(3)政府补贴有福利损失吗? 如果有,请计算补贴的社会福利损失。

6. 请证明:消费税的无谓损失为 $\mathrm{DW} = 0.5(\mathrm{d}t)^2 \left(\dfrac{E_s E_d}{E_s + E_d} \right) \dfrac{Q_0}{p_0}$,并以此表达式说明无谓损失是如何受到供求弹性的影响的。

7. 假设某种商品的国内市场需求曲线为 $D(P_D) = 100 - 2P_D$,国内供给曲线为 $S(P_S) = 3P_S$,分析如下问题:

(1)国内市场均衡价格和均衡数量是多少?

(2)假设国际市场上该种商品的价格为 15 元,国内若采取自由贸易政策,则应进口多少? 国内生产多少? 进口是否增进了社会福利,若是,增进了多少?

(3)假如此国实施贸易保护,对进口商品每个单位征收 3 元的进口关税,则进口多少? 国内生产多少? 贸易保护的社会福利损失是多少?

8. 画图说明供给完全无弹性下的价格上限管制可能造成的福利损失。

9. 替代价格竞争规则的一种规则是排队,但为什么经济学家普遍反对这种配置规则呢?

10. 某种商品的市场需求曲线为 $D(P_D) = 100 - 2P_D$,供给曲线为 $S(P_S) = 3P_S$。

(1)假定政府对商品征收 5 元的数量税,均衡的数量和价格(P_S 和 P_D)将分别是多少?

(2)计算税收的额外净损失。

（3）假定政府征收税率为 t，若政府的目标为税收的最大化，政府制定的最优税率 t^* 是多少？

11. 已知某市场商品的需求方程是 $p = 180 - Q_d$，供给方程是 $p = 160 + Q_s$。

（1）均衡价格与产量各是多少？

（2）政府对供给方每供给一个单位补贴 50 元后，均衡产量、均衡价格、生产者实际得到的总价格、消费者实际支付的净价格是多少？

12. 一个充分竞争的玩具行业有许多潜在竞争对手。每个厂商都有相同的、具有不变规模效益的生产函数。生产 30 个单位的产品时，企业的长期平均成本最低，其最低平均成本是每个单位 15 元。该行业的总需求函数是 $x = 2\,000 - 50p$，p 是玩具的市场价格。

（1）求解长期竞争性均衡 (p^*, q^*, J^*)。

（2）求行业的长期供给函数。

13. 某产品市场有 A、B 两类消费者，一共 100 人，其中 A 类 25 人，B 类 75 人。每个 A 类消费者的消费量为每个 B 类消费者的消费量的 2 倍。A 类消费者个人的需求价格弹性为 $\frac{3}{4}$，B 类消费者个人的需求价格弹性为 2。请问：整个市场的需求价格弹性为多少？

14. 在一个完全竞争的市场中，每家企业的长期成本函数 $LTC = 0.1q^3 - 1.2q^2 + 111q$，$q$ 为单个企业的产量，市场需求曲线为 $Q = 6\,000 - 20p$，Q 为市场量。请问：

（1）该市场长期均衡产量为多少？

（2）均衡时，市场上有多少家企业？

（3）若政府决定把企业数量控制在 60 家，并用出售许可证的方式来实现这一目标。在新均衡形成时，产品价格是多少？许可证价格是多少？

第九章　完全竞争市场一般均衡与福利分析

第八章介绍的局部均衡分析方法在考察一种商品价格的决定及其变化的时候，其他商品的价格被处理为外生变量。在一般均衡分析中，所有的商品价格都成了模型的内生变量。也就是说，一般均衡分析方法考察一个经济体内所有商品市场的同时均衡。

我们用下面的例子说明局部均衡分析和一般均衡分析的区别。假设一个经济体只有两种商品，并且有两个对应的市场：市场1和市场2。如果某种因素的作用增加了消费者对商品2的需求，这一变化如何影响两种商品的价格呢？

如果采取局部均衡的分析方法，我们首先分析需求的增加会提高商品2的价格，然后分析商品2的价格变化如何影响商品1的价格，局部均衡分析到此结束。但如果采取一般均衡的分析方法，我们不仅要进一步分析商品1的价格变化如何反作用于商品2的价格，而且还要再次考察商品2的价格变化对商品1价格的影响以及商品1的价格变化对商品2的价格的影响，以此类推，直到两种商品的价格都保持稳定不变。

如果上面两个市场分别是要素市场和产品市场，那么上述分析说明了两大市场之间的相互作用的不同分析方法。

现代一般均衡理论的创始人是瓦尔拉斯，他接受了马歇尔市场均衡的思想，但把它扩展应用到所有商品市场的同时均衡。他的一般均衡理论的核心是一个由所有的市场均衡条件组成的联立方程组。而一般均衡的存在性和唯一性问题就是这个方程组的解的存在性和唯一性问题。

本章采取现代经济学的处理方法介绍一般均衡模型，以市场机制解决资源配置问题为线索，分为交换、生产、生产与交换三个部分依次介绍。

第一节　交换

在一个纯交换经济中，商品的种类和数量都预先给定不变。唯一的经济行为是交易。一般均衡理论要分析的则是交换的均衡和效率以及两者的关系。

一、埃奇沃斯方盒

在最简单的情况下,纯交换经济的基本问题可以用一个"两种商品,两个消费者"的模型加以说明。

每个消费者的经济特征都包括商品禀赋和偏好两个方面。消费者 i 的禀赋定义为 $w^i = (w_1^i, w_2^i)(i = 1, 2)$,其偏好定义为 $\succeq^i$ 或者用效用函数 $u_i(\cdot)$ 表示。

在前面学习禀赋约束下的消费者行为理论时,我们知道如何在一个二维坐标系内描述一个消费者的禀赋、偏好以及选择。埃奇沃斯则创造性地把两个消费者的选择问题放入一个方盒中同时加以描述,而这个方盒就被称为埃奇沃斯方盒。

埃奇沃斯方盒是一个矩形。我们用水平的边表示商品 1 的数量,用垂直的边表示商品 2 的数量。两种商品的总量可从两个消费者的禀赋直接计算得到,即 $w_k = w_k^1 + w_k^2, k = 1, 2$。

为了描述每个消费者拥有的两种商品的数量,此方盒有两个原点。消费者 1 标注在左下角的原点旁边,从而消费者 1 对两种商品的拥有量从左下角的原点开始度量。消费者 2 标注在右上角的原点旁边,而其拥有的两种商品的数量就从这里开始度量(如图 9-1 所示)。

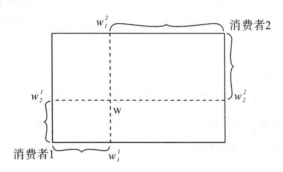

图 9-1 埃奇沃斯方盒中的初始配置

方盒内的每一个点有四个坐标,例如,$[(x_1^1, x_2^1), (x_1^2, x_2^2)]$ 表示消费者 1 拥有的商品组合为 (x_1^1, x_2^1),消费者 2 得到的商品组合为 (x_1^2, x_2^2)。方盒内每一个点都完整地描述了经济内每一个消费者得到的商品组合,我们把这个商品组合定义为经济的一个资源配置,方盒内的每一个点代表着经济的一种资源配置状态。

禀赋分配 (w^1, w^2) 也是一个资源配置,往往被称为初始配置。

在分析中有意义的资源配置必须是可行的,可行的资源配置应满足 $x_k^1 + x_k^2 \leqslant w_k^1 + w_k^2, k = 1, 2$。由于在方盒内的点所代表的资源配置总是满足 $x_k^1 + x_k^2 = w_k^1 + w_k^2$,$k = 1, 2$,因此埃奇沃斯方盒就描述了商品禀赋约束下所有可行的资源配置。

在这个方盒中,我们仍然用无差异曲线簇描述消费者的偏好。消费者 1 的无差异曲线簇和以前学过的相同,但是消费者 2 的无差异曲线则必须以方盒的右上角为原点(如图9-2所示)。这样若其偏好是良好性状的,则其无差异曲线凸向右上角,并且越靠近左下角的无差异曲线对应的效用水平越高。

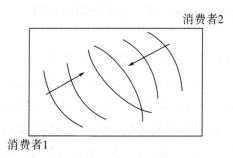

图9-2　埃奇沃斯方盒中的偏好描述

注:图中的箭头表示效用增加的方向。

二、竞争性市场均衡和资源配置

假设每种商品都有一个市场,在上述禀赋分配和消费者的偏好都给定的前提下,运用一般均衡的分析方法,我们可以求解均衡价格(p_1^e, p_2^e)和均衡的资源配置$[(x_1^1, x_2^1)^e, (x_1^2, x_2^2)^e]$。如果在每个市场上,消费者都是市场价格的接受者,或者说交易是在竞争性市场机制下发生的,那么我们称上述的均衡为竞争性均衡,也称为瓦尔拉斯均衡。

求解竞争性均衡的步骤如下:

第一步是求解消费者效用最大化的选择问题,由此得到每个消费者对每种商品的需求。例如,消费者i对商品k的需求可以表示为$x_k^i(p_1, p_2)$。

第二步是加总所有消费者的需求就可以得到每种商品的总需求,表示为$x_k(p_1, p_2) = x_k^1(p_1, p_2) + x_k^2(p_1, p_2)$,$k = 1, 2$。

第三步是如果所有的商品都是合意的商品,那么均衡价格就满足$x_k(p_1^e, p_2^e) = w_k^1 + w_k^2$,$k = 1, 2$。均衡价格决定的消费者的最优选择就是均衡的资源配置,表示为$[x_1^1(p_1^e, p_2^e), x_2^1(p_1^e, p_2^e)]$,$[x_1^2(p_1^e, p_2^e), x_2^2(p_1^e, p_2^e)]$。

上述均衡条件的前提是均衡价格所决定的资源配置必须是可行的。或者说,每种商品总的需求量等于总的禀赋数量。上述的均衡条件同样可以理解为供求相等。一般均衡分析的特点就在于所有市场必须同时实现均衡。

在埃奇沃斯方盒中,两种商品的价格决定了消费者预算约束线的斜率。而根据均衡的条件,在均衡价格下,两个消费者选择的点重合。根据我们前面学过的知识,消费者在预算约束下的最优选择满足边际替代率等于价格比。同时,由于竞争性市场的约束,他们面对相同的价格约束,从而在满足需求和供给相等的均衡点两个消费者对两种商品的边际替代率相等。因此,从几何上来说,这意味着均衡价格所决定的预算约束线必须是两条无差异曲线的公切线(见图9-3)。

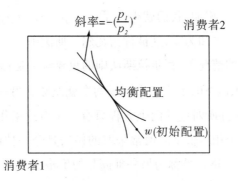

图9-3　纯交换经济一般均衡

我们变化上面的均衡条件为 $x_k^1(p_1^e,p_2^e) - w_k^1 = -[x_k^2(p_1^e,p_2^e) - w_k^2]$, $k=1,2$。我们定义 $x_k^i(p_1^e,p_2^e) - w_k^i$ 为消费者 i 对商品 k 的净需求。如果净需求为负,表明消费者是该市场上的净供给者;反之,如果净需求为正,表明消费者是该商品的净购买者。我们加总所有消费者的净需求得到商品的超额需求。例如,商品 k 的超额需求可以表示为 $z_k(p_1,p_2) = [x_k^1(p_1,p_2) - w_k^1] + [x_k^2(p_1,p_2) - w_k^2]$。这样竞争性均衡的条件就可以表示为所有商品的超额需求都为零,即 $z_k(p_1^e,p_2^e) = 0$, $k=1,2$。用超额需求的概念,我们可以非常容易地判断图9-4中预算约束线所对应的价格不是均衡价格,因为商品1的超额需求为正,商品2的超额需求为负。

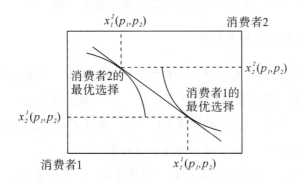

图9-4　纯交换经济中的非均衡价格及配置

在图9-4中,均衡价格用预算约束线的斜率来反映。但是,我们知道,预算约束线的斜率仅仅反映的是两种商品的相对价格。当两种商品的价格同比例变化时,相对价格保持不变。下面我们要说明的是:出现这种情况,不是因为我们所选择的几何方法有缺陷,而是因为这是一般均衡理论的必然结果。在只有两种商品的一般均衡模型中,我们通过均衡条件只能得到唯一的相对价格。下面我们就说明此结论背后的理论。

假设消费者的偏好满足单调性,那么消费者的最优选择一定满足预算平衡性,即对消费者 $i = 1,2$,总有 $p_1 x_1^i(p_1,p_2) + p_2 x_2^i(p_1,p_2) = p_1 w_1^i + p_2 w_2^i$。把 $i = 1$ 时的表达式和 $i = 2$ 时的表达式相加,我们就得到了 $p_1 z_1(p_1,p_2) + p_2 z_2(p_1,p_2) = 0$,即所有商品的超额需求的价值之和为零,这被称为瓦尔拉斯法则。

在只有两种商品的情况下,瓦尔拉斯法则的重要含义是:如果所有的商品都是合意商品,即如果 $p_1 > 0, p_2 > 0$,那么一个市场均衡就意味着另一个市场也一定是均衡的。也就是说,均衡条件所对应的两个方程只有一个有约束作用。从其中的任何一个方程都只能解出一个相对价格。通常采取的做法是令一种商品为计价物,其价格就定为 1,求出的相对价格就被称为另一种商品的价格。

上述结论可以直接推广到多种商品的情况。同样,基于瓦尔拉斯法则,在一个由 K 种商品组成的经济系统中,一般均衡只能确定 $K - 1$ 个相对价格。

最后我们简要说明上述简化模型经常受到的质疑。第一个疑问是:两个消费者为什么会是价格接受者,他们不是应该处在双边垄断当中吗?辩护者提供的回答是把这里的 1 和 2 理解为两类消费者,并且还假设了两类消费者人数相等,这样价格接受者的假设就变得不是那么难以接受了。第二个疑问是:假定市场只有两种商品合适吗?这样的简化有没有抽象掉一般均衡模型特有的问题呢?显然,两种商品的简化有一个困难。如果只有两种商品,那么根据瓦尔拉斯法则,一个市场均衡就必然意味着另一个市场的均衡。这样一般均衡就无法得到和局部均衡分析方法不同的结论。但是即使如此,这一简化模型仍被广泛使用于各个领域。

三、帕累托有效率的资源配置

在一个纯交换经济中,衡量资源配置优劣的常用标准是帕累托效率。如果不存在其他可行的配置 y,使得对每个消费者 i,有 $y^i \gtrsim x^i$,而且至少有一个人属于严格偏好的情况,那么可行的配置 x 是帕累托有效率的。和生产技术效率不同,帕累托有效率针对的是资源的配置,因此也被称为配置有效率。

评价资源配置需要考察社会的偏好。帕累托有效率实际上定义了一种通过加总个体偏好得到社会偏好的方式。如果存在可行的资源配置 y 满足上述定义的要求,我们就说资源配置 y 帕累托优于资源配置 x。从 x 转变为 y 就被称为帕累托改善。帕累托有效率就意味着不存在帕累托改善的机会。

一种典型的帕累托改善是交换,因为自愿的交换能够增进双方的福利。下面我们就在简单的交换经济中理解帕累托改善,并找到所有帕累托有效率的配置。

在埃奇沃斯盒中任意选择一个资源配置,我们分别画出两个消费者的上优集(效用水平至少不下降的配置)。如果两个消费者的上优集有交集,说明在其他消费者效用水平不下降的条件下,存在一个消费者的效用提高的可能性,即存在帕累托改善的机会。如果在交集的边界上移动,我们就可以在保持另一个消费者效用不变的前提下,提高一个消费者的效用水平;如果移动到交集内部,那么两个消费者的效用都可以严格地提高(见图9-5)。

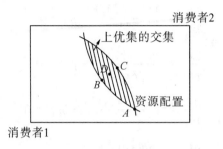

图9-5　帕累托改善

注:资源配置 A 是无效率的。改变资源配置为 B,在不降低消费者 1 的效用的前提下,增加了消费者 2 的效用。改变资源配置为 C,在不降低消费者 2 的效用的前提下,消费者 1 的效用提高。改变资源配置为 D,同时增加了两个人的效用。

如果资源配置正好处在两个消费者的两条无差异曲线的切点上,就不存在帕累托改善的机会。从切点出发,如果再改变资源配置,至少会降低一个消费者的效用。因此,根据定义,处于两个消费者无差异曲线切点上的资源配置是帕累托有效率的。

两条无差异曲线的切点的特征是当资源实现这样的配置时,两个消费者对两种商品的边际替代率相等。为什么边际替代率相等是资源配置有效率的特征呢? 这是因为边际替代率度量的是消费者对商品的边际支付意愿。如果两个消费者对同一种商品的边际支付意愿不同,就一定存在互利交易的机会。

例如,如果一个资源配置满足 $\mathrm{MRS}_{1,2}^{1} = 1 < \mathrm{MRS}_{1,2}^{2} = 2$,这表示消费者 2 愿意为一个单位的商品 1 付出两个单位的商品 2;而对于消费者 1 来说,得到一个单位的商品 2,就愿意付出一个单位的商品 1。那么,如果消费者 2 付出 1.5 个单位的商品 2,从消费者 1 那里换回一个单位的商品 1,按照这样的比例交易,两个消费者的福利都会上升。

因此,当不同的消费者对商品的边际支付意愿或者说评价相同时,就不存在上述互利交易的机会,从而资源的配置就已经是有效率的配置了。

上述结论也可以利用下面的代数模型加以分析。如果我们给定一个消费者的效用水平,求解禀赋约束下另一个消费者的效用最大化问题,那么由此得到的资源配置一定是帕累托有效率的。假设消费者 2 的效用给定为 $\bar{u}$,那么有效率的资源配置是下面问题的解。

$$\max_{x^1, x^2} u_1(x_1^1, x_2^1)$$

$$\text{s. t. } u_2(x_1^2, x_2^2) = \bar{u}, x_1^1 + x_1^2 = w_1, x_2^1 + x_2^2 = w_2$$

此优化问题的拉格朗日函数为

$$\ell = u_1(x_1^1, x_2^1) + \lambda[u_2(x_1^2, x_2^2) - \bar{u}] + \mu_1(w_1 - x_1^1 - x_1^2) + \mu_2(w_2 - x_2^1 - x_2^2)$$

资源最优配置的一阶必要条件为

$$\frac{\partial \ell}{\partial x_1^1} = \frac{\partial u_1(x_1^1, x_2^1)}{\partial x_1^1} - \mu_1 = 0$$

$$\frac{\partial \ell}{\partial x_2^1} = \frac{\partial u_1(x_1^1, x_2^1)}{\partial x_2^1} - \mu_2 = 0$$

$$\frac{\partial \ell}{\partial x_1^2} = \lambda \frac{\partial u_2(x_1^2, x_2^2)}{\partial x_1^2} - \mu_1 = 0$$

$$\frac{\partial \ell}{\partial x_2^2} = \lambda \frac{\partial u_2(x_1^2, x_2^2)}{\partial x_2^2} - \mu_2 = 0$$

从上述的一阶条件可以得到有效率的配置需要满足的特征为

$$\frac{\dfrac{\partial u_1}{\partial x_1^1}}{\dfrac{\partial u_1}{\partial x_2^1}} = \frac{\mu_1}{\mu_2} = \frac{\dfrac{\partial u_2}{\partial x_1^2}}{\dfrac{\partial u_2}{\partial x_2^2}}$$

也就是说,两个消费者的边际替代率相等(见图9-6)。

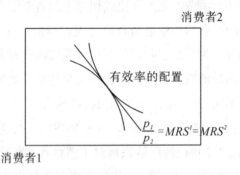

图9-6 帕累托有效配置

帕累托有效率配置不是唯一的。实际上,所有满足帕累托有效率配置的点形成了一个集合,被称为帕累托集。帕累托集描述了从方盒中的任意一点开始的互利交易的所有可能的结果(见图9-7)。帕累托集也被称为契约曲线,其原因在于任何交易的最后契约必定在帕累托集上,否则就会有进一步的交易。帕累托集与初始配置无关,仅仅决定于消费者的偏好和商品禀赋的数量。

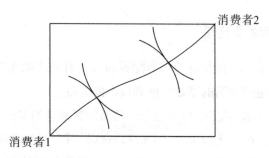

图 9-7 契约曲线

注:契约曲线是两个原点以及所有无差异曲线切点的连线。

在一个纯交换经济中,帕累托有效率的配置不是唯一的,是一个集合。这恰好说明,帕累托效率标准对资源配置的评价仅仅给出了部分非常宽泛的标准。它仅仅告诉我们,如果资源配置没有落在帕累托集内,必然存在效率损失和改善的机会,但是如果已经处在帕累托集内,沿着这条曲线再改变资源配置,就会发生收入分配效应,即增加一个人的效用必然会减少另一个人的效用。虽然收入分配问题(它关系到公平)往往是社会最优评价标准当中的常客,但是帕累托效率标准对此不置一词。实际上,帕累托效率标准无法评价含有收入分配效应的资源配置过程。

帕累托效率对收入分配是中性的。当资源配置实现了帕累托效率时,消费者的效用水平可以相差很大。例如,两个原点都满足帕累托效率,但是两个人的效用水平完全不同。我们用效用可能性边界来直观地理解这一问题,效用可能性边界是在给定商品禀赋的前提下,帕累托有效率配置的效用组合的集合(见图 9-8)。我们可以清楚地看到,效用可能性边界上的效用组合都是有效率的,但社会如何做出选择则必须考虑社会的偏好。这也就是说,我们需要引入社会福利函数。第十五章将会对这一问题进行考察。

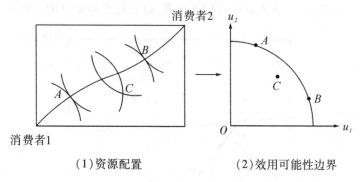

（1）资源配置 　　　　　　（2）效用可能性边界

图 9-8 资源配置效用可能性边界

四、福利经济学基本定理

上面已经分析了纯交换经济的均衡配置和所有有效率的配置,下面我们要介绍的福利经济学基本定理说明的则是均衡和效率的关系。

福利经济学第一基本定理:所有竞争性均衡配置都是帕累托有效率的。

在只有两种商品的简化模型中,当实现均衡时,每个消费者最终消费的商品组合的边际替代率都等于两种商品的相对价格。由于消费者都是市场价格的接受者,从而面对相同的相对价格,均衡配置满足不同消费者的边际替代率相等,这正是帕累托有效率配置的特征。从几何直观理解,所有竞争性均衡都在契约曲线上,属于帕累托集,自然都是有效率的配置。

福利经济学第二基本定理:任意的帕累托有效率配置都可以成为相应的禀赋配置下由竞争性市场形成的均衡配置。或者说,禀赋配置和竞争性市场联合作用可以实现任意的帕累托有效率配置。

为什么需要市场机制和禀赋配置机制联合作用才能得到任意的帕累托有效率配置呢?这是因为如果禀赋配置不是帕累托有效率的,那么竞争性市场机制可以通过交易改变资源配置,使最终的配置落在契约曲线上。这恰好是市场的作用。但是,市场的作用也仅此而已,在给定的禀赋约束下,市场机制作用下的有效率配置是唯一的。如图9-9所示,如果初始禀赋分配为 w,市场机制的作用可以保证最终的配置是有效率的,如最终落在 x 点。但如果出于公平的考虑,人们认为 x' 是社会最优的资源配置。竞争性的市场在初始禀赋 w 下无法实现这一最优配置。也就是说,我们无法找到一组价格使得禀赋约束下消费者的选择正好是 x',但是可以通过改变禀赋分配的方式来实现这一目标。例如,通过转移支付的方法将禀赋分配调整为 w',然后在市场机制的作用下,x' 成为最终的均衡配置,也是社会所偏好的有效率的配置。

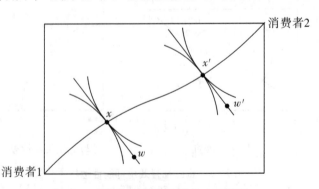

图9-9　福利经济学第二基本定理图示

福利经济学第二基本定理非常巧妙地分离了社会福利当中的效率和其他方面,比如公平。尤其重要的是,它提醒我们:市场对分配是中性的,市场的唯一作用是改善无效率的配置。不公平的市场均衡配置并不是市场的缺陷,市场只是复制了最初配置的不公平而已。因此,为了不损失社会福利,效率和公平目标应该通过不同的途径来实现。让价格反映资源的相对稀缺性以实现效率的目标,而通过财富的转移获得调整分配。

当然,改变禀赋分配可以实现任意的帕累托有效率配置与公平,只是针对给定的产出而言,它没有考虑到由分配的公平(或不公平)所产生的激励问题,或者说纯交换经济模型抽象掉了这一问题。

第二节 生产

一、鲁滨逊经济

(一)"一种投入,一种产出"模型

在这种经济中,荒岛上的鲁滨逊用一种投入生产一种产出,从而有两个市场。在理论上,假设鲁滨逊有分身术,我们把他抽象成多个经济角色。在要素市场上,鲁滨逊既是生产要素的需求者,也是生产要素的供给者。在产品市场上,鲁滨逊既是产品的供给者,又是产品的消费者。我们假设这两个市场都是竞争性的。

作为生产者的鲁滨逊的决策就是在生产技术和市场价格约束下选择最佳要素投入以实现利润最大化。假设投入是劳动,其价格是工资率,用 w 表示,产出价格为 p,生产函数为 $q = f(L)$,鲁滨逊面临的利润最大化问题为

$$\max_{L} \pi = pf(L) - wL$$

为了便于用几何方法考察这一问题,我们把上面的优化问题改写为

$$\max_{q,L} \pi = pq - wL$$

$$\text{s. t. } q = f(L)$$

这样在劳动－产出坐标系内,约束方程就是生产函数曲线。假设此生产具有报酬递减的特征,鲁滨逊的选择问题就是在生产函数曲线上选择一个产量和投入的组合以实现最大化利润。比较不同组合的利润水平的工具是等利润线。顾名思义,给定一个利润水平,我们就可以得到一条等利润线。假设一条等利润线方程为 $\pi = pq - wL$,转化为 $q = \dfrac{\pi}{p} + \dfrac{w}{p}L$。由此可见,等利润线是一条斜率为实际工资率,截距取决于利润水平的直线(见图9-10)。

由于越是处于上方的等利润线对应的利润水平越高,等利润线和生产函数曲线的切点就决定了利润最大化的劳动需求和产出供给水平以及相应的利润水平 π^*。

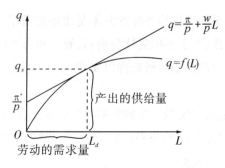

图9-10 鲁滨逊的生产决策

最高利润水平的等利润线也是消费者鲁滨逊的预算约束线。他在这条预算约束线上选择劳动和产出组合以最大化效用(见图9-11)。由于劳动是厌恶品,因此无差异曲线斜率为正,其斜率被称为边际补偿率。假设边际补偿率递增,也就是说,为了补偿因增加一个单位劳动而减少的效用,消费者要求越来越高的产出。消费者的选择就决定了劳动供给和对产出的需求。

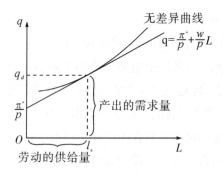

图9-11 鲁滨逊的消费决策

显然,一般均衡要求产出市场和劳动市场同时实现均衡。在几何图形中,这表现为实现效用最大化与利润最大化的劳动和产出组合的重合。这个组合被称为均衡的配置,均衡价格则反映在等利润线的斜率上。也就是说,我们得到的一般均衡价格是一个相对价格,表示为 $\left(\dfrac{w}{p}\right)^{e}$。如果我们将产品作为计价物,那么一般均衡分析得到的就是用产品的数量度量的劳动的均衡工资率(见图9-12)。

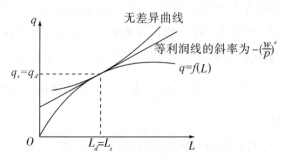

图9-12 劳动市场和产品市场的一般均衡

（二）"两种投入,两种产出"模型

在这种模型中,我们假设鲁滨逊用两种投入生产两种产出。我们关心的问题是鲁滨逊在两种产出上如何配置生产要素是有效率的。因此,这一模型实际上解决的是生产要素如何在不同的行业间进行配置的问题。

分析的工具是前面学过的埃奇沃斯方盒,即用方盒的长边度量劳动要素的数量,用宽边度量资本要素的数量。左下角的原点是产品1,右上角的原点是产品2,它们都对两种要素有需求。方盒中任意一个点都代表着一个可行的而且是实现了充分利用的要素配置,我们用经过这一点的等产量线反映这一要素配置实现的两种产出的数量。

如果一个可行的要素配置是两条等产量线的交点,这种配置是无效率的,因为调整要素在两个行业间的配置可以在不减少任何一种产出的情况下,增加至少一种产出的数量。因此,和产品的配置效率相同,有效率的要素配置必须是等产量线的切点。对此,经济学的解读是:要素在产品间的配置效率满足边际技术替代率相等。

所有有效率的要素配置形成了要素契约曲线,在这一曲线上的任何一点,要增加一种产出的数量,就必须减少另一种产出的数量,因此每个点都对应着一个有效率的产出组合。在给定要素数量和技术水平的前提下,所有有效率的产出组合的集合被称为生产可能性边界。图9-13说明了有效率的要素配置和产出组合之间的关系。

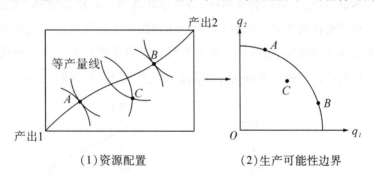

图9-13　有效率的要素配置与产出组合

二、二人世界:鲁滨逊和星期五

在鲁滨逊的世界中引入星期五,就多了一个生产者,同时多了一个消费者。新的生产者的到来引起了生产方式的变化:不同的生产者可以分工生产。

首先我们来说明什么决定分工。分工取决于生产者的比较优势,生产成本较低的生产者具有比较优势。我们如何判断生产者的比较优势呢? 在已知生产可能性边界的条件下,边际转换率(生产可能性边界的斜率的绝对值)就是用产品度量的边际成本。因此,边际转换率低,也就是边际成本低的生产者在该产品的生产上具有比较优势。

如果个体生产是有效率的,并且个体之间按照比较优势分工组织生产,那么社会生产就是有效率的。我们用下面的例子说明生产的社会组织方式。

假设利用8小时的劳动时间,鲁滨逊生产一个单位的鱼需要一小时,生产一个单位的椰子需要两小时;星期五生产一个单位的鱼需要两小时,生产一个单位的椰子需要一小时。图9-14显示了他们的生产可能性边界。

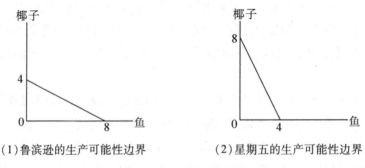

（1）鲁滨逊的生产可能性边界　　　（2）星期五的生产可能性边界

图9-14　个人的生产可能性边界

下面我们分析如何得到鲁滨逊和星期五两个人联合生产的生产可能性边界,或者称为社会生产可能性边界。两个人都摘椰子获得了联合生产的最大椰子数量,然后要增加鱼的数量,就必须减少椰子的数量,但是由谁来生产更有效率呢?关键就看谁的边际成本低,即谁的边际转换率低,或者谁在捕鱼上有比较优势。因此,首先考虑捕鱼有比较优势的鲁滨逊,这时社会的边际转换率就是鲁滨逊的边际转换率。当鲁滨逊全部的要素使用完,继续增加鱼的数量就必须使用并不具有比较优势的星期五的劳动。这时边际转换率就决定于星期五的生产技术(见图9-15)。

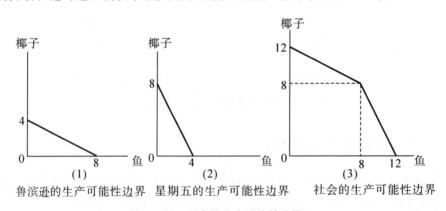

（1）　　　　　　　　（2）　　　　　　　　（3）
鲁滨逊的生产可能性边界　星期五的生产可能性边界　　社会的生产可能性边界

图9-15　社会的生产可能性边界

上面的分析结论是每个人都是完全的专业化生产者。这种特殊的情况产生于特殊的假设:不同的而且不变的边际转换率。下面我们简要说明如果两个人的边际转换率递增,这时有效率的生产应该满足什么特征。显然,结论是最优的产出组合满足两个生产者的边际转换率相等。这是因为边际转换率就是用产品表示的边际成本。

如果一个生产者的边际转换率高于另一个生产者,那么我们总是可以通过减少它的产量来降低生产成本。降低生产成本意味着我们可以在不减少一种产出的前提下增加另一种产出,因此有效率的生产必须满足边际转换率相等。例如,企业 1 的边际转换率为 2,意味着减少一个单位的第一种产品,可以增加两个单位的第二种产品;企业 2 的边际转换率为 1,意味着增加一个单位的第一种产品,需要减少一个单位的第二种产品。如果企业 2 增加一个单位的第一种产品,企业 1 减少一个单位的第一种产品,那么第一种产品的总量不变,但第二种产品就增加了一个单位。

注意,这时对专业化的理解和前面不同,专业化(specialization)的含义是一个人生产的数量多于消费所需,并不意味着只生产一种产品。也就是说,只要生产者的生产和消费分离,就是专业化的生产者。

总之,由于专业化和分工及每个人的边际转换率不同(都是递增的),一般化的生产可能性边界还是如图 9 - 13(2)所示。当然,最终最优的产出组合还是要满足各个生产者之间的边际转换率相等。

第三节　生产与交换

一、鲁滨逊经济

假设鲁滨逊是两种产品的生产者,并且用生产可能性边界描述所有有效率的产出组合,同时他还是两种产品的消费者,拥有特定的偏好和效用函数。我们要分析的一般均衡问题需要求出均衡的产出组合和两种商品的均衡价格。

和前面一样,我们需要假设鲁滨逊分身有术。作为生产者的鲁滨逊选择产出组合以实现最大化的利润。由于生产可能性边界是在给定要素投入下的产出组合,因此这里的产出选择是在给定成本的前提下,并且利润最大化和销售收入最大化是一致的。

我们用转换函数 $T(q_1, q_2) = 0$ 表示生产可能性边界,两种商品的市场价格分别为 p_1 和 p_2,那么生产者鲁滨逊的利润最大化问题为

$$\max_{q_1, q_2} p_1 q_1 + p_2 q_2$$
$$\text{s. t. } T(q_1, q_2) = 0$$

同样,在几何上,约束方程就是生产可能性边界,而目标函数可以构造出等利润线(见图 9-16)。最优选择则是生产可能性边界和等利润线的切点,即最优的产出组合满足 $\text{MRT}_{1,2}(q_1^s, q_2^s) = \dfrac{p_1}{p_2}$(由于此最优选择决定了两种产品的供给,因此使用上标 s 表示供给之意)。

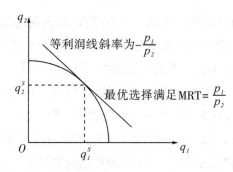

图 9 - 16　鲁滨逊的生产决策（两种产出的情况）

经过最优产出组合的等利润线也是消费者鲁滨逊的预算约束线。鲁滨逊在此约束下选择最大化效用的商品组合,此商品组合就是消费者鲁滨逊对两种商品的需求(见图 9 - 17)。最优选择满足 $\text{MRS}_{1,2}(q_1^d, q_2^d) = \dfrac{p_1}{p_2}$。

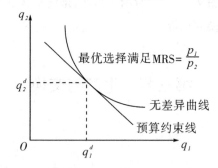

图 9 - 17　鲁滨逊的消费决策（两种产品的情况）

同样,一般均衡价格需要满足两种商品的供求相等。我们通过该分析只能得到唯一的相对价格。联系上面的分析,一般均衡价格和资源配置满足 $\left(\dfrac{p_1}{p_2}\right)^e =$ $\text{MRS}_{1,2}(q_1^e, q_2^e) = \text{MRT}_{1,2}(q_1^e, q_2^e)$,如图 9 - 18 所示。

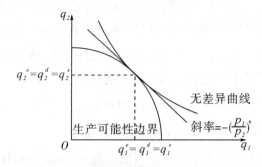

图 9 - 18　两种产出下的一般均衡

尽管假设鲁滨逊分身有术多少有点滑稽,但是实际上这一模型常常被用于说明一个封闭经济的生产决策。封闭经济的含义是没有外部市场可以利用,从而生产和消费没有分离,生产决策受偏好约束。

二、二人世界:鲁滨逊和星期五

假设只有两种商品,在第一节,我们分析了对给定的产出组合,如何在消费者之间有效率地配置;在第二节,我们分析了如何有效率地生产,并且用生产可能性边界描述所有有效率的产出组合。现在我们把生产和交换结合起来,分析什么样的产出组合、生产方式以及在消费者之间的配置方式同时满足生产和交换有效率。

这样的产出组合需要满足:所有消费者的边际替代率都相等,并且等于边际转换率。

消费者的边际替代率相等是给定产出组合下有效率配置产品的要求,而边际转换率和边际替代率相等意味着改变产出组合无法实现帕累托改善。这是因为边际替代率是消费者的边际支付意愿,而边际转换率是生产的边际成本,而如果边际替代率和边际转换率不相等,就会存在生产者和消费者交换的互利机会。

用几何方法图示这一最优配置的关键一步是给定一个产出组合,就确定了一个纯交换经济的禀赋,从而可以画出一个埃奇沃斯方盒,然后就可以画出这个方盒内所有有效率的配置,而有效率的产出组合需要满足边际替代率和边际转换率相等(见图9-19)。

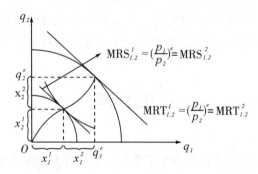

图9-19　生产-交换的一般均衡

注:二人世界的生产-交换一般均衡,其中上标1和上标2分别代表鲁滨逊和星期五。

如何用代数方法求解这里的资源配置问题呢?假设1代表鲁滨逊,2代表星期五,根据有效率配置的定义,有效率配置是下面优化问题的解。

$$\max_{x_1^1,x_2^1,x_1^2,x_2^2} u_1(x_1^1,x_2^1)$$

$$\text{s.t. } u_2(x_1^2,x_2^2)=\bar{u} \text{ 且 } T(x_1^1+x_1^2,x_2^1+x_2^2)=0$$

这个优化问题的拉格朗日函数为

$$\ell = u_1(x_1^1,x_2^1) + \lambda[u_2(x_1^2,x_2^2)-\bar{u}] - \mu T(x_1^1+x_1^2,x_2^1+x_2^2)$$

一阶条件为

$$\frac{\partial \ell}{\partial x_1^1} = \frac{\partial u_1}{\partial x_1^1} - \mu \frac{\partial T}{\partial x_1} = 0$$

$$\frac{\partial \ell}{\partial x_2^1} = \frac{\partial u_1}{\partial x_2^1} - \mu \frac{\partial T}{\partial x_2} = 0$$

$$\frac{\partial \ell}{\partial x_1^2} = \lambda \frac{\partial u_2}{\partial x_1^2} - \mu \frac{\partial T}{\partial x_1} = 0$$

$$\frac{\partial \ell}{\partial x_2^2} = \lambda \frac{\partial u_2}{\partial x_2^2} - \mu \frac{\partial T}{\partial x_2} = 0$$

根据前面两个一阶条件,我们可以得到 $MRS_{1,2}^1 = MRT_{1,2}$,即消费者 1 的边际替代率等于两种商品的边际转换率。从后两个一阶条件,我们可以得到 $MRS_{1,2}^2 = MRT_{1,2}$,即消费者 2 的边际替代率等于两种商品的边际转换率。综合这两个结果,我们可以得到 $MRS_{1,2}^1 = MRS_{1,2}^2 = MRT_{1,2}$,即消费者的边际替代率等于边际转换率。

到目前为止,我们已经分析了市场机制如何解决社会基本经济问题以及有效率的配置所具有的特征。具体来说,当边际转换率等于消费者的边际替代率时,"生产什么""生产多少"的经济问题得到了有效率的解决;当不同要素在产品间的配置满足边际技术替代率相等,并且不同的生产者按照比较优势分工生产且满足任意两种商品的边际转换率相等时,"如何生产"的问题得到了有效率的解决;当产品在消费者之间的配置满足所有消费者对任意两种商品的边际替代率相等时,"为谁生产"的问题得到了有效率的解决。本章同时给出的另一个重要结论是:竞争性市场均衡配置是有效率的,而且任何有效率的资源配置都可以通过再分配机制和竞争性市场机制实现。

复习思考题

1. 假定一个纯交换经济只有两个消费者。消费者 1 的支出函数为 $e_1(p_1,p_2,u_1) = u_1\sqrt{p_1 p_2}$,禀赋为 $(1,2)$;消费者 2 的效用函数为 $u(x_1,x_2) = x_1^{\frac{1}{3}} x_2^{\frac{2}{3}}$,禀赋为 $(2,1)$。求竞争性均衡价格。

2. 假定一个纯交换经济只有两种商品,禀赋数量分别为 w_1 和 w_2;只有两个消费者,其效用函数分别为 $u_1 = (x_1^1)^{\frac{2}{3}}(x_2^1)^{\frac{1}{3}}$,$u_2 = (x_1^2)^{\frac{1}{3}}(x_2^2)^{\frac{2}{3}}$。求契约曲线的方程。

3. 假设鲁滨逊的生产函数为 $q = L^\alpha$,其中 $\alpha < 1$。假设时间禀赋为 T,闲暇时间为 R,其效用函数为 $u(R,q) = R^{1-\beta} q^\beta$。令产品价格为 1。求均衡工资率。

4. 假设一个经济体中的五个人 A,B,C,D,E 的日生产可能性边界如表 9-1 所示。请回答下面的问题:

(1) 填空回答 Y 的边际成本是多少。

(2) 假设生产信息被一个计划者得到,现在要生产一个单位的 Y,应该由谁来生产?

（3）画出社会的生产可能性边界。

（4）为什么说只要生产是有效率的,那么生产的边际成本是递增的?

表 9-1 五个人的生产可能性边界

经济人	产出 X	产出 Y	Y 的边际成本(X 的价格为 1)
A	6	3	
B	3	3	
C	1	2	
D	9	6	
E	6	10	

练习题

1. 假设两个消费者的间接效用函数和禀赋如下:

$v_1(p_1, p_2, w) = \ln w - a \ln p_1 - (1-a)\ln p_2, w_1 = (1,1)$

$v_2(p_1, p_2, w) = \ln w - b \ln p_1 - (1-b)\ln p_2, w_2 = (1,1)$

计算市场出清的价格。

2. 证明:在只有两种商品的纯交换经济模型中,一种商品的超额需求为正,另一种商品的超额需求必为负。

3. 假设一个纯交换经济中消费者 1 的效用函数为 $u_1(x_1^1, x_2^1) = x_1^1 x_2^1$,消费者 2 的效用函数为 $u_1(x_1^2, x_2^2) = \min\{x_1^2, x_2^2\}$。消费者 1 拥有 0 个单位的商品 1 和 10 个单位的商品 2,消费者 2 拥有 20 个单位的商品 1 和 5 个单位的商品 2,求两人的竞争性均衡。

4. 在一个二人世界中,消费者 1 的效用函数为 $u_1(x_1^1, x_2^1) = x_1^1 + x_2^1$,消费者 2 的效用函数为 $u_1(x_1^1, x_2^1) = \max\{x_1^1, x_2^1\}$,两人具有相同的禀赋 $\left(\frac{1}{2}, \frac{1}{2}\right)$,求竞争性均衡并在埃奇沃斯方盒中描述。

5. 在一个岛上,有 200 千克粮食在两个人之间进行分配。第一个人的效用函数是 $u_1 = \sqrt{x_1}$, x_1 是他的消费数量;第二个人的粮食消费的效用函数是 $u_2 = \frac{1}{2}\sqrt{x_2}$, x_2 是他的消费数量。

（1）如果粮食在两个人之间平等分配,他们各自的效用是多少?

（2）如果他们的效用相等,粮食应该如何分配?

（3）要使他们的效用之和最大,粮食应该如何分配?

（4）假设第二个人能够生存的效用水平是5,如果想要在满足第二个人最低效用水平的前提下使效用之和最大,粮食应该如何分配?

（5）假定两个人都赞成社会福利函数为 $W = u_1^{1/2} u_2^{1/2}$,那么在两个人之间应该怎样分配粮食?

6. 在有两种产品 X 与 Y 的纯经济中,消费者 A 的效用函数 $U_A = X_A Y_A$,消费者 B 的效用函数 $U_B = X_B Y_B^2$,经济中一共有 100 个单位 X 与 50 个单位 Y,求经济的契约曲线。

7. 假设鲁滨逊利用劳动投入可以捕鱼或摘椰子。令鱼的数量为 x,用于捕鱼的时间为 l_x;椰子的数量为 y,摘椰子的时间为 l_y。其生产函数为 $x = (l_x)^{0.5}, y = (l_y)^{0.5}$。如果时间总量为100,那么请计算生产可能性边界。

8. 鲁滨逊靠捕鱼为生,他的生产函数为 $F = \sqrt{L}$,其中 F 是鱼的数量,L 是工作时间。他一天有 10 小时用于工作或游泳。他对鱼和游泳的效用函数为 $u(F,S) = FS$,其中 S 为游泳时间。

（1）他的最佳捕鱼量是多少?工作时间是多少?

（2）假设他按照市场方式来运作,成立一个追求利润最大化的公司来生产鱼,雇用自己,然后再用工资和利润从该企业买鱼。该市场假设为完全竞争型市场。均衡价格是多少?此价格下的生产(消费)和工作量是多少?

9. 有一种两个消费者、两种物品的交换经济,消费者的效用函数和禀赋如下:

$$u^1(x_1,x_2) = \min\{x_1,x_2\}$$

$$v^2(p,y) = \frac{y}{2\sqrt{p_1 p_2}}$$

$$e^1 = (30,0)$$

$$e^2 = (0,20)$$

（1）求解瓦尔拉斯一般均衡。

（2）如果禀赋状态为 $e^1 = (5,0), e^2 = (0,2)$,重新计算一般均衡。

10. 证明:在有 n 种商品的经济中,如果只有 $n-1$ 个商品的市场已经实现了均衡,那么第 n 个商品进入市场后,市场必定出清。

11. 证明:如果配置 $(X_1,\cdots,X_I,Y_1,\cdots,Y_J)$ 和价格向量 $P > 0$ 构成一个竞争性均衡,那么配置 $(X_1,\cdots,X_I,Y_1,\cdots,Y_J)$ 和价格向量 αP 也构成竞争性均衡,对任何一个 $\alpha > 0$。

12. 考虑一个权威中央,它拥有数量为 x 的某种商品并负责分配给 i 个消费者,消费者均有一个拟线性效用函数 $\varphi_i(x_i) + m_i$,权威中央分配商品以最大化消费者效用 $\sum u_i$。

（1）写出权威中央的选择问题并推导出一阶条件。

（2）假定 $f(x)$ 是权威中央选择问题的值函数,且 $P(x) = f'(x)$。如果 $(X_1^*, \cdots, X_i^*)$ 是给定数量 x 的最优配置,那么 $P(x) = \varphi_i{}'(x_i^*)$,对所有的 i 成立。

（3）证明:$P(\cdot)$ 是总需求函数 $x(\cdot)$ 的反函数。

13. 假设经济中两个消费者的效用函数分别为 $U_A = X_A Y_A$,$U_B = X_B Y_B$,两个生产者的生产函数分别为 $X = L_X K_X$,$Y = L_Y K_Y$,其中 $L_X + L_Y = 10$,$K_X + K_Y = 100$,求出同时实现帕累托生产和交换的最优条件。

14. 假如经济中 X、Y 的生产函数分别为 $X = 3L_X^{\frac{1}{3}} K_X^{\frac{2}{3}}$,$Y = L_Y$,两个消费者 A、B 的效用函数分别为 $U_A = X_A^{\frac{1}{2}} Y_A^{\frac{1}{2}}$,$U_B = X_B^{\frac{1}{2}} Y_B^{\frac{1}{2}}$,其中 L 和 K 的初始数量为 $L = 108$,$K = 64$。求:

（1）生产可能性边界。

（2）竞争性均衡时的产量、要素投入量和价格。

第十章　垄断

垄断在历史上的含义是专卖权。在这种制度安排下,垄断的主要特点是市场对其他的卖者是封闭的。而现代经济学中垄断的含义是一个厂商面对斜率为负的需求曲线。因此,一个具有垄断力量的厂商就不同于作为价格接受者的完全竞争厂商,而是价格的搜寻者,或者称为价格的制定者。

垄断竞争厂商、寡头厂商都具有一定的垄断力量或价格控制力。因此,请读者注意,这一章所考察的是完全垄断市场,即一个厂商独占市场,独自供应全部市场需求,并且不存在相近的替代品。因为即使一个市场只有一个在位厂商,它也可能面对潜在竞争的压力。而是否存在潜在竞争的压力会直接影响在位厂商的行为。

本章所有分析都假设不存在潜在竞争的压力,将依次介绍垄断厂商的统一(线性)定价模型(所有产品都收取同样的价格)、价格歧视模型(相同产品收取不同的价格,也称为非线性定价模型)以及自然垄断和治理政策。

第一节　统一(线性)定价模型

所谓统一定价,是指垄断企业对所有相同的产品都收取统一的价格。因此,消费者最后支付的总金额(总价)与购买数量呈线性关系,于是这种定价方式也称为线性定价。

一、垄断价格与垄断产量

垄断厂商的行为可以理解为在市场需求和成本函数的约束下选择价格或产量以实现利润最大化。因此,我们有两个略微不同但实际上等价的理解垄断厂商行为的方式:一种是假设垄断厂商选择产量,而销售价格则取决于消费者需求;另一种是假设垄断厂商选择价格,而销售数量则取决于消费者需求。

如果以第一种理解方式构造垄断厂商的行为模型,那么我们假设垄断厂商面对的反市场需求函数为 $p = p(Q)$,成本函数为 $C(Q)$,从而垄断厂商的行为可以模型化为

$$\max_{Q} p(Q)Q - C(Q)$$

这个优化问题的一阶条件是 $p(Q) + p'(Q)Q = C'(Q)$。等式的左边是增加产量的边际收益,而等式右边则是增加产量的边际成本。因此,从这个一阶条件,我们可以得到垄断厂商利润最大化时的产量需要满足的必要条件:垄断厂商选择的产量满足边际收益等于边际成本。

我们可以通过这个一阶条件计算得到垄断厂商利润最大化时的产量,表示为 Q^M。这样根据市场需求我们就可以得到垄断价格 $p^M = p(Q^M)$。

(p^M, Q^M) 要成为最优解,还需要满足二阶条件。上面的优化问题的二阶条件为 $2p'(Q) + p''(Q)Q - C''(Q) < 0$。如果需求曲线是向右下方倾斜的直线,边际成本不变或递增,上面的二阶条件就可以得到满足。线性需求和递增边际成本条件下的垄断行为如图 10-1 所示。

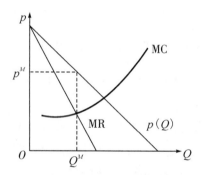

图 10-1　垄断产量与垄断价格

在很多时候,我们可以进一步简化上面的条件,假设反市场需求函数为 $p = a - bQ$,成本函数具有不变边际成本的特征,表示为 $C(Q) = cQ$,那么垄断产量为 $Q^M = \dfrac{a-c}{2b}$,而垄断价格为 $p^M = \dfrac{a+c}{2}$(见图 10-2)。请注意,为了使这里的分析有意义,我们需要限定参数满足如下特征,即 $a > 0, b > 0, a > c$。请读者理解这里的限定的含义是什么。

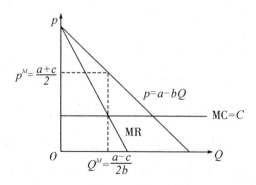

图 10-2　线性需求、不变边际成本条件下的垄断价格与垄断产量

进行简单的运算,边际收益可以改写为 $\text{MR}(Q) = p(Q)\left(1 - \dfrac{1}{E_d}\right)$,这样我们就可以得到一个新的垄断产量需要满足的特征,即 $\text{MR}(Q) = p(Q)\left(1 - \dfrac{1}{E_d}\right) = \text{MC}(Q)$。从这个表达式我们知道,由于 $\text{MC}(Q) \geqslant 0$,垄断厂商一定不会在缺乏弹性的需求区间从事生产。实际上,我们可以非常直观地理解这一结论。在缺乏弹性的时候,减少产量可以增加销售收入,而减少产量肯定可以降低成本,从而增加利润,因而利润最大化的厂商必定不会在缺乏弹性的需求区域从事生产。

对上面的表达式再变换,我们可以得到垄断价格和边际成本之间存在以下关系,即 $\dfrac{p - \text{MC}}{p} = \dfrac{1}{E_d}$。这个原则被称为垄断价格的反弹性原则(the inverse elasticity rule),而 $\dfrac{1}{E_d}$ 被称为勒纳指数(lerner index)。它告诉我们:垄断价格偏离边际成本的程度取决于消费者对商品的需求价格弹性。这一结论也可以非常直观地表示为 $p(Q) = C'(Q)\dfrac{1}{1 - \dfrac{1}{E_d}}$。由于 $\dfrac{1}{1 - \dfrac{1}{E_d}} > 1$,因此垄断价格是边际成本加成定价。

不同于完全竞争厂商的分析,垄断厂商没有供给曲线,这是为什么呢?

一种理解是:在分析完全竞争厂商时,价格是外生变量,从而我们定义的完全竞争厂商的供给曲线反映的是厂商的产量如何随着外生决定的价格变化而变化。垄断产量和垄断价格都是垄断厂商要同时选择的变量,或者说都是垄断厂商利润最大化模型的内生变量。因此,我们无法定义垄断产量是垄断价格的函数。

另一种理解是:给定一条需求曲线,利润最大化的决策只决定一个价格和产量的组合,此点必然在需求曲线上。若需求曲线移动,在新的需求曲线上重新确定价格和产量,连接这些点没有经济含义。

既然垄断厂商没有供给曲线,考察垄断厂商的生产时,我们总是就一条特定的需求曲线来考察。在考察垄断市场均衡时,我们也不能使用供求均衡分析方法。

二、垄断的福利损失

垄断市场的资源配置有效率吗?要回答这个问题,我们需要将总剩余(或者称为社会福利)作为分析工具,考察垄断产量是否实现了总剩余最大化。在此,我们直接定义垄断市场的总剩余为消费者剩余和垄断利润之和,即 $W(Q) = \displaystyle\int_0^Q P(x)\mathrm{d}x - C(Q)$。要考察一个产量水平是否实现了总剩余最大化,我们要看在这个产量水平上增加产量时总剩余的边际变化,简单计算可得 $W'(Q) = p(Q) - C'(Q)$。这个表达式有重要的经济学含义。减号的前面是消费者的边际支付意愿,减号的后面是产品的边际成本,两者之差反映的是来自交易新增的社会福利,也被称为边际社会福利。当 $p(Q) = C'(Q)$ 时,社会福利(也就是总剩余)恰好实现了最大化;当 $p(Q) > C'(Q)$ 时,增加产量可以提高总剩余水平;当 $p(Q) < C'(Q)$ 时,减少产量可以提高总剩余水平。

垄断厂商以利润最大化为目标来选择产量,前面我们已知 Q^M 满足 $p(Q^M) + Q^M p'(Q^M) = C'(Q^M)$,因此在垄断产量水平上,有 $W'(Q^M) = -Q^M p'(Q^M) > 0$。这就告诉我们,垄断产量低于能够实现总剩余最大化的有效率的产量。总结上面的分析,我们知道垄断市场是无效率的,这种无效率源于垄断产量过低。

垄断市场上的无效率也可以理解为垄断市场上存在社会福利的净损失。为了理解这一点,我们仍然使用前面考察过的不变边际成本的简化模型。总剩余最大化的产量是需求曲线和边际成本曲线的交点所决定的产量,但是垄断厂商选择的产量满足边际收益等于边际成本,获得的垄断利润为 A,但消费者剩余减少了 A 和 B(见图 10-3)。我们发现,消费者剩余的损失部分转移为了生产者的利润,这部分转移不影响总剩余。经济学家批评垄断是低效率的,是因为有一部分消费者剩余的损失没有转移为垄断利润,变成了社会福利的净损失,也被称为无谓损失(deadweight loss)。

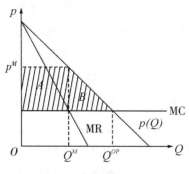

图 10-3 无谓损失

注:图中 Q^{OP} 是总剩余最大化的产量,垄断产量为 Q^M,消费者剩余损失中的 A 转移为厂商利润,而 B 则是无谓损失。

第二节 价格歧视模型

价格歧视是说,同一消费者或不同的消费者对相同的商品支付了不同的价格。因此,价格歧视既可以针对单个消费者,也可以针对多个消费者实施。实施价格歧视的一个必要条件是垄断厂商能够阻止消费者套利,这种套利活动在不同类型的价格歧视中表现不同。实施价格歧视的另一个条件是垄断厂商必须掌握一定的消费者需求信息。实际上,我们根据厂商所掌握信息的不同来区分三类价格歧视。如果垄断厂商掌握了所有消费者全部的偏好或需求信息,就可以实施一级价格歧视,也称为完全价格歧视。如果垄断厂商仅仅根据消费者的某些外在特征能够区分出不同类型的消费者,从而可以对不同类型的消费者收取不同的价格,就可以实施三级价格歧视。如果垄断厂商仅仅知道市场上有不同类型的消费者,但是无法识别每一个具体的消费者所属的类型,就可以实施二级价格歧视。

一、一级价格歧视

实施一级价格歧视的前提条件是垄断厂商掌握了消费者的偏好信息或需求信息,从而垄断厂商就知道了一个消费者的边际支付意愿。垄断厂商实施一级价格歧视就是要消费者按照其边际支付意愿为每个单位的商品付费。这样消费者为购买一定数量的商品所支付的费用就是其愿意支付的最高费用,从而在实施一级价格歧视时,垄断厂商就占有了全部的消费者剩余。

为了实施完全价格歧视,垄断厂商必须采取非线性定价的手段。非线性定价是指消费者支付的总金额与购买数量不成线性比例的一种定价方式。在此,我们介绍两种非线性定价方法。第一种是全部收费或全不收费(all-or-zero)的定价方式。具体说,垄断厂商向消费者提供消费计划(R,q),即消费者为消费数量为q的商品付费R,或者垄断厂商不向消费者提供任何产品,当然也不收取任何费用。第二种是两部定价法,消费者为消费数量为q的商品支付总费用$A+pq$,即在线性定价的基础上增加了一个与消费数量无关的部分A。这两种方法有一个区别值得注意。在实施第一种收费方法时,厂商规定消费数量以及相应的费用。而在两部定价法中,厂商仅仅规定A和p,消费数量则是由消费者自己决定的。

接下来,我们考察垄断厂商如何利用这两种略微不同的定价方式实施一级价格歧视。假设一个成本函数为$C(q)=cq$的垄断厂商知道一个消费者从消费这种商品中得到的效用函数为$u(q)$,这个效用函数用货币度量效用,从而它告诉我们这个消费者对商品的总的支付意愿。垄断厂商采取全部收费或全不收费的方式实施价格歧视的问题就是下面的最优化问题。

$$\max_{R,q} R - cq$$
$$\text{s. t. } u(q) \geqslant R$$

请注意,约束方程被称为参与约束,是消费者购买此垄断厂商提供的产品或服务的条件,具体来说,即要求消费者获得非负的消费者剩余。或者更直观地说,垄断厂商为一定数量的商品收取的最高费用不能超过消费者的支付意愿。

利润最大化要求约束条件的等式成立,这意味着厂商获得了全部的消费者剩余。但是,请注意,正因为如此,这时的垄断产量是有效率的。具体来说,由于垄断厂商可以占有全部的消费者剩余,实际上它就得到了总剩余,其行为就以总剩余最大化作为行为目标,而这就使得它所选择的产量是有效率的。

通过简单的计算我们可以得到:利润最大化产量满足 $u'(q^*)=c$,这表明产量是有效率的。歧视性收费为 $R^*=u(q^*)$,这表明垄断厂商占有了全部的消费者剩余。

读者可以自己构造模型思考垄断厂商如何使用两部收费法实施一级价格歧视。垄断厂商的做法是令单位价格 P 等于边际成本,而令 A 等于消费者剩余。

图 10-4 说明了两种收费方式的一致性。

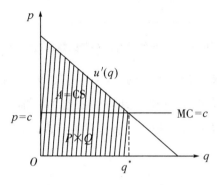

图 10-4　一级价格歧视

注:垄断厂商如果采用两部收费法实施价格歧视,令 $A=\mathrm{CS}$,$P=c$,如果采用全部收费或全不收费的定价方法实施价格歧视,令 $R=\displaystyle\int_0^{q^*} u'(q)\mathrm{d}q=A+pq^*$。

如果存在众多不同的消费者,那么或者厂商为不同的消费者提供不同的消费计划,或者消费者都支付相同的价格,但是不同的消费者支付不同的固定费用,且该费用分别等于各自的消费者剩余。这样完全价格歧视就得到了实施。

二、二级价格歧视

二级价格歧视应用于下面的情形:消费者存在多种类型,垄断厂商仅仅拥有每种类型消费者的需求信息,但是无法识别每个消费者属于何种类型。

在这种信息约束下,垄断厂商无法实施完全价格歧视或三级价格歧视。如果要实施二级价格歧视,垄断厂商采取的做法是针对不同类型的消费者设计不同的全部收费或全不收费的消费方案,供消费者选择。但是,如果消费方案设计得不好,某种(或某些)类型的消费者可能会选择本来针对其他类型的消费者设计的方案,这种行为被称为套利。一旦存在套利,价格歧视就失败了,因为不同类型的消费者没有被区别开来。因此,二级价格歧视要求消费方案的组合必须满足无套利的条件,即所有类型的消费者都选择本来就针对其所属类型而设计的消费方案。

为了理解上述概念,我们需要考察一个简单的例子。假设只有两个消费者,分别属于两种不同的类型,即高需求的消费者和低需求的消费者。这就是说,面对相同数量的商品,高需求的消费者边际支付意愿更高(见图 10-5)。

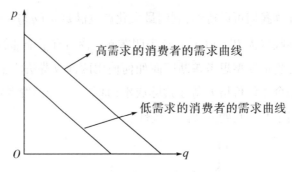

图 10 - 5　两种类型消费者的需求曲线

为了简化,假设垄断厂商的生产成本为零。如果垄断厂商拥有完全的需求信息,它就可以实施完全价格歧视。具体做法是为高需求的消费者提供的消费方案为$(A+B+C,q_2)$,为低需求的消费者提供的消费方案为(A,q_1)(见图10 - 6)。

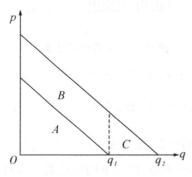

图 10 - 6　完全信息下的定价

注:对两种类型的消费者实施完全价格歧视,为高需求的消费者提供的消费方案为$(A+B+C,q_2)$,为低需求的消费者提供的消费方案为(A,q_1)。

在垄断厂商拥有完全的需求信息且可以阻止消费者之间转售套利的条件下,上述消费方案的组合是可以实施的。但是,当垄断厂商无法识别不同类型的消费者,而价格歧视只能通过消费者的自我选择来实施时,上述消费方案的组合是不能成功实施的。当高需求的消费者选择为其设计的消费方案时,其得到的消费者剩余为零,而当高需求的消费者选择本来为低需求的消费者设计的消费方案时,其获得了消费者剩余B。这就说明上述消费方案组合不满足无套利条件,高需求的消费者会选择本来为低需求的消费者设计的消费方案。上述消费方案组合能够实现的利润只有$2A$。

要成功地实施二级价格歧视,必须要能阻止上述高需求消费者的套利行为。在这里所举的例子中,当高需求的消费者选择不同的消费方案能够得到相同的消费者剩余时,他就失去了套利的动力。既然高需求的消费者套利得到剩余B,那么如果垄断厂商把针对高需求的消费者的消费方案修改为$(A+C,q_2)$,这时组成的新的消费方案组合就满足无套利条件。

　　如果实施上述满足无套利条件的消费方案组合,那么垄断厂商得到的利润为 $2A + C$,这一利润水平高于前述的 $2A$,但它并不是垄断厂商能够实现的最大利润。那么,垄断厂商如何增加利润呢? 垄断厂商已经占有了低需求的消费者的全部的消费者剩余,也从低需求的消费者那里得到了最大化的利润。为了实施二级价格歧视,垄断厂商为高需求的消费者留下了消费者剩余,没有从高需求的消费者那里得到最大化的利润。请注意,为高需求的消费者留下的消费者剩余受到了为低需求的消费者提供的消费方案的影响。如果垄断厂商改变为低需求的消费者提供的消费方案以减少它对高需求的消费者的吸引力,就可以降低高需求的消费者留下的消费者剩余,从而提高对高需求消费者的消费方案的收费。这样做会减少从低需求的消费者那里得到的利润,但会增加从高需求的消费者那里得到的利润,如果后者超过前者,就可以增加总利润。

　　具体来说,在低需求的消费者提供的消费方案中,垄断厂商可以减少商品的数量,变为如图 10 - 7 所示的 q_1'。这样对低需求的消费者收费就会减少 ΔA,最终变为 $A - \Delta A$。同时,垄断厂商不改变对高需求的消费者提供的商品的数量,并且满足无套利要求,可以提高费用 ΔB。此时,对高需求者收费为 $A + C + \Delta B$。因此,进行这样的调整之后,新的利润变为 $2A + C + \Delta B - \Delta A$。当从最初的数量 q_1 开始逐步减少为低需求的消费者提供的商品数量时,$\Delta B - \Delta A > 0$,这样做确实可以增大利润。

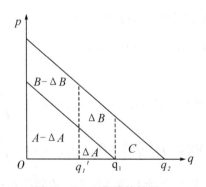

图 10 - 7　二级价格歧视

　　注:二级价格歧视的最优消费方案组合为针对低需求消费者,为 $(A - \Delta A, q_1')$;针对高需求消费者,为 $(A + C + \Delta B, q_2)$。在 q_1' 水平上,高需求的消费者的边际支付意愿是低需求的消费者的两倍。

　　显然,为低需求消费者所设计的最优的消费数量 q_1' 应该能够使 $\Delta B - \Delta A$ 最大化。在这里,最优的数量满足在这一数量水平,高需求的消费者的边际支付意愿是低需求的消费者边际支付意愿的两倍。当然,请注意,这一结论严格依赖于消费者的类型以及各种类型的消费者所占比例的简化设定。但是,改变这些设定,并不需要改变分析思路。

值得说明的是,二级价格歧视实际上是一个典型的信息不对称下的信号筛选模型。在信息经济学的概念体系中,无套利条件被称为激励相容条件,消费者的选择则显示了真实的类型信息。有兴趣的读者可以在学习信息不对称理论时回头思考二级价格歧视问题。

三、三级价格歧视

假设垄断者能够通过消费者的某些外在的信息(如年龄、性别、职业、所在地、第一次买还是第二次买)把总需求分成多个群体或市场。垄断者知道每个市场间的需求曲线,但不知道每个市场内部不同消费者的需求曲线,从而无法在每个群体内部进行价格歧视。但是,如果垄断者可以防止不同市场间的套利活动,就可以在不同的群体之间进行价格歧视。

垄断厂商同样可以采取全部收费或全不收费的方法,或者两部收费法实施三级价格歧视。但是,为了方便分析,我们下面分析如果垄断厂商仍然采取线性收费方法,如何在不同的市场上制定不同的价格水平。

假设垄断企业可以把消费者分成两种类型,把市场分成两个市场,则市场1的需求为 $p_1 = p_1(Q_1)$,市场2的需求为 $p_2 = p_2(Q_2)$,垄断企业的成本为 $C(Q)$,其中 $Q = Q_1 + Q_2$。垄断企业为了实现利润最大化,有

$$\max \pi = p_1(Q_1) \times Q_1 + p_1(Q_2) \times Q_2 - C(Q)$$

根据一阶条件有

$$\frac{\partial \pi}{\partial Q_1} = 0, 可得 \ \mathrm{MR}_1 = p_1'(Q_1) \times Q_1 + p_1 = p_1\left(1 - \frac{1}{E_{d1}}\right) = \mathrm{MC}(Q)$$

$$\frac{\partial \pi}{\partial Q_2} = 0, 可得 \ \mathrm{MR}_2 = p_2'(Q_2) \times Q_2 + p_2 = p_2\left(1 - \frac{1}{E_{d2}}\right) = \mathrm{MC}(Q)$$

其中,MR_1 和 MR_2 分别为市场1和市场2的边际收益;E_{d1} 和 E_{d2} 分别为市场1和市场2的需求价格弹性。

本质上,我们就可以通过上述两个方程求出两个市场的产量和价格。我们现在没有显性的方程,因此没法求出显性的解,但我们可以通过上述两个方程看看三级价格歧视的一些经济学含义。

首先,我们通过上述两式可得 $\mathrm{MR}_1 = \mathrm{MR}_2 = \mathrm{MC}$,这意味着在均衡的时候,两个市场的边际收益是相等的。这个结论很直观,因为两者如果不相等,垄断企业就会增加在边际收益高的市场上的销售量,从而最终实现两个市场上的边际收益一致。当然,只有边际收益等于边际成本才能实现利润的最大化。

其次，由 $MR_1 = MR_2$ 可得，$p_1(1 - \dfrac{1}{E_{d1}}) = p_2(1 - \dfrac{1}{E_{d2}})$，即 $\dfrac{p_1}{p_2} = \dfrac{1 - \dfrac{1}{E_{d2}}}{1 - \dfrac{1}{E_{d1}}}$。很显然，

当 $E_{d1} > E_{d2}$ 时，$p_1 < p_2$；当 $E_{d1} < E_{d2}$ 时，$p_1 > p_2$。这意味着弹性越大的市场，价格定得越低，弹性越小的市场，价格定得越高。这个结论也很直观。需求价格弹性代表消费者对价格的敏感程度，弹性越大代表消费者对价格越敏感，因此价格就不能定得太高。

最后，我们也可以通过图 10 - 8 把这些结论直观地表示出来。图 10 - 8 中对垄断企业的成本做了简化处理，边际成本保持不变，但最后的结论和我们前面的讨论是一致的。

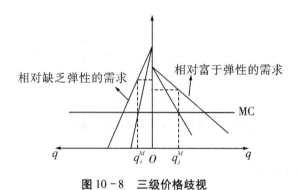

图 10 - 8　三级价格歧视

注：不同市场的边际收益相等且等于边际成本，但在相对缺乏弹性的市场上会制定更高的价格。

第三节　自然垄断和治理政策

一、自然垄断行业的特征

自然垄断是指技术或市场需求的限制使得市场上只能容纳一个生产者。从生产技术角度来理解，自然垄断行业的根本特征是成本的次可加性。

正式地，如果成本函数满足 $TC(\sum q_i) < \sum TC(q_i)$，就称其满足次可加性。成本的次可加性是指由一个企业生产一个任意的产量水平的成本低于由多个企业分散生产的成本之和。

成本次可加性的一个重要成因就是规模经济效应。实际上，平均成本递减就意

味着成本函数是次可加的。简单的证明如下：

设 $Q = \sum_i q_i$，平均成本递减意味着 $\dfrac{TC(q_i)}{q_i} > \dfrac{TC(Q)}{Q}$，也就有 $TC(q_i) > \dfrac{TC(Q)}{Q} q_i$，两边都对 $i = 1, \cdots, n$ 求和，得到 $\sum_i TC(q_i) > TC(Q)$，也就是存在 $\sum_i TC(q_i) > TC(\sum_i q_i)$，这就是成本的次可加性。

如果一个行业的生产要求大量的初始投入，将会产生数额巨大的固定成本，该行业就往往具有自然垄断特征，这种行业的生产技术可以用 $C(Q) = F + cQ$ 简化描述，如图 10 - 9 所示。

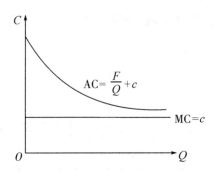

图 10 - 9　典型的自然垄断行业成本特征

二、反垄断中的两难

反垄断政策能在自然垄断行业中提高效率吗？一般来说，反垄断政策主要采取拆分在位厂商的办法来提高市场竞争力，这样做的好处在于可以提高资源的配置效率。但是，根据自然垄断行业成本的次可加性的特征，拆分在位厂商会提高行业的平均成本，从而产生生产效率损失。反垄断政策的总体效果则取决于两种效应。

为了理解上述思想，我们构造一个简单的模型。假设拆分之前一个厂商独占市场，不变的平均成本为 c_m，此厂商按照垄断利润最大化的原则决定产量，此时产量为 Q_m。假设拆分之后代表性厂商不变的平均成本为 c_c，并且按照价格等于边际成本的原则选择产量，此时产量为 Q_c（见图 10 - 10）。产生上述两难选择的关键假设是拆分政策提高了生产成本，即有 $c_m < c_c$。

通过图 10 - 10 我们可以非常直观地理解市场结构选择问题中的替代权衡。如果该市场是垄断性的，那么总剩余为 $A + B$，而如果该市场被改造成竞争性的，总剩余则为 $A + C$，因此只有当 $C > B$ 时，反垄断政策才能够增加社会福利，否则该市场维持垄断结构反而有利于社会福利的实现。

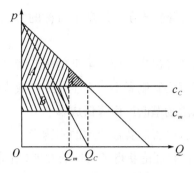

图 10 - 10　市场结构的选择

三、管制自然垄断

鉴于自然垄断的生产技术特征,对于自然垄断行业的治理采取的思路是通过管制限制竞争以实现有效率的生产,通过价格管制实现有效率的配置。

通过价格管制来实现有效率的配置也面临困境。如图 10 - 11 所示,(P^m, Q^m) 为自然垄断企业无管制时的价格和产量,当然此时有极大的效率损失。为了实现有效率的资源配置,管制价格应该等于企业的边际成本,如图 10 - 11 所示 $P^c = \text{MC}$,产量为 Q^c。但此时 P^c 小于对应产量下的 AC,企业会亏损,因此这种价格管制无法长期实施。现实中常见的处理方法有:平均成本定价法,即 $P = \text{AC}$,如图 10 - 11 所示的 (P', Q');两部定价法,即垄断企业收取一个固定费用,再收取一个从量费用。例如,企业收费 $R = A + PQ$,$P = \text{MC}$ 来弥补企业的运营成本,用固定费用 A 来弥补自然垄断企业的固定成本。但这些方法只是无奈之举,因为它们无法实现资源的有效配置。

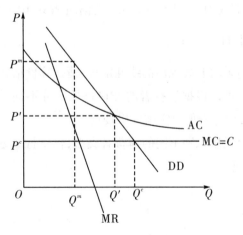

图 10 - 11　自然垄断管制

后期的理论研究把价格管制放在了信息不对称的背景下,重点考察了以下四个问题:

(1)如何设计机制,以选择出生产成本最低的生产者。

(2)如何设计机制,以解决管制者不拥有企业生产成本信息的问题。

(3)如何设计机制,以激励垄断厂商降低成本。

(4)如何设计机制,以解决管制者被俘虏的问题。

虽然信息不对称下的管制理论获得了飞速的发展,但是从20世纪70年代开始,全世界范围内掀起了一股放松管制的浪潮。如何充分利用行业内竞争和潜在竞争的力量提高效率再次成为理论研究的热点。

复习思考题

1. 假设一垄断市场需求函数为 $Q = kp^{-\varepsilon}$,垄断厂商的成本函数为 $C(Q) = cQ$,求垄断价格并说明价格与边际成本的关系。

2. 假设一垄断厂商的成本函数为 $C(Q) = cQ$,面对线性需求,如果对此商品征收从量销售税,税率为 t,请分析税收归宿。

3. 一垄断厂商的成本函数为 $C(Q) = cQ$,垄断厂商了解到一消费者的需求函数为 $Q = D(q)$,请分析此垄断厂商如何使用两部收费法对此消费者实施完全价格歧视。

4. 一垄断厂商的成本函数为 $C(Q) = 2Q$。市场上有两类消费者:第一类消费者共20人,每人的需求函数为 $p = 10 - q$;第二类消费者共10人,每人的需求函数为 $p = 10 - \dfrac{q}{3}$。请分析回答以下问题:

(1)如果垄断厂商采取非歧视性的线性定价,请计算价格和利润。

(2)如果垄断厂商可以根据消费者的外在特征区分不同类型的消费者,并且可以采取两部收费方法,请分析如何实施价格歧视。

(3)如果垄断厂商无法识别不同的消费者类型,但掌握了题目中的市场信息,请分析如何实施价格歧视。

练习题

1. 反需求函数为 $p(q) = 10 - q$，垄断者有 4 个单位的初始商品供给，应如何定价？如果有 6 个单位初始商品的供给，那么如何定价？

2. 什么形式的需求曲线使 $\dfrac{\mathrm{d}p^m}{\mathrm{d}c} = 1$（其中 c 是边际成本）？

3. 一个房东垄断了 10 套出租房，面对反市场需求 $p = a - bq$，自由地选择出租住房的数量和租金，但不能实施价格歧视。请问：在市场需求满足什么条件的时候不会存在效率损失。

4. 假设一个垄断者面对的反需求函数为 $p(q)$，成本函数为 $c(q)$，这两个函数都是可微的。政府能够对垄断者征税或进行补贴。请问：每个单位产出的税额或补贴额为多少时才使得垄断者的行为是有效率的？

5. 已知垄断厂商面临的约束条件如下：需求曲线为 $P = 50 - Q$；成本曲线为 $\mathrm{TC} = 1 + 2Q + Q^2$。请问：

（1）该厂商的利润最大化的价格和产量是多少？最大化的利润是多少？

（2）如果对企业征收总额税 50 元，企业的最优决策是什么？

（3）如果对每个单位产品收取 4 元税收，企业的最优决策是什么？

6. 假设市场需求曲线为 $P = 60 - Q$，企业成本为 $C = Q^2$。请问：

（1）在垄断情况下，市场的价格、产量和企业的利润是多少？

（2）在完全竞争情况下，市场的价格、产量和企业的利润是多少？

（3）垄断造成福利损失有多大？

7. 一垄断厂商的生产成本为 $c(q) = 2q$，两个消费者的需求函数分别为 $p_1 = 10 - q_1, p_2 = 20 - q_2$，该垄断厂商如何实施完全价格歧视？

8. 一垄断厂商面对反需求函数 $p(q)$，不仅要选择产量，而且要为降低成本而做投资。单位生产成本函数取决于投资水平 I，设为 $c(I)$，并满足 $c'(I) < 0, c''(I) > 0$。分析此垄断者的最优选择，并与社会计划者的选择相比较。

9. 设某完全垄断企业拥有 A 和 B 两个工厂，成本函数分别为 $\mathrm{TC}_A = 4q_A^2 + 5$，$\mathrm{TC}_B = 2q_B^2 + 10$。市场需求函数为 $p = 100 - 2Q$。

（1）求该企业利润最大时的产量、价格和利润。

（2）若政府采用边际成本定价法对其产品价格加以限制，则该企业的产量、价格、利润为多少？

10. 一垄断厂商面临的需求曲线为 $p = 100 - 3q + 4A^{0.5}$,其成本函数为 $c = 4q^2 + 10q + A$(A 为广告费用)。

（1）求利润最大化时的 A, q, p。

（2）求利润最大化时的勒纳指数。

11. 一垄断企业面临的需求函数为 $P = 304 - 2Q$,成本函数为 $TC = 500 + 4Q + 4Q^2$。

（1）求企业销售收入最大化时的产量、利润。

（2）求企业利润最大化时的产量、利润。

12. 假设一垄断企业的边际成本和平均成本为每个单位 5 元。其在两个市场上销售产品,第一个市场的需求为 $Q_1 = 55 - P_1$,第二个市场的需求为 $Q_2 = 70 - 2P_2$。

（1）如果企业能严格分割这两个市场,请问每个市场的价格和产量是多少？ 企业的利润是多少？

（2）如果两个市场间的商品能够流通,但运输费是每个单位 5 元,请问每个市场的价格和产量是多少？ 企业的利润是多少？

（3）如果两个市场间的商品能够流通,但无运输费,请问每个市场的价格和产量是多少？ 企业的利润是多少？

13. 已知垄断者的成本函数为 $TC = 6Q + 0.05Q^2$,产品需求函数为 $Q = 360 - 20P$。

（1）求利润最大时的销售价格、产量和利润。

（2）政府试图对该垄断企业采取规定产量的措施使其达到完全竞争行业所能达到的产量水平。求解这个产量水平和此时的价格以及垄断者的利润。

（3）政府试图对该垄断企业采取限价措施使其只能获得生产经营的正常利润,求解这个限价水平以及垄断企业的产量。

14. 垄断企业成本为 $AC = MC = 2$。市场上有两类消费者,第一类消费者 40 人,每个人的需求函数是 $p = 20 - q$；第二类消费者 80 人,每个人的需求函数是 $p = 16 - 2q$。

（1）垄断厂商不能实行价格歧视,市场的价格、数量和企业的利润是多少？

（2）垄断企业知道每类消费者的需求曲线,并可以用两部收费方法,如何实行价格歧视？

（3）垄断企业知道每类消费者的需求曲线,在每个市场上企业不能用两部收费方法,但可以收取不同的价格,如何实行价格歧视？

（4）如果垄断企业无法识别消费者的类型,如何实行价格歧视？

15. 垄断企业成本为 $AC = MC = 6$,面临两个分隔的市场,市场一的需求曲线为 $p = 24 - q$,市场二的需求曲线为 $p = 12 - 0.5q$,现在垄断企业使用两部收费制 $T = A + pq$ 来定价,T 为总费用,A 为固定费用,p 为边际价格。

（1）如果垄断企业能区分两类市场,请求 A 和 p 的值以及企业的利润。

（2）如果垄断企业不能区分两类市场,但把 p 定义为边际成本,请求 A 的值和企业利润（要求两类市场都参与）。

（3）如果垄断企业不能区分两类市场,但不把 p 定义为边际成本,请求 A 和 p 的值以及企业的利润（要求两类市场都参与）。

（4）如果垄断企业不能区分两类市场,但不要求两类市场都参与,请求 A 和 p 的值。

第十一章　寡头市场

虽然在很长一段时间内,经济学家尝试仅仅使用完全竞争和完全垄断两种市场结构来解释企业行为和市场均衡,但是现实中的市场往往不同于这两种理论模型所描述的市场结构。理论和现实的鸿沟主要由垄断竞争市场和寡头市场填补。

寡头市场的基本特征是少数几家大规模厂商占据整个行业的产出或行业的大部分产出。因此,厂商之间存在相互依存的关系。一个企业的决策的收益还同时取决于其他企业的行为,一个企业在决策时必须考虑竞争对手的反应。

根据寡头之间是否达成有约束力的协议,我们把分析寡头市场的模型分成合作寡头和非合作寡头。前者主要是卡特尔模型,而后者还可以进一步细分。根据相互作用是一次性的,还是存在重复性的,我们又可以把非合作寡头分成两大类。其中,后者(重复性行为的寡头)主要关心在什么条件下寡头之间可以达成约束竞争的默契合谋,而前者(一次性行为的寡头)还可以进一步细分。如果寡头之间进行一次性的产量竞争,那么可以用古诺模型加以分析。如果寡头之间进行一次性的价格竞争,那么分析模型是伯特兰模型。上面两种模型的共同点是寡头同时选择产量或价格。如果寡头的行动在时间上有先后顺序,后行动的寡头在观察到先行动的寡头的决策后再决定自己的价格或产量,那么分析这种情况的模型是斯塔克尔伯格产量领导或价格领导模型。

实际上,我们还可以根据寡头生产的产品是同质的还是存在产品差异的,把寡头市场分为同质寡头和异质寡头。在本章的分析中,我们只分析非常经典的异质寡头模型——豪泰林模型,它实际上是产品差异化下的同时价格竞争模型。

寡头市场分析模型的分类如图 11-1 所示。

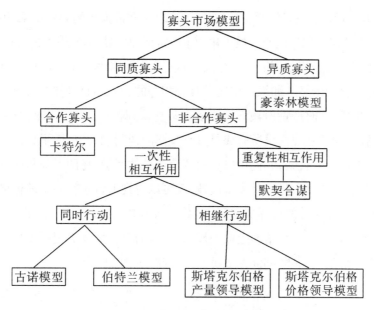

图 11 - 1　寡头市场模型的分类

第一节　合作寡头——卡特尔模型

一、卡特尔的定价和产量安排

卡特尔实际上是一个价格联盟。卡特尔模型假设寡头们作为一个整体认识到其可以影响价格,并且可以通过协调产量决策实现垄断利润,就如同一个多工厂的垄断者一样。

为了理解卡特尔的产量和价格决策,我们假设卡特尔追求所有成员联合利润最大化。假设卡特尔只有两个成员,其成本函数分别为 $C_1(q_1)$ 和 $C_2(q_2)$,并且假设它们都满足边际成本递增的特征。卡特尔面对的反市场需求函数为 $p(Q) = p(q_1 + q_2)$。这样卡特尔的决策就可以通过求解下面的利润最大化问题得到。

$$\max_{q_1, q_2} p(q_1 + q_2)(q_1 + q_2) - C_1(q_1) - C_2(q_2)$$

这个利润最大化问题的一阶条件为

$$p(q_1 + q_2) + p'(q_1 + q_2)(q_1 + q_2) = C_1'(q_1)$$

$$p(q_1 + q_2) + p'(q_1 + q_2)(q_1 + q_2) = C_2'(q_2)$$

上面两个式子的左边实际上是整个卡特尔的边际收益,右边是两家企业的边际成本,因此上述原则可以总结为 $MR = MC_1 = MC_2$。

由此我们可以得到卡特尔内部产量安排的特征:所有成员按照等边际成本的原则

决定各自的产量份额。这是我们假设卡特尔追求利润最大化的必然结果,因为按照这样的原则配置产量可以实现成本最小化的生产特征,而这是利润最大化的必要条件。

实际经济中的卡特尔可能并不是按照这样的原则组织生产的,而是通过某种谈判程序决定各自的产量。如果两个成员具有相等的、不变的平均成本,上述条件就无法限定产量配置,这时产量份额就只能依靠某种谈判程序来确定。但如果在分析中遇到上述情况,我们往往假设所有成员具有相同的谈判能力,从而平分市场份额。

从上面的两个方程式,我们可以解出两个成员的产量,将两者加总就可以得到卡特尔的利润最大化产量,代入反需求函数,就可以得到卡特尔所制定的价格。

卡特尔成员都相等的边际成本可以称为卡特尔的边际成本。因此,上面的条件也告诉我们,卡特尔和一个垄断企业一样,其选择的总产量满足边际收益等于边际成本。只是在卡特尔中,垄断利润在成员之间分配(见图11－2)。

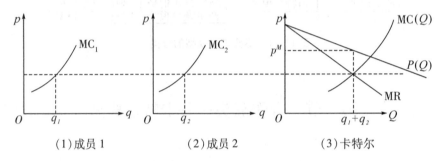

图11－2 卡特尔的价格安排和产量份额的配置

二、卡特尔的不稳定性与监督惩罚机制

从上面的分析中我们知道,卡特尔的实质是行业内所有厂商或大部分厂商联合起来限制产量、提高价格、获取垄断利润的一种企业间组织形式。实施卡特尔后,虽然一个寡头市场存在多个厂商,但是资源配置就和一个完全垄断市场相同。同样,它也和所有的垄断厂商一样,面对消费者的替代选择和新厂商进入的威胁。

但是,我们这里要讨论的卡特尔的不稳定性指的是卡特尔成员不遵守协议,暗中增加产量以降低商品售价的行为。下面我们用一个简单的例子来说明为什么卡特尔成员有这种违反协议的激励。

假设反市场需求函数为 $p = a - b(q_1 + q_2)$,两个企业具有相同的成本函数,均为 $C(q) = cq$。如果这两个厂商组成卡特尔,那么市场均衡结果就与一个具有相同成本结构和市场需求的完全垄断市场一样,垄断产量为 $\frac{a-c}{2b}$,垄断价格为 $\frac{a+c}{2}$,卡特尔联合利润为 $\frac{(a-c)^2}{4b}$。如果我们假设两个成员平分市场,那么我们就得到了这个卡特尔的产量安排,两个成员生产相同的产量$\dfrac{(a-c)}{4b}$,获得相同的利润$\dfrac{(a-c)^2}{8b}$。

如何理解这个卡特尔的不稳定性呢? 我们以企业 1 为例考察其是否愿意单方面改变产量。给定企业 2 生产的卡特尔协议产量为$\dfrac{(a-c)}{4b}$,企业 1 的利润为$\pi_1=\dfrac{3}{4}(a-c)q_1-b(q_1)^2$。企业 1 是否愿意背离协议产量呢? 回答这个问题的办法是考察企业 1 的背离是否能够增加其利润。而为了回答这一问题,我们首先计算企业 1 的边际利润$\dfrac{\mathrm{d}\pi_1}{\mathrm{d}q_1}=\dfrac{3}{4}(a-c)-2bq_1$,并且在卡特尔协议产量$\dfrac{(a-c)}{4b}$处取值,这样我们得到$\dfrac{\mathrm{d}\pi_1}{\mathrm{d}q_1}\big|_{q_1=\frac{a-c}{4b}}=\dfrac{a-c}{4}>0$。这表明:如果企业 2 遵守卡特尔协议,生产协议产量,那么企业 1 暗中增加产量可以增加利润。不过,这样做不仅会减少企业 2 的利润,也会减少卡特尔的总利润。

同理,我们可以知道企业 2 也面对相同的激励。所有的卡特尔成员都有提高产量降低价格的激励,这导致了卡特尔的不稳定性。如果把卡特尔理解为一种合作的话,卡特尔的不稳定性描述的是这样的困境:虽然合作可以联合提高收益,但在与其他人合作的时候,个体选择不合作行为可以得到更高的收益,这种激励使得合作往往无法发生或维持。在第十二章,我们把这种困境用博弈论的术语描述为囚徒困境。

由于存在这种内在的不稳定性,因此卡特尔的成功运行离不开对背离协议的行为的监督和惩罚机制,这种机制能否建立直接关系到卡特尔能否建立。例如,从监督来看,存在产品差异,销售对象是分散的消费者,或者市场需求不规则的波动都会提高监督费用,从而使得识别违反协议的行为变得困难,而卡特尔也就难以实施。

第二节　竞争的寡头模型

一、古诺模型

寡头市场上一种可能的相互作用是:寡头厂商同时选择自己要生产和提供的产量水平,市场价格和每个寡头的利润都取决于所有寡头提供的总产量。假设市场上有几家寡头,反需求函数为$p=P(Q)=p(q_1+q_2+\cdots+q_n)$,企业 i 的利润函数可以表示为$\pi_i(q_1,q_2,\cdots,q_i,\cdots,q_n)=q_iP(Q)-C_i(q_i)$。这个函数很好地反映了企业间的相互作用:一个厂商的利润不仅取决于市场需求、成本函数以及自身提供的产量,而且还取决于其他企业所提供的产量。

由于一个厂商的利润受到其他厂商产量的影响,因此一个厂商在选择自身的利润最大化产量时必须考虑其他厂商的产量。由于同时行动时无法观测到其他厂商的产量水平,因此每个厂商都必须依靠对其他厂商的产量的预测来进行决策。市场均衡要求每个厂商都实现利润最大化,或者说每个厂商都没有调整产量的激励,也就要求每个厂商都预测准,这就是市场均衡的条件。

为了用最简单的情况来理解这种市场上寡头的理性选择和市场均衡,我们假设:第一,市场上只有两个企业,其成本函数相同,都为 $C(q) = cq$,没有潜在竞争者。第二,两个寡头提供完全同质的产品,也就是说,在消费者看来,不同厂商提供的产品是完全替代品。第三,两个厂商同时选择产量。第四,给定市场总的产量,市场价格由市场需求决定,即 $p = a - b(q_1 + q_2)$。

首先,我们分析厂商的行为机制。企业 1 根据对企业 2 的产量的预测 q_2^e(上标 e 表示预测),求解下面的利润最大化问题。

$$\max_{q_1} [a - b(q_1 + q_2^e) - c] q_1$$

从一阶条件,我们可以得到 $q_1 = \dfrac{a-c}{2b} - \dfrac{q_2^e}{2}$。这一表达式称为企业的反应方程,对应图 11 - 3 中的反应曲线,反映了企业 1 的行为机制,它根据对企业 2 的产量的预测选择自身的利润最大化产量。

同理,我们可以得到企业 2 的反应方程(曲线)$q_2 = \dfrac{a-c}{2b} - \dfrac{q_1^e}{2}$。

市场均衡需要满足两个方面的条件:每个企业根据预测选择利润最大化时的产量,并且每个企业都预测准确。这两个方面的条件就是下面的四个方程

$$q_1 = \frac{a-c}{2b} - \frac{q_2^e}{2}$$

$$q_2 = \frac{a-c}{2b} - \frac{q_1^e}{2}$$

$$q_1^e = q_1$$

$$q_2^e = q_2$$

市场均衡要求上面四个方程同时成立。这样,我们就可以解出每个厂商的均衡产量均为 $q_1^c = q_2^c = \dfrac{a-c}{3b}$,市场价格为 $\dfrac{a+2c}{3} > c$。这表明这个市场上存在效率损失。每个厂商可以实现利润为 $\dfrac{(a-c)^2}{9b}$(见图 11 - 3)。

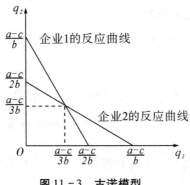

图 11 - 3　古诺模型

注:企业的行为机制由反应曲线来描述,双寡头古诺均衡点是两条反应曲线的交点。

上述市场均衡结果由法国经济学家古诺第一次给出。因此,上述模型被称为古诺模型,上述均衡则被称为古诺均衡。需要说明的是,古诺最早考察这一问题时,并未把均衡建立在准确预测之上。古诺的均衡机制是一个动态的调整过程,而均衡则是这个调整过程的稳定状态。

简单来说,这一均衡的实现过程如下:假设在时期 1,厂商 1 是这个市场上最初的、唯一的在位厂商,其利润最大化产量就是垄断产量,即图 11 - 4 中的 q_1^1(q_i^t 是指时期 t 厂商 i 的利润最大化的产量)。在时期 2,厂商 2 进入并假设厂商 1 生产上一期的产量,厂商 2 选择利润最大化时的产量 q_2^2。在时期 3,厂商 1 要调整产量,它假设厂商 2 继续生产上一期的产量,并由此决定自己利润最大化时的产量为 q_1^3。这个过程一直进行下去,直到没有厂商有积极性进一步调整,这时市场就实现了均衡 (q_1^c, q_2^c)(见图 11 - 4)。

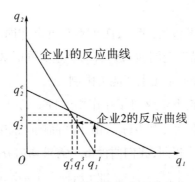

图 11 - 4　古诺均衡的实现机制

古诺模型实际上是一个有着丰富含义和应用的模型。我们接下来讨论它的一个一般化的模型与它的一些经济学含义和应用。

假设市场上有 n 家寡头,每家企业的产量为 $q_i(i=1,2,\cdots,n)$,成本为 $C_i(q_i)$,市场的需求函数为 $p(Q)=p(q_1+q_2+\cdots+q_n)$。

第 i 家企业利润最大化决策为

$$\max \pi_i = p(q_1 + \cdots + q_n)q_i - C_i(q_i) \quad (i=1,2,\cdots,n)$$

一阶条件为

$$\frac{\partial \pi_i}{\partial q_i} = 0, 有 \ p + \frac{\partial p}{\partial Q}q_i = MC_i \quad (i=1,2,\cdots,n)$$

整理得

$$p\left(1 + \frac{\partial p}{\partial Q} \times \frac{Q}{p} \times \frac{q_i}{Q}\right) = MC_i \quad (i=1,2,\cdots,n)$$

$$p\left(1 - \frac{s_i}{E_d}\right) = MC_i \quad (i=1,2,\cdots,n)$$

其中,E_d 是市场需求价格弹性,$s_i = \dfrac{q_i}{Q}$ 为第 i 家企业的市场份额。

(1)当 $s_i = 0$ 时,$p = MC_i$,这就是完全竞争的结果。

(2)当 $s_i = 1$ 时,$p\left(1 - \dfrac{1}{E_d}\right) = MC_i$,这就是垄断市场的结果。

(3)当 $0 < s_i < 1$ 时,这就是 n 家寡头的产量竞争。我们可以通过上面 n 个式子求解出这 n 家寡头的产量,也就求出了 n 家寡头的古诺均衡,我们用 $(q_1^c, q_2^c, \cdots, q_n^c)$ 表示。

二、伯特兰模型

寡头之间另一种不同的相互作用方式是:所有寡头同时选择价格,这样每个寡头的利润就同时取决于所有寡头制定的价格。考察这种相互作用下的理性选择和市场均衡的模型被称为伯特兰模型。

伯特兰模型的基本假设包括:第一,两个寡头具有相同的成本函数,不变的平均成本为 c;第二,生产的产品完全同质;第三,两个企业同时选择价格;第四,企业总是能够满足其所面对的需求,不存在生产能力限制。

为了理解这种市场结构下企业间相互作用的特征,我们首先来看一个企业面对的需求。假设市场需求函数为 $Q = D(p)$,由于产品同质,消费者总是购买要价更低的产品。如果两个寡头要价相同,我们假设市场需求均匀分配,即每个寡头的剩余需求为市场需求的一半。综合上述分析,企业 i 所面对的需求可以表示为

$$D_i(p_i, p_j) = \begin{cases} D(p_i), & \text{如果 } p_i < p_j \\ \dfrac{1}{2}D(p_i), & \text{如果 } p_i = p_j \\ 0, & \text{如果 } p_i > p_j \end{cases}$$

这样企业 i 的利润为 $\pi_i(p_i, p_j) = (p_i - c)D_i(p_i, p_j)$。通过分析得知,市场均衡

需要两步:第一步,找到均衡价格(p_1^*, p_2^*);第二步,根据市场需求得到均衡数量。

同以前的理解一样,均衡价格指的是稳定不变的价格。伯特兰指出,在这里的价格竞争模型中,只有唯一的均衡价格$p_1^* = p_2^* = c$。理解这一结论的方法是先设想不同于这个均衡的其他价格结果,之后运用均衡价格的特征来逐一排除。

第一种情况,$p_1^* > p_2^* > c$。在这种情况下,企业1的利润为零,企业1可以通过制定价格$p_1 = p_2^* - \varepsilon$,满足全部市场需求并得到正的利润。也就是说,企业1有激励改变价格,因此这种价格安排不是均衡价格。

第二种情况,$p_1^* > p_2^* = c$。在这种情况下,不盈利的企业2可以通过略微提高价格$(p_2 = p_2^* + \varepsilon)$获得正的利润。

第三种情况,$p_1^* = p_2^* > c$。在这种情况下,企业1或企业2略微降低价格就可以增加利润。

伯特兰模型及其均衡结果表明少数厂商可以达到完全竞争的效果,企业按边际成本定价,利润为零。但是,这一结论和人们的现实观察差距很大。研究发现,集中度和产业的利润率之间具有显著的正相关关系。理论推测的零利润和现实中寡头市场的高利润的不一致被称为伯特兰悖论。

借助于模型,人们将复杂的现实抽象为一系列的假设,然后用严格可靠的逻辑推理得出具体的结论。如果理论和现实相去甚远,那么说明我们对现实的假设有问题。通过对假设的一步步放松,经济模型也就将一步步逼近现实情况。因此,我们可以通过放松伯特兰模型的基本假设来解开伯特兰悖论,大致有以下四种方法:

第一种是埃奇沃斯的方法。埃奇沃斯指出,由于现实生活中企业的生产能力是有限制的,企业不能销售他没有能力生产的产品,因此只要一个企业的全部生产能力不能满足全部的市场需求,那么另一个企业就可以收取超过边际成本的价格。这种解释称为生产能力约束解。因此,伯特兰模型的技术基础在于不变的规模报酬,如果引入规模报酬递减,也就是引入生产能力约束,那么竞争就会被削弱。

第二种方法是考察重复的相互作用。一旦引入重复的相互作用关系,每个企业都会认识到自己降价之后会引起另一家企业更低的定价的竞争。这样每个寡头都需要比较降价在短期中带来的好处与在长期中由于价格战而带来的损失。现实生活与伯特兰均衡之间的不一致就可以解释为因为企业担心降价会引发长期的价格战,所以两家企业很可能在$p_1^* = p_2^* > c$的某一点达成协议,不降价了,也就是所谓的勾结(collusion)。这是本章第三节的内容。

第三种方法是引入产品差异。伯特兰模型假定企业间的产品是同质的,是可以完全相互替代的,这会引发企业间的价格战,使价格向边际成本靠拢。但产品差别会削弱这种价格竞争的动力。这是本章第四节的内容。

第四种方法是引入信息约束,尤其是引入价格分布的搜寻成本。伯特兰模型的一个假设是如果一个厂商的价格略低于另一个厂商,就可以满足全部的市场需求,这要求消费者拥有价格分布的完全信息,而一旦引入搜寻成本,价格离散就会出现。

三、斯塔克尔伯格模型——产量领导模型

前面的两个模型有一个共同点,即寡头同时行动。斯塔克尔伯格模型引入了寡头行动上的先后顺序。先行动的企业被称为领导者,后行动的企业被称为追随者。根据行动的不同,该模型又可以分为产量领导模型和价格领导模型。

产量领导模型的结构是:首先,厂商1(领导者)选择不可逆转的产量;随后,厂商2(追随者)在观察到厂商1的产量之后选择自己的产量。给定市场总产量,价格由市场需求决定,寡头获得各自的利润。

求解这一模型的均衡的关键是虽然领导者先行动,但我们必须首先分析追随者的反应机制,因为领导者必须在认识到这种反应机制的前提下才能做出最优的选择,而这是市场均衡的前提条件。

因此,和行动的顺序相反,我们首先分析追随者的行为机制。为了便于比较,假设这里的市场需求和企业的成本函数与古诺模型相同。追随者在观察到领导者的产量后的选择是以下利润最大化问题的解。

$$\max_{q_2}[a - b(q_1 + q_2) - c]q_2$$

我们从一阶条件得到 $q_2 = \dfrac{a-c}{2b} - \dfrac{q_1}{2}$。这一函数被称为追随者的反应函数,它告诉我们追随者对领导者的产量的反应机制。如果领导者认识到这一反应机制,就可以推测自己的产量的后果。

领导者的选择则通过求解这一反应机制约束下的利润最大化问题而得到,即下面的优化问题。

$$\max_{q_1}\left[a - b\left(q_1 + \frac{a-c}{2b} - \frac{q_1}{2}\right) - c\right]q_1$$

请注意,在这个优化问题中,领导者的产量不仅直接影响其利润,而且还通过影响追随者的产量而间接地影响其利润。解这个优化问题得到领导者的最优产量为 $q_1^s = \dfrac{a-c}{2b}$,而追随者的产量为 $q_2^s = \dfrac{a-c}{4b}$,市场价格为 $\dfrac{a+3c}{4}$,领导者得到的利润为 $\dfrac{(a-c)^2}{8b}$,追随者得到的利润为 $\dfrac{(a-c)^2}{16b}$。

值得注意的是,在成本和市场需求相同的市场中,若两个厂商进行同时行动的产量竞争,则各自得到相同的利润 $\dfrac{(a-c)^2}{9b}$。与此对照,如果一个厂商有了先动优势,其得到的利润提高,即 $\dfrac{(a-c)^2}{8b} > \dfrac{(a-c)^2}{9b}$,而后行动的追随者的利润则要降低。

在这个模型的均衡产量中,厂商 2 的产量确实是在给定厂商 1 的产量的基础上的最佳反应,因此如果厂商 1 不改变产量,厂商 2 也没有激励改变产量。但是,厂商 1 是根据厂商 2 的反应机制做出自己的最佳选择的,而并不是对厂商 2 的产量做出最佳选择。实际上,给定厂商 2 生产 $\dfrac{a-c}{4b}$,厂商 1 生产 $\dfrac{3(a-c)}{8b}$ 才是利润最大化时的产量。现在我们要提出的问题是:厂商 1 会不会首先生产 $\dfrac{a-c}{2b}$,然后仅仅向市场上供给 $\dfrac{3(a-c)}{8b}$ 呢?答案是不会。原因在于,如果领导者进行这样的调整后,追随者会跟着调整自己的产量。这种调整过程的最后稳定状态就是古诺均衡,而那时领导者得到的利润就只有 $\dfrac{(a-c)^2}{9b}$ 了。

上述的分析引出了一个新问题,即领导者必须使追随者相信自己不会调整既定的产量,即做出不改变产量的承诺。一般来说,承诺机制是通过限制自己的选择范围来保证承诺的可信性的。在此,有趣的是承诺行动会通过直接效应和间接效应影响行动者的收益。

四、价格领导模型

价格领导模型的基本结构是:首先,厂商 1(领导者)决定市场价格;随后,厂商 2(跟随者)在观察到厂商 1 的价格决策后选择自己的产量。厂商 2 不决定自己的价格,因为这里假定所有厂商生产同质产品,市场价格只能有一个。因此,厂商 2 根据厂商 1 决定的价格来决定自己的产量,此时的厂商 2 实际上就是一个价格接受者。

同斯塔克伯格模型一样,我们首先求解跟随者(厂商 2)的行为。跟随者在观察到领导者决定的价格 p 后,决定自身的产量来实现利润的最大化。

$$\max_{q_2}\pi_2 = pq_2 - C_2(q_2)$$

一阶条件为 $p = \mathrm{MC}_2(q_2)$,可得 $q_2 = \mathrm{MC}_2^{-1}(p) = q_2(p)$,这实际上就是跟随者根据领导者的价格 p 做出的最优产量(供给)决策。

领导者会预测到跟随者的反应机制,然后来决定价格以实现自身的利润最大化。但在这之前,我们需要知道在价格 p 的决策和跟随者的反应下市场对厂商 1(领导者)的产量需求。假定市场的需求函数为 $Q = D(p)$,这代表在价格水平 p 的条件下市场总的需求量,但其中 $q_2(p)$ 的部分由厂商 2 来提供,所以市场对厂商 1 的需求量为 $D(p) - q_2(p)$,即剩余需求,用 $R(p)$ 表示 $R(p) = D(p) - q_2(p)$。于是厂商 1 的利润最大化决策为

$$\max\pi_1 = pq_1 - C_1(q_1) = pR(p) - C_1[R(p)]$$

通过一阶条件 $\dfrac{\mathrm{d}\pi_1}{\mathrm{d}p}=0$，我们求得最优的价格 P^*。我们把 P^* 代入 $R(p)$，得到领导者的产量 $q_1^*=R(p^*)$；把 P^* 代入 $q_2(p)$，得到跟随者的产量 $q_2^*=q_2(p^*)$。

我们接下来用图形的方式再次讨论这个模型。价格领导模型如图 11-5 所示。

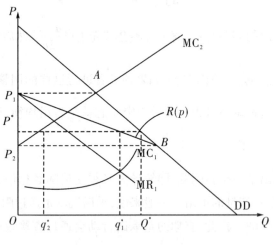

图 11-5　价格领导模型

在图 11-5 中，DD 曲线代表市场需求曲线，MC_2 是厂商 2（跟随者）的边际成本曲线，实际上就是厂商 2 根据领导者的价格 p 做出的最优产量（供给）决策 $q_2(p)$。当价格为 p_1 时，市场需求为 A 点，但这一需求全由厂商 2 提供，因此市场对厂商 1 的需求为 0；当价格为 p_2 时，市场需求为 B 点，此时厂商 2 在价格 p_2 下的供给为零，因此市场对厂商 1 的需求正好为整个市场需求（B 点的需求量）。P_1 点和 B 点之间的连线就代表着市场对厂商 1 的剩余需求 $R(p)$。MC_1 为厂商 1 的边际成本曲线，MR_1 为在剩余需求下的厂商 1 的边际收益曲线。我们由利润最大化的决策 $MR_1=MC_1$，得到厂商 1 的最优产量决策 q_1^*；在 q_1^* 对应的 $R(p)$ 曲线上找到最优的价格 p^*；在 p^* 对应的 MC_2 曲线上找到企业 2 的最优产量 q_2^*；在市场需求曲线上找到市场的需求 Q^*。

第三节　无限次重复性的相互作用与默契合谋

一、合谋阻止价格竞争

在上一节的分析中，我们已经知道，在一次性的相互作用中，每个寡头总是试图通过把价格定在比竞争对手略低的水平上来抢占市场并提高利润，但这样做的最终结果是谁都无利可图。

虽然寡头厂商能够认识到共同维持一个高价格的好处,但是在一次性的相互作用中,竞相降价得不到约束,这是因为没有办法惩罚降价行为。但是在重复性的相互作用关系中,惩罚机制就可以有效发挥作用。因为担心一次降价会引来对手随后的进一步降价,所以市场可能在一个较高的价格水平上维持均衡。

约束降价行为的机制是一次降价会降低未来的利润。但是这种约束机制的效果则取决于寡头如何惩罚降价行为以及它们如何看待现在利润的提高与未来利润的损失(用贴现因子反映这一点)之间的权衡。

假设两个具有相同成本函数的寡头提供同质产品,它们处在无限次重复相互作用的关系中,每期都需要同时选择价格。我们要分析的是,在特定的惩罚机制下,在什么条件下,合谋能够发生。

一个自然的合谋价格就是垄断价格。在此价格下,假设两个寡头平分市场,从而每个寡头得到的利润就是行业利润的一半,表示为 $\frac{\pi^M}{2}$。一个厂商可以以略低于垄断价格的价格占有整个市场,从而近似地得到全部市场利润。这样做引起的未来利润的损失取决于惩罚机制的严厉程度。我们在此考虑一种非常严厉的惩罚机制:一旦观察到背离垄断价格的行为,从此以后,就永远把价格定在边际成本水平上。如果我们面对的是上一节伯特兰模型中所设定的市场需求和成本情况,那么这种惩罚机制就意味着背离垄断价格之后,所有厂商的每期利润都为零。

合谋要成为寡头理性的选择就必须满足合谋得到的利润现值高于背离得到的利润现值。根据上面的分析,我们得到合谋能够发生的条件是: $\frac{\pi^M}{2}(1+\delta+\delta^2+\cdots)\geq\pi^M$,其中 δ 为贴现因子。从这个条件中我们可以得到:当 $\delta\geq\frac{1}{2}$ 时,合谋成为每个时期的市场均衡。也就是说,当贴现因子足够大时,即寡头较为看重未来的利润损失时,维持垄断价格就成为寡头的理性选择。

二、合谋阻止产量竞争

和上面分析的思想相同,但是我们现在考虑略微不同的情况,即两个寡头处于无限次重复的产量竞争关系中。假设市场需求为 $p=a-bQ$,寡头具有相同的成本函数 $C(q)=cq$。在默契合谋中,每个厂商生产的产量为 $\frac{a-c}{4b}$,从而可以得到利润 $\frac{(a-c)^2}{8b}$。在某个时期,一个寡头背离合谋的利润最大化时的产量为 $\frac{3(a-c)}{8b}$,得到的利润 $\frac{9(a-c)^2}{64b}$。假设惩罚机制为观察到一次背离后,就永远进行古诺竞争。这样一次背离后各期的利润就变为 $\frac{(a-c)^2}{9b}$，合谋成为市场均衡的条件是 $\frac{1}{1-\delta}\frac{(a-c)^2}{8b}\geq$

$\frac{9(a-c)^2}{64b}+\frac{\delta}{1-\delta}\frac{(a-c)^2}{9b}$。从中我们可以得到：当 $\delta\geq\frac{9}{17}$ 时，产量合谋成为市场均衡。

不论哪一种合谋，默契合谋的实现条件都要求背离合谋的行为会迅速地受到惩罚。要使这种威胁发挥作用，一个基本条件是必须能够观察到合谋的背离行为。观察的困难和滞后往往会瓦解合谋。另一个值得讨论的问题是这里的分析仅仅考察了惩罚的有效性，却没有涉及惩罚的可信性，因为在这里所讨论的惩罚机制的作用下，惩罚对手同时也是惩罚自己。但是，对这些问题的讨论超出了本教材所设定的难度范围。

第四节　豪泰林模型——异质产品

前面三节的模型都是假定厂商生产的产品是同质的，即没有差异的。但现实中的寡头生产的产品却是有细微差别的，这种有细微差别的产品就是异质产品。例如，可口可乐和百事可乐就是典型的异质产品，它们在味道、品牌上并不完全一样。本节研究异质产品寡头的模型。实际上，前面的所有同质产品模型都可以扩展成异质产品模型。我们这里介绍一个非常具有代表性的异质产品模型——豪泰林模型。豪泰林模型是异质产品的同时决策的价格竞争模型，可以被看成伯特兰模型的异质产品的版本。

豪泰林模型假定有一个线性城市，其长度为1，消费者均匀分布在这个线性城市上。在这个城市中有两家企业，企业1位于这个城市的 a 点，企业2位于这个城市的 $1-b$ 处，不失一般性，我们假定 $1-b\geq a$，即假定企业2位于企业1的右方（见图11-6）。

图11-6　豪泰林模型

两家企业生产的产品相同，生产成本为 $AC=MC=c$。但两家企业由于位置不同（这实际上就给产品带来了差异化），因此企业1的产品定价为 p_1，企业2的产品定价为 p_2。消费者现在做出（0-1）决策，即要么购买一个单位产品，要么一个都不购买。现在消费者决定去哪家企业购买产品，其购买的决策取决于其购买产品的成本。购买成本由两部分构成：一是产品的价格，二是购买产品的距离成本（或运输成本）。

我们假定购买距离为 d，则距离成本为 td^2，t 为系数。因此，消费者购买产品的成本为 $p + td^2$。

现在我们来看一下位于点 x 处的消费者的购买决策（见图 11-6）。如果消费者去企业 1 购买商品，其成本为 $p_1 + t(x-a)^2$；如果消费者去企业 2 购买商品，其成本为 $p_2 + t(1-b-x)^2$。当 $p_1 + t(x-a)^2 > p_2 + t(1-b-x)^2$ 时，消费者去企业 2 购买产品；当 $p_1 + t(x-a)^2 < p_2 + t(1-b-x)^2$ 时，消费者去企业 1 购买产品；当 $p_1 + t(x-a)^2 = p_2 + t(1-b-x)^2$ 时，消费者去企业 1 和企业 2 购买产品无差异。这意味着我们可以找到一个临界点 x，在价格 p_1 和 p_2 给定的情况下，临界点 x 左边的消费者会形成对企业 1 的需求，临界点 x 右边的消费者会形成对企业 2 的需求。此临界点的坐标由等式 $p_1 + t(x-a)^2 = p_2 + t(1-b-x)^2$ 给出。我们通过上式求得

$x = a + \dfrac{1-b-a}{2} + \dfrac{p_2 - p_1}{2t(1-a-b)}$，这代表着市场对企业 1 的需求量记为 $D_1(p_1, p_2)$。

同理，市场对企业 2 的需求量记为 $D_2(p_1, p_2)$，而 $D_2(p_1, p_2) = 1 - x = b + \dfrac{1-b-a}{2} +$

$\dfrac{p_1 - p_2}{2t(1-a-b)}$。

接下来，企业就要决定合理的价格来实现自身利润最大化，即

$$\max_{p_1} \pi_1 = (p_1 - c) D_1(p_1, p_2) = (p_1 - c)\left[a + \frac{1-b-a}{2} + \frac{p_2 - p_1}{2t(1-a-b)} \right]$$

$$\max_{p_2} \pi_2 = (p_2 - c) D_2(p_1, p_2) = (p_2 - c)\left[b + \frac{1-b-a}{2} + \frac{p_1 - p_2}{2t(1-a-b)} \right]$$

由 $\dfrac{\partial \pi_1}{\partial p_1} = 0$，可得 $p_1 = \dfrac{2at(1-b-a) + t(1-b-a)^2 + c + p_2}{2}$

由 $\dfrac{\partial \pi_2}{\partial p_2} = 0$，可得 $p_2 = \dfrac{2bt(1-b-a) + t(1-b-a)^2 + c + p_1}{2}$

最终解得

$$p_1^* = c + t(1-a-b)\left(1 + \frac{a-b}{3}\right)$$

$$p_2^* = c + t(1-a-b)\left(1 + \frac{b-a}{3}\right)$$

一般来说，$p_1^* \neq p_2^*$，且都大于 c。这说明由于企业位置的不同，形成了产品差异，因此即使两家企业生产的产品一样，定价也不一样。同时，两家企业的利润为正。这也可以从一个侧面来印证前面讨论的伯特兰悖论。

这里还有两种比较特殊的情形需要注意。

情形一：当 $a = b$，且 $1 - b - a > 0$ 时，$p_1^* = p_2^* = c + t(1-b-a) > 0$。由于两家企

业位置的对称性,此时两家企业的定价一样,但此时的价格都高于边际成本和平均成本,此时企业的利润大于0。这和伯特兰模型的结果是不一样的。

情形二:当 $1-b-a=0$ 时,$p_1^*=p_2^*=c$,且企业利润为0。由于 $1-b-a=0$,企业1和企业2的位置重合,因此位置差异产生的产品差异就消失了。这时的结果实际上就是伯特兰模型的结果。

复习思考题

1. 假设反市场需求为 $p=100-Q$,两个厂商的成本函数分别为 $C_1(q_1)=q_1^2$,$C_2(q_2)=2q_2^2$。如果两个厂商组成卡特尔,并且按照成本最小化的原则分配产量,求其利润最大化的价格、总产量以及每个成员的产量。

2. 假定反市场需求为 $p=a-bQ$,追随者的成本为 $C_2(q_2)=\dfrac{q_2^2}{2}$,领导者的成本为 $C_1(q_1)=cq_1$,求产量领导模型的均衡。

3. 在一个双寡头市场上,厂商1的成本函数为 $C_1(q_1)=c_1q_1$,厂商2的成本函数为 $C_2(q_2)=c_2q_2$,市场需求为 $p=a-b(q_1+q_2)$。请分析回答如下问题:

(1)如果两个厂商同时选择产量,求均衡产量。

(2)如果厂商1是领导者,厂商2是追随者,求均衡产量。

(3)如果两个厂商无限次重复博弈,并且假设 $c_1=c_2=c$, t 期的背离合谋的行为要在 $t+2$ 期的期初才能被观察到,并且从此进行古诺产量竞争,求 $q_1=q_2=\dfrac{a-c}{4b}$ 可以成为合谋产量的最低贴现因子。

4. 一个潜在进入者正在考虑是否进入一个市场,进入后将和在位企业展开古诺竞争。已知市场需求为 $p=10-q_1-q_2$,两个厂商不变的平均可变成本都为1,但进入者要额外承担的进入成本为10,请分析进入是否会发生。

练习题

1. 假设一市场需求为 $p=100-0.5(q_1+q_2)$,企业1的成本函数为 $c_1=5q_1$,企业2的成本函数为 $c_2=0.5(q_2)^2$。

(1)若两企业串通,求均衡产量。

(2)若两企业同时选择产量,求古诺均衡。

（3）若企业 1 为领导者，企业 2 为追随者，求产量领导均衡。

（4）若企业 1 为领导者，企业 2 为跟随者，求价格领导均衡。

2. 考虑一个有两个厂商的行业，每个厂商的单位成本都为 2。这个行业面对的反需求函数为 $p(Q) = 12 - Q$，这里 $Q = q_1 + q_2$ 表示总产出。

（1）如果两个厂商组成卡特尔，那么市场价格和数量为多少？

（2）两个厂商进行古诺竞争，均衡价格是多少？

（3）如果厂商 1 有先动优势，那么产量竞争的均衡结果是什么？

3. 假设有一个制造商垄断市场，市场需求曲线为 $Q = 13 - p$，生产成本为 $C = q + 6.25$，有一个成本相同的潜在竞争者可以生产同质产品。运用斯塔克尔伯格模型说明垄断厂商如何确定产量和价格以阻止其他厂商进入。

4. 假设行业内有 n 个相同的厂商，需求和成本函数分别为 $p = a - b \sum_{i=1}^{n} q_i$，$C(q_i) = cq_i$。其中，$a > 0, b > 0, a > c$。求古诺均衡，并证明每个企业的勒纳指数 $L_i = \dfrac{p - C_i'}{p} = \dfrac{s_i}{\varepsilon}$。其中，$s_i = \dfrac{q_i}{Q}$ 是厂商 i 的市场份额，并说明当厂商数量 $n \to \infty$ 时，市场均衡的特征。

5. 市场上有两家企业生产异质产品，企业 1 的产品需求为 $P_1 = \alpha - \beta q_1 - \gamma q_2$，企业 2 的产品需求为 $P_2 = \alpha - \gamma q_1 - \beta q_2$。其中，$\beta > 0, \beta^2 > \gamma^2$。假设两种商品成本都为 MC = AC = 0，求产量竞争均衡和价格竞争均衡。

6. 假设在伯特兰模型中存在 $c_1 < c_2$，价格竞争的结果是什么？

7. 考虑一个由两家企业组成的寡头垄断行业，市场的需求由 $p = 10 - Q$ 给出，两家企业的成本函数分别为 $C_1 = 4 + 2Q_1, C_2 = 3 + 3Q_2$。

（1）若两家企业串通追求共同的利润最大化，则此时总的产量水平是多少？市场价格是多少？各自生产多少？各自获利多少？

（2）若两家企业追求各自的利润最大化，利用古诺模型，各自生产多少？各自利润是多少？市场价格是多少？给出各自的反应函数。

（3）若串通是非法的，但收购不违法，企业 1 会出多少钱收购企业 2？

8. 假设市场对石油的需求为 $Q = -2\,000P + 70\,000$，市场上有 1 000 个相同的小企业生产石油，其边际成本都为 MC = $q + 5$。

（1）如果每个小企业都是价格接受者，那么请计算市场均衡的数量和价格。

（2）假设一家大企业突然发现了一个大油田，能够以不变的边际成本提供石油，边际成本 MC = 15。如果企业是价格领导者，那么市场的价格和数量会是多少？

9. 企业的 AC = MC = 6，市场需求为 $Q = 54 - P$。

（1）如果市场上只有一家企业，那么利润最大化的价格和产量分别是多少？

（2）如果有相同成本结构的一家企业进入，两家企业进行古诺竞争，那么市场的价格和产量分别是多少？

（3）如果有 n 家企业进入进行古诺竞争，市场的价格和产量分别是多少？

（4）当 n 趋于无穷时，市场价格是多少？ 企业利润是多少？

10. 市场上有两家企业，其成本 $MC = AC = c$，需求曲线为 $P = a - Q$。如果两家企业合谋，求出市场价格和产量。如果两家企业平分产量和利润，说明为什么每家企业都有扩大产量、违背合谋的激励。

11. 双寡头市场上，两家企业生产异质性产品，企业 1 的需求函数为 $p_1 = 100 - 2q_1 - q_2$，成本函数为 $C_1 = 2.5q_1^2$。企业 2 希望拥有 $\frac{1}{3}$ 的市场份额，请分别求出企业 1 和企业 2 的产量。

第十二章　博弈论基础

作为一门社会科学,经济学关注个体的理性选择和个体之间的互动。在经济学中,人与人之间的相互作用可以分成间接的相互作用和直接的相互作用两种情况。完全竞争市场属于前者。在完全竞争市场上,一个个体的行动不会显著地影响其他个体,而所有其他个体对该个体的影响通过价格间接地产生。寡头市场则属于后者。在寡头市场上,不同厂商之间存在直接的相互作用和相互影响,从而在决策时必须把这种相互影响考虑进来。

经济学用均衡方法分析个体之间的互动结果。马歇尔和瓦尔拉斯均衡适用于第一种相互作用。而分析直接的相互作用下的个体选择和均衡结果的标准方法就是博弈论。博弈论不仅被应用于经济学,也被广泛地应用于其他学科。在经济学中,博弈论也被广泛地运用于产业组织、信息经济学、国际经济学、宏观经济学等领域。

博弈论首先分成合作博弈和非合作博弈。合作博弈的分析单位是集体(group),或者说是一个联合体(coalition)。合作博弈的参与者之间形成了有约束力的协议,且更关注集体理性(效率和公平)。非合作博弈的分析单位是个体参与者,关心的核心是参与者的个体理性和集体利益之间的冲突。

习惯上,人们根据两个维度把非合作博弈划分为四种不同的类型,而且对不同类型的博弈用不同的均衡解进行分析。表 12-1 给出了四种不同类型博弈最基本的均衡概念。

表 12-1　非合作博弈的分类

项目	静态	动态
完全信息	纳什均衡(包含纯策略和混合策略两种情况)	子博弈精炼纳什均衡
不完全信息	贝叶斯纳什均衡	精炼贝叶斯纳什均衡

考虑到本教材的难度限制,在本章,我们仅仅介绍完全信息博弈,对不完全信息博弈感兴趣的读者可以选修专门的博弈论课程或学习专门的博弈论教材。

第一节 完全信息静态博弈

一、标准式

完全信息静态博弈可以简便地用标准式描述。标准式也被称为策略式,由参与者集合、每个参与者的策略空间和支付函数三部分组成。

参与者是指在博弈中做决策的主体。描述参与者集合就是列出所有的参与者。

参与者 i 的策略表示为 s_i。它是一个完整的行动计划(请注意,行动也是博弈的重要概念,只不过这种重要性在后面的动态博弈中才能显现出来)。S_i 表示他的所有可选策略的集合,也被称为策略空间。所有参与者的策略的有序组合被称为策略组合,一个有 n 个参与者的策略组合为 $s = (s_1, \cdots, s_n)$,而所有可能的策略组合形成的策略组合空间,用 S 表示。

每个参与者都有一个定义在策略组合空间内的理性偏好,表明参与者对所有策略组合的偏好排序。良好定义的偏好也可以用支付函数来描述,可以表示为 $u_i(s)$。这样我们就用支付的大小反映偏好的强弱。在这里请注意,每个参与者的支付都取决于所有参与者的策略,而不是仅仅取决于参与者自己所选择的策略。

有了上述基本概念,现在我们就可以定义完全信息静态博弈的基本特征了。完全信息是说所有参与者的支付函数都是公共知识(简单地说,是指每个参与者都知道所有参与者的支付函数,而且所有参与者都知道这一点),而不完全信息博弈则是指至少在一个参与者看来,其他参与者的支付函数是不确定的。

当一个博弈中所有参与者同时行动,或者即使行动有时间上的先后顺序,但后行动的参与者没有观察到先行动的参与者的行动,这种博弈就被称为静态的博弈。

如果一个博弈的参与者的人数是有限的,而且每个参与者的可选的策略也是有限的,这种博弈被称为有限博弈。一种特殊的有限博弈是只有两个参与者的博弈。我们可以用支付矩阵直观地描述这种博弈,尤其是每个参与者的策略较少的时候。

下面我们以囚徒困境博弈为例来理解上面的概念和工具。两个犯罪嫌疑人是博弈的参与者,分别称为参与者 1 和参与者 2,因此有 $N = \{1,2\}$。警方掌握了他们一个较轻的罪行的证据,但更重的罪行的认定需要有人举证。因此,每个参与者有两个策略可以选择:坦白(表示为 C)或抵赖(表示为 D)。因此,我们有 $S_i = \{D, C\}$,$i = 1, 2$。如果参与者 1 选择坦白,参与者 2 选择抵赖,那么策略组合为 (C, D)。类似地,我们可以定义其他三个可能的策略组合,从而策略组合空间为 $\{(D, C), (D, D), (C, D), (C, C)\}$。参与者的偏好定义在这个集合上。假如两个参与者都抵赖,依据较轻的罪行,判每人入狱 2 年;如果两个参与者都坦白,判每人入狱 6 年;如果一人坦白,判坦白者入狱 1 年,判抵赖者入狱 10 年。由于参与者偏好更短的入狱时间,因此我们可以根据上面的数据给出每个参与者的偏好关系。但是为了方便,我们也可以用支付数字来反映偏好的强弱。当然,这里的支付数字仅仅用于排序,因此具有序数性质,没有唯一地描述这里的偏好关系的数字序列。我们可以非常直观地定义参与者 1 的支付如下:$u_1(D,C) = -10$,$u_1(D,D) = -2$,$u_1(C,D) = -1$,$u_1(C,C) = -6$。类似地,我们可以定义参与者 2 的支付函数。

这样我们就完成了对囚徒困境博弈的规范描述,把它转化为一个策略式博弈,而且我们还可以用支付矩阵直观地给出上述的内容(见图 12 - 1)。

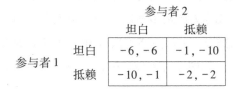

　　　　　　　　　参与者 2

		坦白	抵赖
参与者 1	坦白	-6, -6	-1, -10
	抵赖	-10, -1	-2, -2

图 12 - 1　囚徒困境博弈的支付矩阵

二、囚徒困境与占优策略的均衡

接下来,我们讨论什么样的策略对于两个参与者而言是理性的选择。在图 12 - 1 的博弈中,我们看到当参与者 2 选坦白的时候,参与者 1 选坦白得 - 6,选抵赖得 -10,因此参与者 1 会选坦白;当参与者 2 选抵赖的时候,参与者 1 选坦白得 - 1,选抵赖得 - 2,因此参与者 1 还是会选坦白。于是无论参与者 2 是选坦白还是抵赖,参与者 1 的最优选择都是坦白,坦白就被称为参与者 1 的占优策略。同样的道理,坦白也是参与者 2 的占优策略。当参与者 1 和参与者 2 都选占优策略——坦白的时候,(坦白,坦白)就称为占优策略的均衡。

一般而言,如果 s_i^* 是参与人 i 的占优策略,当且仅当有 $u_i(s_i^*, s_{-i}) > u_i(s'_i, s_{-i})$,$\forall s_{-i}$,$\forall s'_i \neq s_i^*$,$s_{-i} = (s_1, \cdots, s_{i-1}, s_{i+1}, \cdots, s_n)$。若每个参与者都有占优策略 $s_i^* (i = 1, \cdots, n)$,则策略组合 $s^* = (s_1^*, s_2^*, \cdots, s_n^*)$ 称为占优策略均衡。

从上面的分析中可以看到,占优策略对理性的要求是比较低的,只要参与者是理性的,就应该选择占优策略,无论对方是不是理性的,无论参与者知不知道对方是理性的,也无论对方知不知道参与者都是理性的。但在后面的均衡概念中,对理性的相关假定就要严格得多了。

在囚徒困境中,我们看到每个参与者都会选择坦白,即坦白对于每个参与者而言是一个理性或最优的选择,但两个人都选坦白对两个人来说并不是一件好事情。从图 12 - 1 中可以看到,两个人都选坦白,每个人都得 - 6,两个人一共得 - 12;如果两个人都选抵赖,每个人都得 - 2,两个人一共得 - 4。从个人的角度来说,坦白是每个人的最好选择,但从两个人整体的角度而言,抵赖却是两个人的最好选择。

囚徒困境反映了这样一个深刻的思想:个人理性的选择对整体来说未必是理性的或最优的。或者说囚徒困境反映了这样一种困境,即个体理性与集体理性的冲突。而在现实社会和经济中,囚徒困境的现象屡见不鲜。经济中的卡特尔组织的不稳定性、公共物品的"搭便车"现象、政治中的军备竞赛都可以看成囚徒困境的现实版本。

三、重复剔除严格劣策略均衡

当一个博弈中有占优策略时,一个理性的参与者就应该选择占优政策。可是,现实博弈中存在占优策略的情况并不常见。有时一个参与者的策略空间中存在这样的策略:不论其他参与者选择什么策略,总是能找到一个不同的策略产生更高的支付。具有这种特征的策略就被称为严格劣策略。一个策略 $s_i(s_i \in S_i)$ 是参与者 i 的严格劣策略,当且仅当对任意的 $s_{-i}(s_{-i} \in S_{-i})$,存在一个不同的策略 $s_i'(s_i' \in S_i)$,满足 $u_i(s_i', s_{-i}) > u_i(s_i, s_{-i})$。其中,$s_{-i} = (s_1, \cdots, s_{i-1}, s_{i+1}, \cdots, s_n)$ 表示其他所有参与者的策略组合。

定义严格劣策略是因为一个理性的参与者永远不会选择这种策略。在一个博弈中,如果一个参与者存在严格劣策略,我们就可以通过剔除这一策略使博弈简化。如果所有参与者都知道所有参与者都是理性的,那么就可以不断重复采用剔除劣策略的方法使博弈简化,一直到无法进一步剔除为止,这时剩下的策略组合就被称为重复剔除严格劣策略均衡。

下面我们举例说明这种剔除方法,并详细列出分析当中的每一步所需的假设。

假设一个博弈的支付矩阵如图 12-2 所示。

参与者 2

		L	C	R
	U	2,7	2,0	2,2
参与者 1	M	7,0	1,1	3,2
	D	4,1	0,4	1,3

图 12-2　初始博弈

由于参与者 1 的策略 D 严格劣于策略 M,并且我们假设参与者 1 是理性的(假设 1),这样就可以剔除参与者 1 的策略 D,得到如图 12-3 所示的简化博弈。

参与者 2

		L	C	R
	U	2,7	2,0	2,2
参与者 1	M	7,0	1,1	3,2

图 12-3　第一轮剔除结果

在进一步分析之前,我们必须假设参与者 2 知道参与者 1 是理性的(假设 2)。这样我们才能确定参与者 2 认为自己实际上面对上面的简化博弈。现在对参与者 2 而言,策略 C 严格劣于策略 R。因此,我们进一步假设参与者 2 是理性的(假设 3),从而完成第二步剔除,得到如图 12-4 所示的简化博弈。

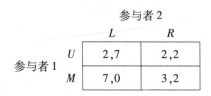

图 12-4 第二轮剔除结果

我们假设(假设 4)参与者 1 知道参与者 2 是理性的,而且知道参与者 2 知道参与者 1 是理性的,那么参与者 1 就会认为自己会面对上面的简化博弈。现在对于参与者 1 而言,策略 U 严格劣于策略 M。由于我们前面已经假设了参与者 1 是理性的,因此我们可以剔除这一策略,得到如图 12-5 所示的简化博弈。

参与者 2

		L	R
参与者 1	M	7,0	3,2

图 12-5 第三轮剔除结果

虽然现在参与者 2 面对的是一个非常简单的选择问题,但是这最后一步所需的假设最复杂,需要假设参与者 2 知道参与者 1 知道参与者 2 知道参与者 1 是理性的(假设 5)。现在对于参与者 2 所面对的博弈,策略 L 严格劣于策略 R。这样经过最后一步剔除劣策略,我们得到了对这个博弈的预测,参与者最终选择的策略组合是 (M,R),最终的支付分别为 3 和 2。

我们在前面已经发现,重复剔除的步骤增加一次,对参与者关于理性的知识的要求就会增加一些,即需要罗列出更复杂的假设。为了一次性地解决这一问题,我们引入"公共知识"这一概念简化我们所需的假设。这样上述所有的假设就可以简化表述为所有的参与者都是理性的,而且这是公共知识。

重复剔除严格劣策略的方法因为其仅仅依赖于理性假设而非常有吸引力,但其最大的缺陷是有时根本无法提供任何预测。例如,如果没有任何参与者有严格劣策略,那么所有的策略组合都可用"存活下来"这一方法来检验,结果这种方法对博弈的"预测"就是什么都可能发生。

让我们来考虑下面的性别战博弈,其支付矩阵如图 12-6 所示。

		女	
		M	F
男	M	1,2	0,0
	F	0,0	2,1

图 12 - 6　性别战博弈

注:其中,M 表示看电影,F 表示看足球。

利用严格劣策略的剔除程度无法剔除上述博弈中的任何一个策略组合,这也就意味着无法对比博弈从而进行全程的预测。如何解决这一问题呢? 显然,我们需要提供更强的均衡概念,使其能够剔除那些在重复剔除严格劣策略方法下允许的策略组合并最终提出更精确的预测。下面的纳什均衡就提供了这样的概念和方法。

四、纳什均衡

经济学中的均衡概念借鉴于物理学,其含义是一种没有变化趋势的稳定状态。在这里,纳什均衡是判断或选择什么样的策略组合具有稳定特征的概念,而这里的稳定性是指没有人有偏离的意愿。正式地,一个策略式博弈的纳什均衡是这样一个策略组合 $s^*(s^* \in S)$,满足 $u_i(s_i^*, s_{-i}^*) \geq u_i(s_i', s_{-i}^*)$, $\forall i \in N$, $\forall s_i' \in S_i$,或者说 $s_i^* \in \arg\max_{s_i \in S_i} u_i(s_i, s_{-i}^*)$, $\forall i \in N$。

根据这个定义,我们可以深入理解纳什均衡的稳定性的含义:如果其他人不改变策略,那么任何一个参与者都不会单方面改变。我们可以依此逐一检验不同的策略组合是不是纳什均衡。

在纳什均衡策略组合中,为什么给定其他参与者的策略不变,就没有参与者有偏离的意愿呢? 这是因为这一策略组合中每个参与者的策略都是在给定其他参与者策略的前提下的最佳选择。这一思路给出了一个和上面的定义等价但思路不同的纳什均衡的定义。正式地,如果对任意的参与者 i,我们可以定义最佳应对(或对应)函数为 $R_i(s_{-i}) = \{s_i \in S_i, u_i(s_i, s_{-i}) \geq u_i(s_i', s_{-i}), \forall s_i' \in S_i\}$,那么纳什均衡 $s^*(s^* \in S)$ 满足 $s_i^* \in R_i(s_{-i}^*)$, $\forall i \in N$。

这个定义提供了寻找纳什均衡的思路。如果策略是有限的,我们在支付矩阵中的最佳应对下面画一条横线,如果一个方格内的两个支付值下面都画了横线,那么这个方格所对应的策略组合就是纳什均衡。我们以性别战博弈为例。如图 12 - 7 所示,当女生选择 M 时,男生的最佳应对选择是 M,因此我们在男生的支付值 1 下面画一条横线,代表男生的最佳应对。同理我们可以画出男生和女生的所有最佳应对,最后我们发现,在 MM 格子和 FF 格子中的两个支付值下面都画了线,因此性别战有两个纳什均衡(电影,电影)[或者(M,M)]和(足球,足球)[或者(F,F)]。

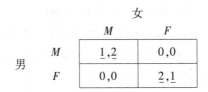

图 12 - 7 性别战博弈的纳什均衡

如果策略是无限的,我们首先找到每个参与者的最佳应对函数,这些函数组成一个联立方程组,这个方程组的解就是纳什均衡策略组合。我们回想一下第十一章的古诺模型。古诺模型从博弈的角度来看是一个典型的完全信息的静态博弈。我们根据企业 1 的利润最大化决策找到了企业 1 的反应方程 $q_1 = \dfrac{a-c}{2b} - \dfrac{q_2}{2}$;我们通过企业 2 的利润最大化决策找到了企业 2 的反应方程 $q_2 = \dfrac{a-c}{2b} - \dfrac{q_1}{2}$。然后,我们把这两个方程联立求解。最后,我们得到了古诺均衡解 $q_1^c = q_2^c = \dfrac{a-c}{3b}$。实际上,$\left(\dfrac{a-c}{3b}, \dfrac{a-c}{3b}\right)$ 也是这一博弈的纳什均衡。

我们如何理解纳什均衡是一个比重复剔除严格劣策略均衡更强的解的概念呢?一方面,严格劣策略一定不能包括在纳什均衡中(请读者自己思考为什么),也就是说不可能成为重复剔除严格劣策略均衡的策略组合也就不可能成为纳什均衡。另一方面,如果一个策略组合是纳什均衡,那么它一定不会被重复剔除严格劣策略的方法剔除掉,但是一个不会被剔除的策略可能不会成为任何一个纳什均衡的组成部分。也就是说,纳什均衡一定是重复剔除严格劣策略均衡;一个重复剔除劣策略均衡却可能不是纳什均衡。综合以上两点,我们可以说,相比于重复剔除严格劣策略均衡,纳什均衡施加了更强的限制以排除一些不合理的预测。

同理,纳什均衡也是比占优策略均衡更强的解的概念。我们有这样的结论:占优策略均衡一定是纳什均衡,但纳什均衡不一定是占优策略。

纳什均衡的机制一直是争论的焦点。简单来说,在一个静态博弈中,所有的参与者同时行动,而由于每个参与者的支付又依赖于其他参与者的策略,因此每个参与者都需要根据对其他参与者策略的猜测来选择自己的策略,而均衡要求没有人有偏离的意愿,这只有在每个参与者都猜测准确的情况下才能发生。

正式一点来说,纳什均衡由两个部分组成:每个参与者根据对其他参与者的策略的信念(belief)进行理性选择,而且他们的信念都是正确的。在形式上,我们可以定义纳什均衡如下

$$\begin{cases} s_i^* \in R_i(s_{-i}^e) \\ s_{-i}^e = s_{-i}^* \\ \forall i \in N \end{cases}$$

其中，s_{-i}^e 是参与者 i 对其他参与者策略的预期。

争论的中心是：参与者正确的信念是如何形成的？人们普遍认为，纳什均衡是一个动态调整过程的静态描述，或者说纳什均衡是博弈双方相互作用的稳定的结局。

下面我们通过普林斯顿大学经济学教授约翰·摩根（John Morgan）提出的一个博弈来理解（见图 12-8）。

参与者乙

		a	b	c
	A	2,2	3,1	0,2
参与者甲	B	1,3	2,2	3,2
	C	2,0	2,3	2,2

图 12-8　纳什均衡形成机制

我们可以非常容易地发现，(A,a) 是唯一的纯策略纳什均衡。纳什均衡的特征是单独的偏离不能获益。在这个博弈中，如果甲选择 C 可以确定地得到 2，似乎更好，但是如果甲偏离之后，乙一定会做出反应。如果乙对甲选择 C 的最佳应对是选择 b，结果甲随之调整为 A，如果乙随之调整为 a，博弈回到纳什均衡。如果乙对甲选择 A 的应对是选择 c，博弈继续，甲会调整为 B，乙则会选择 a，随后如果甲选择 A，博弈回到纳什均衡，如果甲选择 C，就又回到我们刚刚讨论的起点。

因此，我们可以把博弈的过程理解为真的发生了这样的动态调整过程，而纳什均衡描述的是这个过程稳定的结果，它是一种静态方法。按照这种理解，纳什均衡不需要试错和调整，博弈的参与者就能够理性地预期对手的反应。

我们之所以关心纳什均衡的机制，是因为我们要用它来预测博弈中人们的行为。问题是，纳什均衡是否总会发生呢？假设上面性别战博弈中的男生和女生，两个人都想在一起共度周末，为了给对方一个惊喜，他们独自去买足球票或电影票。他们一定会买到相同的入场券吗？想一想《麦琪的礼物》吧。博弈论专家在回答一致的信念的产生机制时赋予了习惯和文化重要的功能。

纳什均衡具有和重复剔除严格劣策略均衡相同的困难，就像上面的性别战一样，一个博弈可能有多个纳什均衡。但是，纳什均衡有一个新的困难，并不是所有的博弈都有纳什均衡。请看下面的硬币配对博弈，参与者 1 和参与者 2 同时决定自己手里的硬币正面朝上还是反面朝上。如果相同的面朝上（match），参与者 2 支付一单位给参与者 1；否则，参与者 1 支付一单位给参与者 2。其支付矩阵如图 12-9 所示。

		参与者2 H	参与者2 T
参与者1	H	1, -1	-1,1
	T	-1,1	1, -1

图 12-9　硬币配对博弈

注：其中，H 表示正面朝上，T 表示反面朝上。

读者可以容易地发现，这个博弈没有我们上面定义过的纳什均衡（请联系纳什均衡的实现机制思考为什么这个博弈没有纳什均衡）。对这样的博弈，我们可以通过引入混合策略的概念定义一种新的纳什均衡。

五、混合策略纳什均衡

为了理解混合策略，我们需要把之前讨论过的例子中的策略都重新定义为纯策略。以定义清楚的纯策略为基础，混合策略是指参与者随机地选择纯策略，而描述一个混合策略就要给出参与者选择不同的纯策略的概率分布。

具体来说，上面的硬币配对博弈中，参与者 1 的混合策略可以表示为以 p_1 的概率选择正面朝上，以 $1-p_1$ 的概率选择反面朝上。类似地，参与者 2 的混合策略可以表示为以 p_2 的概率选择正面朝上，以 $1-p_2$ 的概率选择反面朝上。

在一次博弈中，使用概率的概念需要简单的解释。我们仍然以上面的博弈为例，其中的概率或理解为他们在多次重复博弈中选择相应策略的频率，或者理解为多个同类参与者参加相同的博弈时选择相应策略的比例。

混合策略纳什均衡可以表示为$[(p_1^*,1-p_1^*),(p_2^*,1-p_2^*)]$，同样需要满足纳什均衡的特征。下面我们就用标准的方法求解这个博弈的混合策略纳什均衡。

我们先来看参与者 1 所面对的决策。给定参与者 2 的混合策略$(p_2,1-p_2)$，参与者 1 使用混合策略$(p_1,1-p_1)$时得到的期望支付为

$$\begin{aligned}V_1 &= 1\times p_1\times p_2+(-1)\times p_1\times(1-p_2)+(-1)\times(1-p_1)\times p_2+\\&\quad 1\times(1-p_1)\times(1-p_2)\\&=(1-2p_1)\times(1-2p_2)\end{aligned}$$

通过上式可以得到参与者 1 的最佳应对为

$$p_1=\begin{cases}0,\text{如果 } p_2<\dfrac{1}{2}\\[2mm][0,1],\text{如果 } p_2=\dfrac{1}{2}\\[2mm]1,\text{如果 } p_2>\dfrac{1}{2}\end{cases}$$

同理,给定参与者1的混合策略$(p_1,1-p_1)$,参与者1使用混合策略$(p_2,1-p_2)$时得到的期望支付为

$$V_2 = (-1) \times p_1 \times p_2 + 1 \times p_1 \times (1-p_2) + 1 \times (1-p_1) \times p_2 +$$
$$(-1) \times (1-p_1) \times (1-p_2)$$
$$= (1-2p_1) \times (2p_2-1)$$

通过上式可以得到参与者1的最佳应对为

$$p_2 = \begin{cases} 1,如果\ p_1 < \dfrac{1}{2} \\[2mm] [0,1],如果\ p_1 = \dfrac{1}{2} \\[2mm] 0,如果\ p_1 > \dfrac{1}{2} \end{cases}$$

混合策略纳什均衡仍然要满足每个参与者的策略都是其他参与者的均衡策略的最佳应对。在图12-10中,参与者的最佳应对用反应曲线描述,两条反应曲线的交点为$\left(\dfrac{1}{2},\dfrac{1}{2}\right)$,此博弈的混合策略纳什均衡为$\left[\left(\dfrac{1}{2},\dfrac{1}{2}\right),\left(\dfrac{1}{2},\dfrac{1}{2}\right)\right]$。

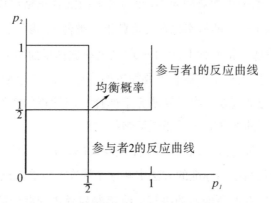

图12-10　硬币配对博弈的混合策略纳什均衡

第二节　完全信息动态博弈

一、扩展式描述

动态博弈的一个必要条件是博弈的参与者的行动存在时间上的先后顺序,这就出现了一个静态博弈中不存在的问题:当轮到一个参与者行动时,他是否了解和观察

到了博弈之前的行动,即其行动时掌握了多少信息。因此,要描述一个动态博弈,我们需要说明:第一,参与者的集合;第二,参与者行动的集合;第三,行动的顺序,即谁在何时行动;第四,参与者行动时了解的信息;第五,参与者支付的集合。这种描述博弈的方式被称为扩展式描述。

接下来,我们以动态版性别战博弈为例来介绍扩展式的描述方式。请回顾一下静态版性别战博弈,参见图 12 - 6、图 12 - 7 和相关分析。静态版性别战博弈中,男生和女生同时选择看电影(M)或看足球(F),博弈有两个纳什均衡(M,M)和(F,F)。动态版性别战博弈中,我们假定男生先行动,女生后行动。其完整的扩展式描述为:第一,参与人集合为{男生,女生};第二,参与者行动的集合为{M,F};第三,行动的顺序为男生先行动,选择 M 或 F,女生后行动,选择 M 或 F;第四,参与者的信息为女生在行动时,了解男生的行动,即女生知道男生是选择了 M 或 F;第五,男生的支付集合为{$U_男(M,M)=1, U_男(M,F)=0, U_男(F,M)=0, U_男(F,F)=2$},女生的支付集合为{$U_女(M,M)=2, U_女(M,F)=0, U_女(F,M)=0, U_女(F,F)=1$}。圆括号里的第一个 M 或 F 代表男生的行动和选择,第二个代表女生的行动和选择。

上述描绘博弈的方式非常一般化,但不够直观。在经济学中,我们可以用一个叫做博弈树的工具直观地描述一个动态博弈。在博弈树中,有几个关键的要素:第一,决策结点(或根点)。其在图形中就是一个点,表示谁在行动,越先行动的参与者越先画出其结点,并在结点旁标注参与者。第二,枝。枝代表参与者的行动,参与者有多少行动可以选择就有多少条枝,并在枝的旁边标注相应的行动。第三,在终点标注参与者的支付值,一般来说先行动的参与者的支付值标注在前(或上),后行动的参与者的支付值标注在后(或下)。动态版性别战博弈的博弈树如图 12 - 11 所示。

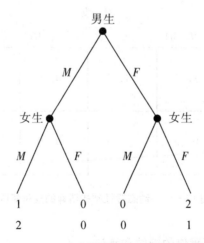

图 12 - 11 动态版性别战博弈的博弈树

二、动态博弈的策略式描述

动态博弈不仅可以用扩展式描述,也可以用策略式(或标准式)来表述。实际上,静态博弈也可以用扩展式来表述。但动态博弈用策略式来描述时,我们首先要明确什么是策略,并弄清楚策略和行动的区别。

参与者的策略是一个完整的行动计划或行动组合,它描述了该参与者面临所有可能情况(或可能的行动机会)时的应对行动的组合。我们以动态版的性别战博弈为例来看看什么是策略以及它与行动的区别。在动态版性别战博弈中,男生先行动,此时男生的策略和行动没有区别,即有两个行动(M 或 F)以及两个策略(M 或 F)。但是,后行动的女生的行动和策略却有很大不同,女生的行动有两个(M 或 F),策略却有四个。第一,当男生选 M 时,女生选 M,当男生选 F 时,女生选 M,用条件格式记为($M|M,M|F$),简记为(M,M),这种行动组合就称为一个策略。其中,简记中括号里第一个 M 代表男生选择 M 时女生的行动,第二个 M 代表男生选择 F 时女生的行动。第二,当男生选择 M 时,女生选择 M,当男生选择 F 时,女生选择 F,用条件格式记为($M|M,F|F$),简记为(M,F)。第三,当男生选择 M 时,女生选择 F,当男生选择 F 时,女生选择 M,用条件格式记为($F|M,M|F$),简记为(F,M)。第四,当男生选择 M 时,女生选择 F,当男生选择 F 时,女生选择 F,用条件格式记为($F|M,F|F$),简记为(F,F)。显然,女生的策略就不是一个行动,而是一个行动计划或组合,女生的四个策略为(M,M),(M,F),(F,M)和(F,F)。

有了对策略的理解,我们就可以画出动态版性别战博弈的支付矩阵,见图 12-12。

女

男	(M, M)	(M, F)	(F, M)	(F, F)
M	1, 2	1, 2	0, 0	0, 0
F	0, 0	2, 1	0, 0	2, 1

图 12-12　动态版性别战博弈的支付矩阵

三、序贯理性与不可置信的威胁和承诺

有了动态版性别战博弈的支付矩阵,我们就可以找到该博弈的纳什均衡,这里一共有三个纳什均衡:$[M,(M,M)]$,$[F,(F,F)]$ 和 $[F,(M,F)]$。但是,需要注意的

是,前面两个纳什均衡并不是对这个博弈结果的合理预测。

首先,我们看看$[M,(M,M)]$这个纳什均衡。这个均衡策略是说:当男生选择M(电影)时,女生选择M(电影),当男生选择F(足球)时,女生选择M(电影)。我们把这个策略解读为女生对男生发出了一个威胁,即无论男生选择M或F,女生都会选择M,男生相信了这个威胁,于是选择了M。但是女生的威胁是不可置信的,因为一旦男生选择了F(足球),女生的理性选择就是F(足球),而不是选择M(电影)。因此,男生相信了女生的不可置信的威胁而选择了M也就显得不合理了。

为了剔除不可置信的威胁,我们需要提高对理性的要求,这里我们引入序贯理性的概念。序贯理性是指如果轮到参与者行动时,参与者一定要做出理性的或最优的选择。很明显女生的(M,M)策略就不满足序贯理性。当男生选择M时,女生选择M是理性的,但当男生选择F时,女生选择M就不理性了。

有了序贯理性的概念,那么可以发现$[F,(F,F)]$不满足序贯理性。这个均衡策略是说:当男生选择M(电影)时,女生选择F(足球),当男生选择F(足球)时,女生选择F(足球)。我们把这个策略解读为女生对男生做出了一个承诺,即无论男生选择M或F,女生都会选择F,男生相信了这个承诺,男生于是选择了F。但是女生的承诺是不可置信的,因为一旦男生选择了M(电影),女生的理性选择就是M(电影),而不是选择F(足球)。因此,女生的(F,F)策略不满足序贯理性。

这个博弈的合理策略是$[F,(M,F)]$。大家可以自己验证一下,$[F,(M,F)]$的策略是满足了序贯理性的。

四、子博弈精炼纳什均衡和逆向归纳法

通过上面的分析看到,我们用序贯理性对纳什均衡进行了精炼,剔除了其中不合理的威胁和承诺。当纳什均衡和序贯理性结合在一起时,我们就得到了更强的解的概念——子博弈精炼纳什均衡。实际上,$[F,(M,F)]$就是一个子博弈精炼纳什均衡。

要理解子博弈精炼纳什均衡,首先就要理解子博弈。子博弈是指从一个决策结点开始,包括这个结点及以后所有分支的博弈。简单来说,子博弈就是可以从原博弈中独立出来单独分析的部分。我们可以从动态版性别战博弈的博弈树中得到对子博弈的直观理解。参考图12-11,这个博弈树中有三个子博弈(含原博弈本身)。以两个女生开始的博弈和原博弈,如图12-13所示,方框内的博弈就代表一个子博弈。

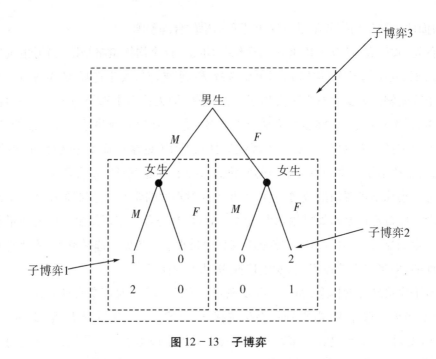

图 12 - 13 子博弈

有了子博弈的概念,我们就可以定义子博弈精炼纳什均衡。如果一个策略组合是子博弈精炼纳什均衡的组合,则要求这个策略组合在每一个子博弈上都是纳什均衡的组合。在动态版性别战博弈中,[F,(M,F)]就是一个子博弈精炼纳什均衡。在子博弈1中,男生选择M,女生选择M得2,选择F得1,女生的最优选择是M,这个子博弈的纳什均衡就是女生选择M;在子博弈2中,男生选择F,女生选择M得0,选择F得1,女生的最优选择是F,这个子博弈的纳什均衡就是女生选择F;在子博弈3(整个博弈)中,从前面的讨论中可知,[F,(M,F)]是整个博弈的纳什均衡。因此,[F,(M,F)]在每一个子博弈上都构成纳什均衡,[F,(M,F)]就是一个子博弈精炼纳什均衡。实际上,子博弈精炼纳什均衡要求博弈参与者在每个子博弈上都满足序贯理性的要求。显然,[M,(M,M)]和[F,(F,F)]这两个纳什均衡并不完全满足子博弈精炼纳什均衡的要求和定义,所以这两个纳什均衡不是子博弈精炼纳什均衡。

我们可以仿照上面的方法求解所有博弈的子博弈精炼纳什均衡,但求解纳什均衡有一个简便的方法——逆向归纳法。逆向归纳法要求从最末端或最底层的子博弈开始求解,得到这些子博弈的纳什均衡,并用这些纳什均衡的行动和支付替换掉该子博弈,然后回到上一层子博弈,重复上述过程,直到求解出该博弈的解。我们还是以动态版性别战博弈为例,用逆向归纳法求解子博弈纳什均衡。参见图 12 - 13,最底层的子博弈有两个:子博弈1和子博弈2。我们首先求解这两个子博弈的纳什均衡,通过前面的讨论,子博弈1的纳什均衡是M[或(M|M)],其支付值为(1,2),子博弈2的纳什均衡是F[或(F|F)],其支付值为(2,1);然后用这些结果替代相应的子博弈,于是动态版性别战博弈就简化为图 12 - 14。

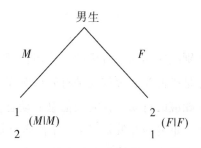

图 12 - 14　简化模型

在该简化博弈中,男生选择 M 得 1,选择 F 得 2,因此男生的最优选择为 F,即该简化博弈的纳什均衡为男生选择 F,用逆向归纳法得到的子博弈纳什均衡为 $\{F,[(M|M),(F|F)]\}$,即 $[F,(M,F)]$。

接下来我们用逆向归纳法求解一个相对比较复杂的例子——三阶段的讨价还价模型。

三阶段的讨价还价模型是逆向归纳法的典型应用。假设一个三阶段的序贯讨价还价(sequential bargaining)模型的时间线如下:

(1)在第一阶段,参与者 1 首先提议自己得到的份额为 s_1,留给参与者 2 的份额为 $1-s_1$。如果参与者 2 接受这一提议,博弈结束;如果参与者 2 拒绝这一提议,博弈进入第二阶段。

(2)在第二阶段,轮到参与者 2 首先提议参与者 1 得到的份额为 s_2,留给自己的份额为 $1-s_2$。如果参与者 1 接受这一提议,博弈结束;如果参与者 1 拒绝这一提议,博弈进入第三阶段。

(3)在第三阶段,参与者 1 得到外生给定的份额为 s,留给参与者 2 的份额为 $1-s$,其中 $0<s<1$。

假设两个人要分配的总量为 1,具有相同的贴现因子 δ,我们用逆向归纳法求解这个博弈的结果。博弈到达第二阶段之后,参与者 1 只会接受 $s_2 \geq \delta s$ 的提议。假设参与者在无差异的情况下总是选择接受提议,因此参与者 2 面对的选择是此阶段立刻得到 $1-\delta s$,或者在下一阶段得到 $1-s$。由于 $1-\delta s > \delta(1-s)$,因此在第二阶段,参与者 2 的理性行动是提议 $s_2 = \delta s$。

由于信息是完全的,因此参与者 1 能够同样求解第二阶段参与者 2 的决策,从而参与者 1 知道只有当 $1-s_1 \geq \delta(1-\delta s)$,即 $s_1 \leq 1-\delta+\delta^2 s$ 时,参与者 2 才会接受提议。参与者 1 面对的选择是此刻得到 $s_1 = 1-\delta+\delta^2 s$,或者在下一阶段得到 $s_2 = \delta s$。因为 $\delta^2 s < 1-\delta+\delta^2 s$,所以参与者 1 选择提议 $s_1 = 1-\delta+\delta^2 s$,参与者 2 接受此提议,得到 $1-s_1 = \delta-\delta^2 s$,博弈结束。此博弈的逆向归纳结果是参与者 1 提议 $s_1 = 1-\delta+\delta^2 s$,参与者 2 选择接受。

五、重复博弈

前面介绍的动态版性别战博弈和三阶段的讨价还价模型,在动态博弈中属于典型的序贯博弈。序贯博弈是指博弈的参与人是有先后顺序的,后行动的人可以观察到前面的人的行动并采取相应的行动。在完全信息的动态博弈中,还有一类很常见的博弈类型——重复博弈。重复博弈就是把某一个博弈重复进行多次。被重复的博弈我们称为阶段博弈。我们以囚徒困境为例简单地讨论一下重复博弈的思想。其中的阶段博弈就是图 12 - 1 所示的囚徒困境博弈。

从前面的分析(参见本章第一节的囚徒困境与占优策略的均衡)中可知,(坦白,坦白)是囚徒困境的纳什均衡,这表明两人在一次性的博弈中没法形成合作,达到都抵赖的结果。那如果两人面临多次这种博弈,那么两人能否实现合作,形成抵赖呢?

(一)有限次重复博弈

实际上,即使囚徒困境博弈重复有限次(T 次),两人最终还是无法达成合作,形成抵赖。我们可以通过逆向归纳法来求解这个 T 次重复博弈的子博弈精炼纳什均衡。第 T 阶段的博弈(最末端的子博弈)就是图 12 - 1 的囚徒困境博弈,那么这个阶段的纳什均衡为(坦白,坦白),结果为两人的支付值都为 - 6。然后我们求解倒数第二阶段($T-1$ 阶段)的博弈,此阶段的博弈变为如图 12 - 15 所示。这个阶段博弈的支付值是阶段博弈(囚徒困境博弈)的支付值加下一阶段(T 阶段)的纳什均衡的结果(- 6, - 6)所得。

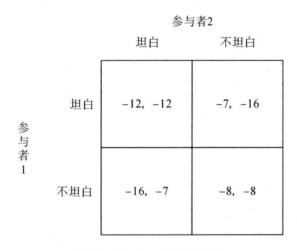

参与者2

	坦白	不坦白
坦白	-12, -12	-7, -16
不坦白	-16, -7	-8, -8

参与者1

图 12 - 15 T - 1 阶段的博弈

很显然,T - 1 阶段博弈的纳什均衡还是(坦白,坦白),结果为(- 12, - 12)。接下来,我们求解 T - 2 阶段的博弈,按照类似的做法,我们可得 T - 2 阶段博弈的纳什均衡还是(坦白,坦白)。以此类推,我们可以得到每阶段博弈的纳什均衡都是(坦白,坦白),或者说重复 T 次的囚徒困境的子博弈纳什均衡是每个阶段参与人都选坦白。因此,我们看到,在有限次的重复博弈中,囚徒困境中的两个参与人始终无法达成合作,形成抵赖。

实际上,在博弈论中有个重要定理:如果阶段博弈有唯一的纳什均衡,那么 T 次重复博弈有唯一的子博弈精炼纳什均衡,就是在每阶段重复阶段博弈的纳什均衡。

(二)无限次重复博弈

如果囚徒困境重复无限次,结果就可能不一样,这两个人就可以达成合作,最终都选择抵赖。

在讨论这个结论之前,我们需要指出无限次重复博弈和有限次重复博弈是有很大差异的。第一,在重复次数上,无限次重复博弈没有最后一期,会一直重复下去。实际上,对无限次更好的理解是参与人在博弈时不能确定博弈结束的时间点。第二,由于博弈是无限次的,没有最后一期,因此不能用逆向归纳法求解子博弈精炼纳什均衡。第三,由于无限次,因此支付值(或收益值)的直接加总会呈现出无穷大,从而无法进行比较。为了解决这个问题,我们引入贴现因子 $\delta(0 \leqslant \delta \leqslant 1)$。贴现因子代表对未来的重视程度,$\delta$ 越大,代表对未来越看重。

在无限次重复博弈中,参与人可以通过触发策略来形成合作。实际上,触发策略是囚徒困境无限次重复博弈的一个子博弈精炼纳什均衡。触发策略的基本思想是如果两个人中没有人选择坦白,两个人就一直选择抵赖(形成合作);一旦有一个人选择了坦白(不合作),双方就永远选择坦白(永远不合作)。这个策略的关键点在于,对于每个参与人而言,合作(都抵赖)的收益应大于不合作(坦白)的收益,合作才有可能性。

根据图 12 - 1 的结果可知,如果两个人一直选择都合作(都抵赖),每期都可得到的收益为(-2),因此合作时收益的现值为

$$V_{合作} = (-2) + (-2)\delta + (-2)\delta^2 + \cdots = \frac{-2}{1-\delta}$$

如果其中一个人选择不合作(坦白),不合作的当期可以得到(-1),但以后每一期都只能得到(-6),因此不合作时收益的现值为

$$V_{不合作} = (-1) + (-6)\delta + (-6)\delta^2 + \cdots = (-1) + \frac{(-6)\delta}{1-\delta}$$

两人要合作的前提为 $V_{合作} > V_{不合作}$,即

$$\frac{-2}{1-\delta} \geqslant (-1) + \frac{(-6)\delta}{1-\delta}$$

可得 $\delta \geqslant \dfrac{1}{5}$。

当 $\delta \geqslant \dfrac{1}{5}$ 时,两人合作更有利,大家会选择合作;当 $\delta < \dfrac{1}{5}$ 时,不合作对个人更有

利,合作就很难达成。贴现因子 δ 在无限次重复博弈中,对能否达成合作起着重要作用。δ 越大,表示大家对未来利益越看重,为了得到长期的收益,大家选择合作的可能性就越大。在本例中 δ 要大于或等于 $\frac{1}{5}$,两人才能形成合作。

复习思考题

1. 假设两个牧民可以在一个公共草地上自由地放牧,用 q_1 和 q_2 分别表示两个人放牧的羊的数量,每只羊的价值为 $v = 210 - (q_1 + q_2)^2$,每只羊的成本为 10,请写出此博弈的策略式并求纳什均衡。

2. 请计算性别战博弈中混合策略纳什均衡。

3. 如果把性别战博弈改变为女生先行动的完美信息动态博弈,请画出此博弈的博弈树并求解子博弈精炼纳什均衡。

4. 假设一个市场的反市场需求函数为 $p = a - q_1 - q_2 - q_3$,不变的平均成本都为 c。博弈规则为:首先,企业 1 选择产量 q_1;随后,观察到此产量后,企业 2 和企业 3 同时选择产量 q_2 和 q_3。请给出这个博弈的子博弈精炼纳什均衡结果。

5. 交易双方进行交替出价的讨价还价以决定交换新增收益的分配。在奇数阶段,1 提出分配方案,2 选择接受或拒绝,如果 2 选择接受,博弈结束,如果 2 选择拒绝,进入下一阶段;在偶数阶段,正好相反。我们假设:

(1)交易的收益随着时间的推移而减少,如果在第一阶段成交,新增收益为 1;在第二阶段成交,交易收益只有 1/2;在第三阶段成交,交易收益就只有 1/4 了;到第四阶段成交,交易收益只有 1/8;如果第四阶段没有成交,交易就无法发生了。

(2)两个人的贴现因子分别为 δ_1 和 δ_2。

求此博弈的均衡结果。

练习题

1. 两人在玩"石头剪刀布"的游戏,输家支付为 -1,赢家支付为 1,打平支付为 0,画出支付矩阵,写出其策略式。

2. 一个小镇中,有 $N(N \geq 3)$ 个人,每人有 100 元钱,每人都向一个集资箱捐一笔钱(可以为零),共收集到 M 元。那么从一个基金中拿出相同数量的钱放入集资箱,并最终由 N 个人平均分配集资箱中的钱,求解这一博弈的均衡。

3. 猪圈里有一头大猪、一头小猪。在猪圈的一头是食槽,另一头是一个按钮。不论是大猪还是小猪,按一次按钮的成本都是 2 个单位,每按一次按钮,就会有 10 个单位的食物进入食槽。食物的分配取决于进食的顺序,如果大猪先到,大猪得到 9 个单位的食物;如果小猪先到,大猪得到 6 个单位的食物;如果同时到,大猪得到 7 个单位的食物。聪明的大猪和小猪需要选择到底去不去按按钮。请画出支付矩阵,并求解博弈的均衡。

4. 政府在考虑是否给失业者提供帮助,而失业者的两个纯策略是寻找工作或待在家里等待救助。支付矩阵(救济博弈)如图 12 - 16 所示,求出混合策略纳什均衡。

失业者

		寻找工作	等待
政府	救济	3,2	-1,3
	不救济	-1,1	0,0

图 12 - 16　救济博弈

5. 求解如图 12 - 17 所示甲、乙博弈中的纳什均衡,并判断是否为一个囚徒困境。

乙

		$F2$	$B2$
甲	$F1$	3,4	7,2
	$B1$	2,8	6,5

图 12 - 17　甲、乙博弈

6. 假设一个市场的反市场需求函数为 $p = a - q_1 - q_2 - q_3$,不变的平均成本都为 c,博弈规则为:首先,企业 1 和企业 2 同时选择产量;随后,观察到这两个厂商的产量后,企业 3 选择产量。请给出这个博弈的子博弈精练纳什均衡的结果。

7. 两个人考虑分配 100 元钱,同时提出自己的分配要求,如果两个人要求分得的数目之和大于 100,无法达成协议,则每个人的收益为零。如果两个人要求分得的数目小于或等于 100,那么每个人都可以得到他自己要求的数目,剩下的钱捐献给慈善机构。请分析:

(1)此博弈是否存在严格劣策略,是否存在弱劣策略(无论对手选择什么策略,总是能找到一个策略的支付不低于此弱劣策略)?

(2)纯策略纳什均衡是什么?

8. 消费者在一条街道的两旁均匀分布,有两家银行在考虑设立储蓄所。假设两家银行服务相同,不能进行价格竞争,而且消费者总是愿意到距离自己最近的储蓄所办理业务,请求选址均衡。如果有三家银行,有均衡吗?如果有四家银行,有均衡吗?

9. 设古诺模型中有 n 家厂商。q_i 为厂商 i 的产量，$Q = q_1 + \cdots + q_n$ 为市场总产量。P 为市场价格，且已知 $P = P(Q) = a - Q$。假设厂商 i 生产 q_i 产量的总成本为 $C_i = C_i(q_i) = cq_i$，也就是说没有固定成本且各厂商的边际成本都相同，c 为常数（$c < a$）。假设各厂商同时选择产量，该模型的纳什均衡是什么？

10. 考虑两寡头古诺模型，$P(Q) = a - Q$，但两个厂商的边际成本不同，分别为 c_1 和 c_2。如果 $0 < c_i < a/2$ 纳什均衡产量各为多少？如果 $c_1 < c_2 < a_1$，但 $2c_2 > a + c_1$，那么纳什均衡产量又各为多少？

11. 5 户牧民都可以在一个公共草地养羊。每只羊的收益 v 是羊总数 N 的函数，并取决于 N 是否超过某个临界值 $\bar{N}$：当 $N < \bar{N}$ 时，收益 $v = v(N) = 50 - N$；当 $N \geq \bar{N}$ 时，$v(N) \equiv 0$。再假设每只羊的成本为 $c = 2$。若所有牧民同时决定养羊的数量，该博弈的纳什均衡是什么？

12. 两个寡头企业进行价格竞争博弈，企业 1 的利润函数是 $\pi_1 = -(p - aq + c)^2 + q$，企业 2 的利润函数是 $\pi_2 = -(q - b)^2 + p$，其中 p 是企业 1 的价格，q 是企业 2 的价格。

(1)求两个企业同时决策的纯策略纳什均衡。

(2)求企业 1 先决策的子博弈完美纳什均衡。

(3)求企业 2 先决策的子博弈完美纳什均衡。

(4)是否存在参数 a、b、c 的特定值或范围，使两个企业都希望自己先决策？

13. 考虑如下的双寡头市场战略投资模型：企业 1 和企业 2 目前情况下的单位生产成本是都是 $c = 2$。企业 1 可以引进一项新技术使单位成本降低到 $c = 1$，该项技术需要投资 f。在企业 1 做出是否投资的决策（企业 2 可以观察到）后，两个企业同时选择产量。假设市场需求函数为 $p(q) = 14 - q$，其中 p 是市场价格，q 是两个企业的总产量。请问：上述投资额 f 处于什么水平时，企业 1 会选择引进新技术？

14. 在如图 12-18 所示的 A、B 博弈中，求解：

(1)纯策略和混合策略纳什均衡。

(2)如果 A 先行动，B 后行动，写出这个博弈的标准式和扩展式。

(3)第(2)问的纳什均衡和子博弈精炼纳什均衡。

		B	
		进	退
A	进	-3, -3	2, -1
	退	-1, 2	0, 0

图 12-18　A、B 博弈

15. 请用剔除严格劣策略的方法求解如图 12 - 19 所示的甲、乙博弈的均衡解。

乙

		L	M	R
甲	U	4,1	2,2	5,3
	M	2,3	1,3	4,1
	D	3,5	3,3	2,4

图 12 - 19　甲、乙博弈

16. A、B 两者博弈：A 可以选择"左"或"右"的行动；B 有"L"和"R"的行动。其收益如下：当 A 选左，B 选 L 时，A 的收益为 2，B 的收益为 4；当 A 选左，B 选 R 时，A 的收益为 1，B 的收益为 5；当 A 选右，B 选 L 时，A 的收益为 3，B 的收益为 1；当 A 选右，B 选 R 时，A 的收益为 0，B 的收益为 2。

(1)如果 A、B 同时行动，请画出该博弈的支付矩阵和博弈树，并求出该博弈的纳什均衡。

(2)如果 A 先行动、B 观测到 A 的行动后再行动，请画出该博弈的支付矩阵和博弈树，并求出该博弈的纳什均衡和子博弈精炼纳什均衡。

17. 考虑厂商和顾客的博弈，厂商可以提供高质量和低质量的产品，顾客可以选择购买还是不购买，支付矩阵如图 12 - 20 所示。请问：

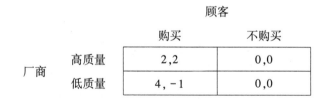

顾客

		购买	不购买
厂商	高质量	2,2	0,0
	低质量	4, -1	0,0

图 12 - 20　支付矩阵

(1)如果博弈是一次性的，厂商会提供高质量的产品吗？

(2)如果该博弈重复 10 次，厂商会提供高质量的产品吗？重复 100 次呢？

(3)如果该博弈会一直重复下去，厂商在什么条件下会提供高质量的产品？

18. 用逆向归纳法求解图 12 – 21 的博弈的子博弈精炼纳什均衡。

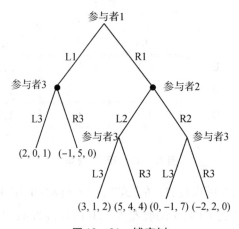

图 12 – 21　**博弈树**

第十三章 外部性、公共物品与公共资源

本章考察导致市场失灵的外部效应问题,主要回答以下问题:第一,为什么外部性的存在会扭曲资源的配置;第二,社会如何解决外部性造成的无效率;第三,公共物品的配置效率和供给机制;第四,公地的悲剧。

外部性产生于个体之间的直接的相互作用和相互影响。为了理解外部性问题,我们必须首先区分两种不同的相互影响方式。为此,我们先看两个例子。第一个例子是关于酸雨的例子。当工厂把氧化硫和氧化氮排放到空气中,这些化学物质会与水蒸气发生反应,生成酸性物质,而这些酸随着雨和雪落到地面上,会对动植物产生不良影响。例如,水产业就是酸雨的受害者。

接下来,我们看另一个例子。现在很多人变得很关心他们的胆固醇含量,并且决定消费更少的牛肉,消费更多的燕麦。随着需求的增加,燕麦的价格上升,这就使得燕麦制造商变得富有,但是减少了那些以前就消费燕麦的人们的福利。随着牛肉的需求下降,牛肉的价格也会下降,这就会影响到那些继续消费牛肉的人们、牛肉制造商和饲料食品公司老板们的福利。

酸雨和胆固醇的例子体现了相互作用的不同方式。在胆固醇的例子中,尽管人们在影响彼此的福利,但是所有影响都是通过市场价格不断变化的方式来发挥的。假设在偏好变化之前,资源配置已经是帕累托有效率的,偏好变化改变了商品的相对价格,但新的竞争性均衡配置仍然是有效率的。在酸雨的例子中,水产业经营者的福利受到污染排放者生产活动的直接影响。对任何给定的投入数量,在酸雨存在的情况下,水产业主生产出更少的产出。

外部性概念针对的是上述直接的相互作用。当经济当事人的行为以不反映在市场交易之中的种种方式影响另一个当事人行为的时候,就会出现外部性。或者说,当经济当事人对未参与市场交易的第三方当事人产生直接影响时,就出现了外部性。

第一节 生产的外部性

一、生产外部性的定义

若一个厂商的生产可能性受到另一个消费者或厂商选择的直接影响,则生产的

外部性就产生了。在 J. 米德提出的那个充满田园化的经典例子中,养蜂人和种植苹果者之间的行为存在着相互的正的外部性:蜜蜂在苹果树上采蜜会提高苹果的产量,而苹果树的增加则可以提高蜂蜜的产量。类似地,渔场关注着倾倒在捕鱼区的污染物的数量,因为它对捕鱼量有负的影响。

为了用最简单的形式说明生产的外部性,我们假设有如下生产函数 $q_乙 = q_乙(k_1, k_2, k_3, \cdots, k_n; q_甲)$。式中,$k_1, k_2, \cdots, k_n$ 是厂商乙投入的各种要素的数量,$q_甲$ 是厂商甲的产量,$q_乙$ 是厂商乙的产量。上式表明,厂商乙的产量不仅受到其自身投入的各种要素量的影响,还直接受到厂商甲的行为的影响。厂商甲的行为就对厂商乙的产出产生了生产的外部性。如果厂商甲的产量提高能够提高厂商乙的产量,即 $\dfrac{\partial q_乙}{\partial q_甲} > 0$,那么就存在正的生产外部性;如果厂商甲的产出提高会降低厂商乙的产量,即 $\dfrac{\partial q_乙}{\partial q_甲} < 0$,那么就存在负的生产外部性;如果厂商甲的产量与厂商乙的产出没有关系,即 $\dfrac{\partial q_乙}{\partial q_甲} = 0$,那么就不存在生产的外部性。

生产的外部性也可以从成本的角度来分析,假定甲、乙两个企业的生产产量分别为 $q_甲$ 和 $q_乙$,企业甲的生产成本为 $c^甲(q_甲)$,企业乙的生产成本受到无法控制的企业甲的产量的影响,表示为 $c^乙(q_甲, q_乙)$。这就形成了生产的外部性。如果 $\dfrac{\partial c^乙}{\partial q_甲} > 0$,这就是生产中的负外部性;如果 $\dfrac{\partial c^乙}{\partial q_甲} < 0$,这就是生产中的正外部性。

二、生产的外部性与庇古传统

假设两种产品的市场都是竞争性的,价格分别为 $p_甲$ 和 $p_乙$。根据利润最大化,我们可以得到两种产品的最优产量选择 $(q_甲^*, q_乙^*)$,满足

$$p_甲 = \frac{dc^甲(q_甲^*)}{dq_甲}$$

$$p_乙 = \frac{\partial c^乙(q_甲^*, q_乙^*)}{\partial q_乙}$$

如果这两个企业属于同一个公司,那么其产量选择会追求总利润的最大化,可以表示为 $\max\limits_{q_甲, q_乙} p_甲 q_甲 + p_乙 q_乙 - c^甲(q_甲) - c^乙(q_甲, q_乙)$。最优的产量选择 $(q_甲^{**}, q_乙^{**})$ 满足一阶条件

$$p_甲 = \frac{dc^甲(q_甲^{**})}{dq_甲} + \frac{\partial c^乙(q_甲^{**}, q_乙^{**})}{\partial q_甲}$$

$$p_乙 = \frac{\partial c^乙(q_甲^*, q_乙^*)}{\partial q_乙}$$

两种不同情况下的结果的区别在于企业甲根据不同的边际成本确定产量。庇古把 $\dfrac{\mathrm{d}c^{甲}(q_{甲}^{**})}{\mathrm{d}q_{甲}}+\dfrac{\partial c^{乙}(q_{甲}^{**},q_{乙}^{**})}{\partial q_{甲}}$ 称为企业甲生产的边际社会成本,根据价格等于边际社会成本所确定的产量实现了社会福利的最大化。但是在分散决策时,企业甲在选择产量的时候却仅仅考虑 $\dfrac{\mathrm{d}c^{甲}(q_{甲}^{*})}{\mathrm{d}q_{甲}}$,庇古把它解读为边际私人成本。外部性的问题就在于决策者的私人成本和社会成本出现了分离。

如果 $\dfrac{\partial c^{乙}(q_{甲},q_{乙})}{\partial q_{甲}}>0$,那么边际私人成本小于边际社会成本,这种情况是生产的负的外部性;如果 $\dfrac{\partial c^{乙}(q_{甲},q_{乙})}{\partial q_{甲}}<0$,那么边际私人成本大于边际社会成本,这种情况是生产的正的外部性。不论生产中是存在负的外部性(见图 13 -1)还是存在正的外部性(见图 13 -2),企业的行为都偏离了社会最优水平。

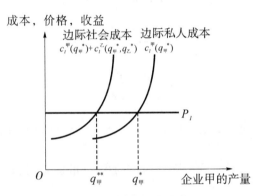

图 13 - 1　生产的负外部性

注:存在生产的负外部性,企业甲生产了从社会看来过多的产量 $q_{甲}^{*}-q_{甲}^{**}$。

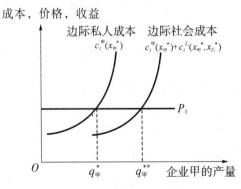

图 13 - 2　生产的正外部性

注:存在生产的正外部性,企业甲生产了从社会看来过少的产量 $q_{甲}^{*}-q_{甲}^{**}$。

按照庇古的分析思路,外部性属于市场失灵是因为企业甲面对错误价格提供的错误激励。或者说,价格没有传递真实的信息,行为主体没有面对其行动的全部经济后果。沿着这样的思路,庇古提出了纠正的机制,利用税收或补贴来反映外部影响,从而使企业面对正确的价格,这种税收被称为庇古税。

在上面例子中,矫正性的税收的边际税率应该满足 $t = \dfrac{\partial c^{\text{乙}}(q_{\text{甲}}, q_{\text{乙}})}{\partial q_{\text{甲}}}$。必须注意的是,一次性的总额税不能实现社会最优的资源配置。

三、生产的外部性与外部性市场

上面分析中选择的变量都是产量,没有明显地考虑污染的数量问题。下面我们变换一种分析方法,并且考察外部性问题的不同阐释。

我们把企业制造的污染的数量表示为 y,那么企业甲的利润最大化决策可以表示为 $\max\limits_{q_{\text{甲}}, y} p_{\text{甲}} q_{\text{甲}} - c^{\text{甲}}(q_{\text{甲}}, y)$。一阶条件为

$$p_{\text{甲}} = \frac{\partial c^{\text{甲}}(q_{\text{甲}}^*, y^*)}{\partial q_{\text{甲}}}$$

$$0 = \frac{\partial c^{\text{甲}}(q_{\text{甲}}^*, y^*)}{\partial y}$$

第二个一阶条件是什么含义呢?$\dfrac{\partial c^{\text{甲}}(q_{\text{甲}}^*, y^*)}{\partial y}$ 表示的是增加污染对企业甲的成本的边际影响,显然 $\dfrac{\partial c^{\text{甲}}(q_{\text{甲}}^*, y^*)}{\partial y} \leq 0$,即增加污染的数量可以降低生产成本。从而当企业甲不需要为污染付费时,其最优选择是把污染数量增加到对于降低成本没有进一步的作用,即

$$0 = \frac{\partial c^{\text{甲}}(q_{\text{甲}}^*, y^*)}{\partial y}$$

换一种表述,我们可以把 $-\dfrac{\partial c^{\text{甲}}(q_{\text{甲}}^*, y^*)}{\partial y}$ 理解为污染带给企业甲的边际收益,等式左边的 0 意味着污染带给企业的边际成本为零,从而利润最大化要求污染的数量满足边际收益等于边际成本。显然,这意味着企业甲没有对污染进行任何支付,或者说企业甲使用清洁的河流这种生产要素的价格为零。

价格为零,应该被理解为根本就不存在这样的市场。现在我们假设存在这样一个市场:乙企业拥有不受污染的权利,但是它愿意按照价格 r 放弃这种权利。这时两个企业的最大化问题分别为

$$\max_{q_{\text{甲}}, y_1} \pi^{\text{甲}} = p_{\text{甲}} q_{\text{甲}} - c^{\text{甲}}(q_{\text{甲}}, y_1) - r y_1$$

$$\max_{q_{\text{乙}}, y_2} \pi^{\text{乙}} = p_{\text{乙}} q_{\text{乙}} - c^{\text{乙}}(q_{\text{乙}}, y_2) + r y_2$$

一阶条件为

$$p_{甲} = \frac{\partial c^{甲}(q^*_{甲}, y^*_1)}{\partial q_{甲}}, r = -\frac{\partial c^{甲}(q^*_{甲}, y^*_1)}{\partial y_1}$$

$$p_{乙} = \frac{\partial c^{乙}(q^*_{乙}, y^*_2)}{\partial q_{乙}}, r = \frac{\partial c^{乙}(q^*_{乙}, y^*_2)}{\partial y_2}$$

污染市场的均衡满足 $y^*_1 = y^*_2 = y^*$。因此,根据以上条件,我们看到在存在污染市场的情况下,污染的价格等于污染带给企业乙的边际成本,企业甲的行为将面对正确的激励(见图 13 - 3)。污染的数量满足

$$-\frac{\partial c^{甲}(q^*_{甲}, y^*)}{\partial y} = \frac{\partial c^{乙}(q^*_{乙}, y^*)}{\partial y}$$

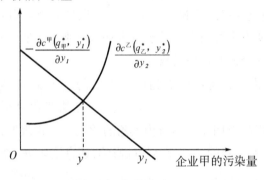

图 13 - 3　污染市场

注: y_1 是不存在污染市场时企业甲的污染数量, y^* 是存在污染市场时企业甲的污染数量,也是社会的最优污染数量。

四、生产的外部性与科斯定理

科斯定理是人们对科斯的著名论文《社会成本问题》的思想的一种归纳。科斯对外部性问题的理论进展做出了突出的贡献,他批评了庇古传统并深入考察了外部性发生的条件,从而提出了不依靠政府管制的私人解决办法。

科斯的回答突出了一度被经济学家所忽略的产权这一约束条件。社会成本和私人成本分离的原因在于缺乏排他的明晰的产权界定。针对把外部性问题的产生归结于没有外部性市场,科斯强调没有外部性市场的原因在于没有对初始权利进行清晰的、排他的界定,从而产权和市场的关系就被鲜明地提出来了。新古典经济学总是假设市场的完全性,但是科斯则指出,如果缺乏明晰的产权界定,那么大量的市场就不会存在。

以上述分析为基础,科斯接着指出:如果交易费用为零,那么不论产权如何界定,最终的权利配置总是有效率的。这是因为没有交易费用,互利的交易总是可以发生,

因此无效率的权利配置会通过交易得到改善。这就是著名的科斯定理。为了理解此定理,读者可以自己构建模型分析:在企业甲有权自由排放数量为 $\bar{y}$ 的污染物的权利界定下,污染市场的均衡,并且比较不同权利界定下的均衡结果。

第二节 消费的外部性

一、消费的外部性的定义

当一个消费者的效用受另一个消费者或厂商的选择影响时,消费的外部性就产生了。有关环境外部性的大多数例子属于这一类。从经济的角度讲,这类效应是由厂商引起(如有毒化学品或飞机噪音的形式),还是由个人引起(如丢弃废弃物或是开大收音机音量所发出的噪音),几乎没有什么区别。在所有这些情况中,这种行为的数量会直接进入个人的效用函数。

如果消费者甲的福利直接受到行为人乙的行为影响,那么我们可以记 $u^{甲} = u^{甲}(x_1, x_2, x_3, \cdots, x_n; u^{乙})$。式中,$x_1, x_2, \cdots, x_n$ 是消费者甲所消费的各种商品的数量,$u^{甲}$ 是消费者甲的效用,$u^{乙}$ 是行为人乙的效用。上式表明,消费者甲的福利或效用,不仅受他自己所消费的各种商品量的影响,还直接取决于行为人乙的效用。如果行为人乙的福利增加的同时也增加消费者甲的福利,即 $\dfrac{\partial u^{甲}}{\partial u^{乙}} > 0$,那么就存在正的消费的外部性;如果行为人乙的效用增加会使消费者甲的状况变坏,即 $\dfrac{\partial u^{甲}}{\partial u^{乙}} < 0$,那么就存在负的消费的外部性;如果消费者甲的效用与行为人乙的福利没有关系,即 $\dfrac{\partial u^{甲}}{\partial u^{乙}} = 0$,那么就不存在消费的外部性。

二、存在消费的外部性时的消费者偏好

为了考察消费的外部性问题,我们考虑一种非常经典的情形。假设同寝室有甲、乙两个消费者,有货币和香烟两种商品,两个消费者都喜欢货币,但是消费者甲喜欢清新的空气,消费者乙喜欢吸烟。外部性产生于消费者甲必须消费与消费者乙相同的吸烟量。

我们用一般均衡方法来分析这个问题。消费者甲和消费者乙的偏好可以方便地在埃奇沃斯方盒图中画出来。我们用横轴的长度表示这两个行为人的全部货币量 m,纵轴的高度表示吸烟量,吸烟量可以标准化为 0 到 1, 0 意味着寝室里面充满清新的空气,而 1 则代表寝室里充满了烟尘。根据上面的设定,我们可以得到如图 13 - 4 所示的曲线图。

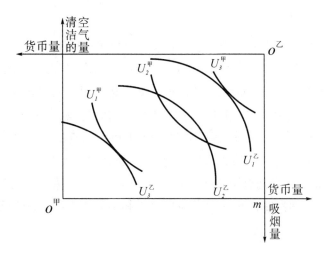

图 13-4　存在消费的外部性的偏好和埃奇沃斯方盒图

特别值得注意以下两点：一是图中横轴和纵轴的测度方式不同。在图 13-4 中，我们从方盒图的左下角沿横轴度量消费者甲的货币，从右上角沿横轴度量消费者乙的货币，但全部吸烟量都是从右上角沿纵轴度量的。例如，在 $O^甲$ 点，意味着消费者甲和乙消费的吸烟量都为 1，而 $O^乙$ 点则表明消费者甲和乙消费的吸烟量为 0。其实，纵轴也可以看成度量清洁空气的数量，当吸烟量为 0 时就意味着清洁空气量为 1，而当吸烟量为 1 时就意味着清洁空气量为 0。当然，清洁空气量只不过是从左下角沿纵轴度量的，在 $O^甲$ 点，意味着消费者甲和乙消费的清洁空气量都为 0，而 $O^乙$ 点则表明消费者甲和乙消费的清洁空气量为 1。横轴和纵轴的测度方式出现差异，原因在于货币是可以在两个消费者之间分割的，因此可以分别度量两个行为人的货币量，而吸烟量是不可以在两个行为人之间进行分割的，其必须共同消费同一吸烟量。二是香烟对消费者甲是有害品，但是消费者甲的无差异曲线又是斜率为负的。这是因为清洁空气的数量是从左下角的原点沿纵轴度量的。

在图 13-4 所示的埃奇沃斯方盒图中，当乙减少商品 2（香烟）的消费时，甲的境况会变得更好一些，原因在于这两个消费者必须消费相同的吸烟量，而消费者甲认为抽烟是有害的。由于货币是合意商品，消费者乙喜欢吸烟，因此消费者乙的无差异曲线凸向右上角的原点，而且越往东北方向效用水平越低，因此有 $U_1^乙 < U_2^乙 < U_3^乙$。对于消费者甲而言，从上往下是吸烟量的增加，因此消费者甲的无差异曲线凸向左下角的原点，而且越往东北方向，效用水平越高，即 $U_1^甲 < U_2^甲 < U_3^甲$。

三、存在消费的外部性的消费可能性与禀赋

已知货币总量和货币分配，禀赋分配必然落在经过这一点的垂线上。例如，如果甲拥有 $m/2$ 个单位的货币，乙就拥有 $m/2$ 个单位的货币，那么他们的禀赋就必然落在图 13-5 中经过 C 点的垂线上。但是落在垂线上的哪一点则取决于吸烟者和不吸

烟者之间的产权界定。

如果法律界定人们有享受洁净空气的权利,初始配置是图 13 - 5 中的 A 点,消费者甲拥有初始禀赋为 m/2 个单位的货币和清洁空气的产权,而行为人乙拥有初始禀赋为 m/2 个单位的货币和清洁空气的产权。如果法律规定人们有吸烟的权利,初始配置是图 13 - 5 中的 B 点,这意味着消费者甲拥有初始禀赋为 m/2 个单位的货币和吸烟的产权,而行为人乙拥有初始禀赋为 m/2 个单位的货币和吸烟的产权。当然,如果法律界定人们享有 1/2 的清洁空气的权利,那么初始配置就落在图 13 - 5 中的 C 点,这意味着消费者甲拥有初始禀赋为 m/2 个单位的货币和 1/2 清洁空气的产权,而行为人乙拥有初始禀赋为 m/2 个单位的货币和 1/2 清洁空气的产权。

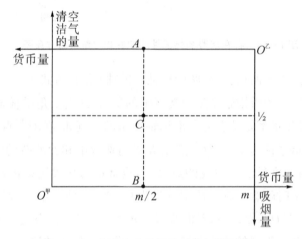

图 13 - 5   存在消费外部性时的初始禀赋

香烟的初始禀赋取决于法律体系。这和一般种类的商品的初始禀赋没有很大区别。我们说某人有 m/2 个单位的货币的初始禀赋,等于说他能够决定自己消费这 m/2 个单位的货币,或者说他可以捐赠这 m/2 个单位的货币,再或者说他能够用 m/2 个单位的货币同其他人进行交易。同样,我们说某人具有清洁空气的产权,就意味着他可以消费清洁空气,他也可以把这种权利送人,他还可以把这种权利卖给别人,只要他愿意这么做。因此,从这个意义上讲,拥有清洁空气的产权与拥有货币的产权没有什么区别。

四、存在消费的外部性的交换均衡

下面我们来分析存在外部性时的帕累托最优配置。我们已经知道,帕累托有效率配置是这样一种状态,即如果没有另一个消费者的境况变差,任何一个消费者的境况都不可能变好。

与没有外部性的情况一样,初始禀赋并不一定是帕累托有效率的,从而会发生进一步的交易行为。例如,如果初始禀赋是 A 点,那么消费者乙愿意付出一定量的货币换来一定量的吸烟的权利。这样我们可以得到最终的均衡:两个消费者的无差异曲线相切的一点决定了最终的吸烟量。这样一种最优配置通常通过相切的条件来表示，即如图 13－6 中 E_1 点所示的那样，抽烟和货币的边际替代率在两个行为人之间是相同的。

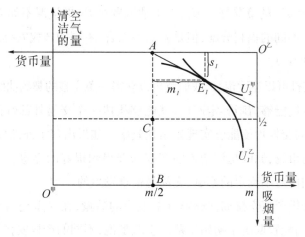

图 13－6　初始禀赋为 A 点时的交换均衡

注:行为人乙付出货币 m_1 换来有权吸烟量 s_1，交易增进了双方的福利。

如果我们改变产权安排，消费者乙有权随意吸烟，那么当消费者甲要求乙减少吸烟量时就必须向乙进行支付。图 13－7 中标记为 B 的禀赋所对应的情况就是这种。同上面一样，通常这也不是帕累托最优，因此我们也可以设想行为人甲和乙之间通过交易而达到大家都喜欢的状况，比如图中的 E_2 点。比较 B 点与 E_2 点，意味着消费者甲付出货币 m_2 换来少享用 s_2 的吸烟量的权利。

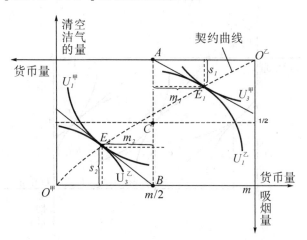

图 13－7　初始禀赋为 B 点时的交换均衡

注:消费者甲付出货币 m_2 换来少消费 s_2 的吸烟量的权利，交易使双方福利增加。

五、拟线性偏好与科斯定理

显然，E_1 和 E_2 都是帕累托最优配置点，是不同的初始禀赋下的市场均衡。可以肯定，抽烟者乙在 E_2 的境况好于 E_1，而不抽烟者在 E_2 的境况不如 E_1。虽然不同的产权安排会产生不同的福利分配，但是就效率而言，不同的产权安排都会实现帕累托效率，这就是科斯定理。

如果产权安排可以连续定义，我们就可以获得一条完整的契约曲线（见图 13 - 7）。这意味着只要我们能够清晰界定产权，就能够构造一个交易外部性的市场。在这样的市场上，最终的交换均衡能够实现帕累托效率。如果出现了外部性问题，一定是因为不存在这样的市场，原因是消费者的产权未能得到很好的界定。未能很好地界定产权意味着我们面对不确定的禀赋，交易是很难发生的。

下面我们分析产权安排如何影响外部效应的数量，在这里是指吸烟的数量。一般来说，有效率的配置取决于初始禀赋。也就是说，不同的产权安排会决定不同的外部性行为的数量（见图 13 - 7）。这是因为产权界定不同导致消费者的禀赋不同，禀赋不同会导致收入效应产生。

但是，如果两个消费者都是拟线性偏好，就不存在收入效应，契约曲线是一条水平线（见图 13 - 8）。不论初始产权如何界定，配置有效率的最终吸烟量都是相同的。不同的产权界定的主要影响是不同的货币分配，非常明确地代表着参与者之间的收入分配效应。

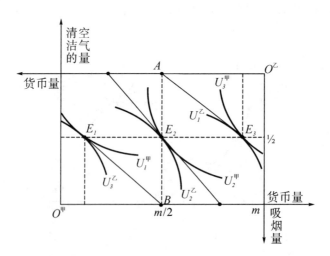

图 13 - 8　拟线性偏好时的交换均衡

注：对于拟线性偏好来说，不同的产权界定会导致相同的外部性。

这一结论构成了科斯定理的一个版本。如果不考虑收入分配效应，那么不同的产权界定可以实现相同的外部效应有效配置。但是，在现实中，当我们无法忽略收入效应的时候,产权界定就不仅仅是因为要作为交易的基础,往往还涉及公平问题。例如,人们很少反对私人产权之间的交易,但对共有资产与私人产权的界定方式充满了冲突和争议。圈地运动就是把共用土地私有化的运动,损失了使用权的人们把私产的建立视为一种盗窃。这个例子告诉我们产权的界定和建立与产权的实施是两个问题。科斯定理认为排他性的私人产权是有效率的,但并没有针对如何界定私人产权给出标准。

第三节 公共物品

一、公共物品的特征

公共物品是指具有消费的非排他性和非竞争性的物品。如果一种物品被提供之后,没有一个家庭或个人可以被排除在消费该物品的过程之外,或者为了排除某人消费该物品而需付出无穷大的代价,则称其具有非排他性。非竞争性是指一种产品一旦被提供,其他人消费它的边际成本为零。简单地说,非竞争性指的是消费时的共用性。与之相对应的是排他性和竞争性。排他性是指可以排除在该物品的消费过程之外的特性,现代社会主要通过产权和收费的方式排他。竞争性是指一个人消费一个物品,其他人消费时的边际成本大于零,或者说商品不满足共用性。

满足"非排他性"与"非竞争性"这两个属性的物品就称为纯公共物品。纯公共物品必须以"不拥挤"为前提。一旦"拥挤",增加一个消费者就会影响别人的消费,从而影响"公共物品"的性质。同时,"非排他性"也有这样的含义,即使某种公共物品对于某个社会成员来说是不必要的,他也别无选择,只能消费这类服务。例如,某国建造导弹系统,有些公民便会认为增加导弹只会使军备竞争升级,从而危及国家安全,于是会反对建造导弹系统。但是,一旦政府决定建造该导弹系统,这些公民就算反对,也只能接受这种消费。因此,"非排他性"也包含了"无可逃遁性"这一含义。

但是,在实际生活里,"拥挤程度"是可以由量变积累成质变的,因此"非竞争性"的程度也是会发生变化的。这样公共物品的分类就不是纯粹的,而事实上我们面对的是大量非纯粹的公共物品。例如,一个大图书馆,如果读者少,可以对任何人开放,这时它便是公共物品。但随着读者数量的增加,就会发生拥挤问题,这不利于严肃的学术研究,于是就要设置种种限制,如教授优先、进门要查证等。于是,我们有必要对日常生活中遇到的纯粹公共物品与非纯粹公共物品进行分类。分类仍是按"非排他性"与"非竞争性"这两个标准来进行的(见表13-1)。

表 13-1 公共物品和私人物品

类型	非竞争性	竞争性
非排他性	纯公共物品(国防、天气预报)	公共资源(免费的拥挤的街道、公海里的鱼)
排他性	俱乐部物品(在不拥挤时上网、看电影)	私人物品(谷物、成衣、饮料)

在表 13-1 中,左上角是纯公共物品,右下角是私人物品。具有非排他性并具有竞争性的物品称为公共资源,比如拥挤的免费道路。在拥挤的街道上开车当然会影响他人开车,于是产生了竞争性。但道路对所有人都免费开放,具有非排他性。具有排他性但不具有竞争性的物品称为俱乐部物品,如上网。上网要收上网费,因此具有排他性,但网络在未饱和之前是不会由于增加一个消费者而增加成本的。或者说,增加一个上网者,不会影响到其他上网者,因此具有非竞争性。

二、离散的公共物品供给

(一)行为人的预算约束和效用函数

为了便于理解,我们考虑简单的例子:同寝室的两个学生甲和乙,考虑是否购买一台电视机,这台电视机在寝室里面属于公共物品。

我们用 $w_甲$ 和 $w_乙$ 分别表示甲和乙两个学生的财富数量,他们用在私人物品上的货币支出数量分别为 $q_甲$ 和 $q_乙$。相应地,他们用于公共物品的支出为 $g_甲$ 和 $g_乙$。假设总的财富被分配在公共物品和私人物品上面,因此他们的预算约束方程就为

$$q_甲 + g_甲 = w_甲$$

$$q_乙 + g_乙 = w_乙$$

如果电视机的价格为 c,那么只当 $g_甲 + g_乙 \geq c$ 时,两个人才能消费一个单位的公共物品。

每个人的效用函数都是由其私人消费和公共物品的可得性来决定的。如果公共物品的数量用 G 表示,$G = 0$ 表示没有电视机,$G = 1$ 表示一台电视机,那么甲和乙两人的效用函数就分别为

$$u_甲 = u_甲(q_甲, G)$$

$$u_乙 = u_乙(q_乙, G)$$

值得注意的是,每一个人的私人消费都用下标表明物品是由行为人甲或乙消费的,但是公共物品没有下标,它是由两个人共同消费的。不同的消费者虽然消费数量不同的私人物品,但是会消费数量相同的公共物品,这就是对公共物品消费的非排他性和非竞争性的刻画。

(二)提供公共物品的条件

下面我们要分析的问题是在什么条件下存在一种支出方案$(g_{甲}, g_{乙})$使得购买电视机相对于不购买电视机是一种帕累托改善,也就是比较在什么条件下两个人对资源配置$(w_{甲} - g_{甲}, w_{乙} - g_{乙}, 1)$的偏好都强于对资源配置$(w_{甲}, w_{乙}, 0)$的偏好。根据帕累托改善的定义,这要求满足

$$u_{甲}(w_{甲}, 0) < u_{甲}(w_{甲} - g_{甲}, 1)$$
$$u_{乙}(w_{乙}, 0) < u_{乙}(w_{乙} - g_{乙}, 1)$$

这个条件的经济学含义是什么呢?

首先,我们定义两个人对电视机的保留价格是他们在付费购买电视机和不购买电视机之间无差异的价格。例如,如果行为人甲支付了这种保留价格$r_{甲}$并得到一台电视,他可以用于私人消费的财产就为$w_{甲} - r_{甲}$;如果行为人甲不购买电视机,就有$w_{甲}$的财产可用于私人消费。同样地,如果行为人乙支付了这种保留价格$r_{乙}$并得到一台电视,他可以用于私人消费的财产就为$w_{乙} - r_{乙}$;如果行为人乙不购买电视机,就有$w_{乙}$的财产可用于私人消费。因此,两个人的保留价格$r_{甲}$和$r_{乙}$满足

$$u_{甲}(w_{甲}, 0) = u_{甲}(w_{甲} - r_{甲}, 1)$$
$$u_{乙}(w_{乙}, 0) = u_{乙}(w_{乙} - r_{乙}, 1)$$

这样帕累托改善的条件就变成

$$u_{甲}(w_{甲} - g_{甲}, 1) > u_{甲}(w_{甲} - r_{甲}, 1)$$
$$u_{乙}(w_{乙} - g_{乙}, 1) > u_{乙}(w_{乙} - r_{乙}, 1)$$

由于公共物品和私人物品都是合意的商品,因此两个人的效用函数都满足单调性,因此帕累托改善的条件就是

$$w_{甲} - g_{甲} > w_{甲} - r_{甲}$$
$$w_{乙} - g_{乙} > w_{乙} - r_{乙}$$

这就意味着要满足

$$g_{甲} < r_{甲}$$
$$g_{乙} < r_{乙}$$

这就是说,当每个人对公共物品的保留价格高于需要实际支付的价格时,提供公共物品是一种帕累托改善。

上面的条件可以改写为$r_{甲} + r_{乙} > g_{甲} + g_{乙} = c$。这就是说,如果所有消费者对公共物品的保留价格之和高于公共物品的价格,购买公共物品就是帕累托改善。

由于保留价格取决于偏好和财富分配,从而有些财富的分配在提供公共物品时实现帕累托有效率;而另外一些财富的分配则在根本不提供公共物品时实现帕累托有效率。为了理解这一点,我们设想极端的情况。如果寝室里面两个人中一个喜欢电视机,而另一个人持无所谓的态度,这个人对电视机的保留价格为零,这样如果财

富全部分配给了这个人,电视机就不会被提供,但如果是相反的财富分配,电视机就会被提供。

（三）公共物品私人供给的无效率

下面我们要说明的是公共物品的特殊性往往会导致公共物品供给无效率。假设寝室里面两个消费者的初始财产都为500元,偏好相同,对电视机的评价或保留价格都为300元,电视机的成本为400元,保留价格总和高于成本,购买电视机是帕累托有效率的。

如果两个人都不付费购买电视机,则无法得到电视的好处300元,则这时的收益还是原来的500元;如果两个人都付费,则各承担电视费用的一半(200元),则此时可以从电视得到好处300元,因此此时收益为600元(500 − 200 + 300);如果只有一个消费者付费,则此时他的收益为400元(500 − 400 + 300),而不付费的消费者从电视上得到300元的净好处,他的收益为800元(500 + 300)。这个问题的支付矩阵(公共物品的私人供给博弈)如图13 − 9所示。

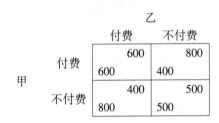

图13 − 9　公共物品的私人供给博弈

运用博弈论的求解方法,我们发现这个博弈中的(不付费,不付费)是纳什均衡,但是这个结果是帕累托无效率的,因为双方分摊成本提供公共物品是帕累托改善。这种无效率的情况同样属于囚徒困境:虽然联合消费公共物品好于不消费公共物品,但是,一方面,如果其他人不付费,一个消费者独自提供公共物品的效用小于公共物品的费用;另一方面,如果其他人负担了公共物品的费用,未付费的消费者同样可以消费公共物品并获得效用。上述两个原因使得每个消费者都选择不付费,这种行为机制被称为"搭便车",说明了公共物品供给不足的原因。

三、连续性公共物品的供给

（一）最优供给数量

在前面的分析中,公共物品是离散的,因而我们的分析局限在是否提供公共物品上,或者说他们面对的是一种非此即彼的选择。但是我们还需要回答公共物品的最优供给数量问题。特别地,为了运用微积分的方法,我们希望能够定义连续性公共物品的量。

我们用 G 代表公共物品的数量,这里的 G 是连续变量,用 $c(G)$ 代表 G 的生产成本或购买费用,其中 $c'(G) > 0, c''(G) > 0$。

我们仍然假设两个消费者,并且他们可行的资源配置必须满足

$$q_甲 + q_乙 + c(G) = w_甲 + w_乙$$

从中我们可以看到,公共物品的数量和私人物品的数量之间存在替代关系。

如果把消费者乙的效用固定在某一水平 $\bar{u}_乙$ 上,那么帕累托有效率的配置就变成了下面的优化问题。

$$\max_{q_甲, q_乙, G} u_甲(q_甲, G)$$

$$\text{s. t.}\ \ u_乙(q_乙, G) = \bar{u}_乙 \text{ 且 } q_甲 + q_乙 + c(G) = w_甲 + w_乙$$

这一优化问题的拉格朗日函数为

$$L = u_甲(q_甲, G) + \mu[u_乙(q_乙, G) - \bar{u}_乙] - \lambda[q_甲 + q_乙 + c(G) - w_甲 - w_乙]$$

一阶条件为

$$\frac{\partial L}{\partial q_甲} = \frac{\partial u_甲}{\partial q_甲} - \lambda = 0$$

$$\frac{\partial L}{\partial q_乙} = \mu \frac{\partial u_乙}{\partial q_乙} - \lambda = 0$$

$$\frac{\partial L}{\partial G} = \frac{\partial u_甲}{\partial G} + \mu \frac{\partial u_乙}{\partial G} - \lambda c'(G) = 0$$

根据一阶条件中前面两个方程,可以得到

$$\lambda = \frac{\partial u_甲}{\partial q_甲}$$

$$\mu = \frac{\partial u_甲}{\partial q_甲} \bigg/ \frac{\partial u_乙}{\partial q_乙}$$

代入第三个方程,可以得到

$$\frac{\partial u_甲}{\partial G} \bigg/ \frac{\partial u_甲}{\partial q_甲} + \frac{\partial u_乙}{\partial G} \bigg/ \frac{\partial u_乙}{\partial q_乙} = c'(G) \text{ 即 } MRS_甲(G) + MRS_乙(G) = MC(G)$$

这一结果是什么意思呢? 上式的第一项和第二项分别是两个消费者在私人物品和公共物品之间的边际替代率,从而帕累托有效率的公共物品数量满足:两个消费者对公共物品的边际替代率之和等于公共物品的边际成本。这个结论由萨缪尔森在1954 年提出,也被称为萨缪尔森规则。如图 13 - 10 所示,最优公共物品数量为 G^{**}。

为什么满足这个条件就实现了有效率配置呢? 我们知道,边际替代率的经济学含义是边际支付意愿,因此这里的边际替代率反映的是人们对公共物品的边际支付意愿。如果边际支付意愿之和大于公共物品的边际成本,增加公共物品的数量就可以提高福利,而最优的配置正好是增加公共物品的边际支付意愿等于边际成本。

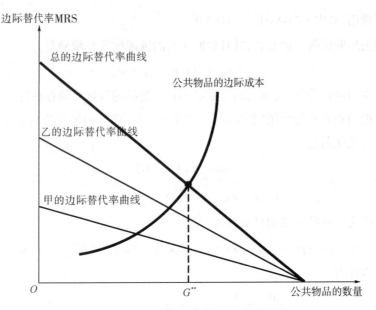

图 13 - 10　帕累托有效率的公共物品提供数量

注:边际替代率之和等于边际成本,决定了公共物品的最优数量。

(二)公共物品的私人或市场供给

前面讨论了公共物品的最优供给数量 G^{**},但如果公共物品由私人或市场来供给,我们则会发现私人或市场供给的公共物品数量达不到最优供给水平。

假设消费者甲的效用函数为 $u_甲(q_甲,G)=u_甲(q_甲,G_甲+G_乙)$,消费者乙的效用函数为 $u_乙(q_乙,G)=u_甲(q_乙,G_甲+G_乙)$,其中 G 为公共物品的数量,$G_甲$ 和 $G_乙$ 分别为甲和乙私人提供的公共物品数量,其中 $G=G_甲+G_乙$。如果公共物品有正的外部性,则有 $\dfrac{\partial u_甲}{\partial G_乙}>0,\dfrac{\partial u_乙}{\partial G_甲}>0$。

假定公共物品的市场价格为 p_G,则消费者甲的效用最大化问题为

$$\max u_甲(q_甲,G)$$

$$s.t.\ q_甲+p_G G_甲=w_甲$$

构造拉格朗日函数为

$$L=u_甲(q_甲,G)+\lambda[w_甲-q_甲-p_G G_甲]$$

一阶条件为

$$\frac{\partial L}{\partial q_甲}=\frac{\partial u_甲}{\partial q_甲}-\lambda=0\Rightarrow\lambda=\frac{\partial u_甲}{\partial q_甲}$$

$$\frac{\partial L}{\partial G_甲}=\frac{\partial u_甲}{\partial G}\times\frac{\partial G}{\partial G_甲}-\lambda p_G=0\Rightarrow\lambda p_G=\frac{\partial u_甲}{\partial G}$$

根据上面两式整理可得 $\dfrac{\partial u_甲/\partial G}{\partial u_甲/\partial q_甲}=p_G$,即 $MRS_甲(G)=p_G$

从上式可知,从消费者甲的角度来看,其最优的公共物品的供给数量满足其边际支付意愿等于公共物品的市场价格。

同理,消费者甲的效用最大化问题为

$$\max u_乙(q_乙,G)$$

$$s.t.\ q_乙 + p_G G_乙 = w_乙$$

其一阶条件整理可得 $\mathrm{MRS}_乙(G) = p_G$,从消费者乙的角度来看,其最优的公共物品的供给数量满足其边际支付意愿等于公共物品的市场价格。

对于公共物品的生产厂商而言,其利润最大化的决策为:

$$\max\pi = p_G G - c(G)$$

一阶条件为

$$p_G = \mathrm{MC}(G)$$

结合消费者和生产者的最优条件,可知由私人或市场提供的公共物品数量(我们用 G^* 表示)必须满足 $\mathrm{MRS}_甲(G) = \mathrm{MRS}_乙(G) = \mathrm{MC}(G)$,即公共物品的市场配置条件为每个消费者的边际替代率(边际支付意愿)等于公共物品的边际成本。而这不同于公共物品的帕累托有效配置的条件:$\mathrm{MRS}_甲(G) + \mathrm{MRS}_乙(G) = \mathrm{MC}(G)$。这意味着私人或市场供给的公共物品数量不等于帕累托最优配置的数量。具体来说,市场配置的数量 G^* 小于帕累托最优数量 G^{**}。接下来,我们给出具体的说明。

市场配置的数量 G^* 满足:$\mathrm{MRS}_甲(G^*) = \mathrm{MRS}_乙(G^*) = \mathrm{MC}(G^*)$

帕累托最优配置数量满足:$\mathrm{MRS}_甲(G^{**}) + \mathrm{MRS}_乙(G^{**}) = \mathrm{MC}(G^{**})$

现构造函数 $f(G) = \mathrm{MRS}_甲(G) + \mathrm{MRS}_乙(G) - \mathrm{MC}(G)$,

则 $f'(G) = \mathrm{MRS}'_甲(G) + \mathrm{MRS}'_乙(G) - \mathrm{MC}'(G) < 0$,即 $f(G)$ 是减函数。

而 $f(G^*) = \mathrm{MRS}_甲(G^*) + \mathrm{MRS}_乙(G^*) - \mathrm{MC}(G^*) > 0$,

$f(G^{**}) = \mathrm{MRS}_甲(G^{**}) + \mathrm{MRS}_乙(G^{**}) - \mathrm{MC}(G^*) = 0$,

即 $f(G^*) > f(G^{**})$,但 $f(G)$ 是减函数,因此 $G^* < G^{**}$

这说明,市场配置的公共物品数量相对于帕累托最优数量是不足的。究其原因,还是因为具有正外部性的公共物品会出现"搭便车"的现象,最终使得市场在配置公共物品上缺乏效率。

第四节　公地的悲剧

受科斯思想的启发,人们逐渐认识到产权与资源配置的关系。在这里,我们要分析的是如果人们可以非排他性地使用一种资源,就会出现严重的福利损失。可以非排他性或免费使用的资源被称为公共资源,其无效率的使用往往被称为公地的悲剧。

为了说明公地的悲剧,我们考虑这样一个乡村,那里的村民在牧场里放牛。一个可以放牛的牧场有两种资源配置机制。第一种是私人产权,按照这种办法,某人将拥有这个牧场,同时这个人决定整个牧场可以放牧多少头牛;第二种是共有产权安排,即这块牧场由全体村民共同所有,进入牧场是免费的,而且没有任何限制。

假设每头牛的成本为 a,用 q 表示牛的数量,其创造的产出(比如牛奶)为 $f(q)$,$f'(q) > 0$,$f''(q) < 0$。也就是说,边际产量是递减的,假设牛奶的价格为 1。

如果牧场归一个人所有,他能够控制进入牧场的牛的数量,那么牧场主选择牛的数量就要求解最大化问题 $\max_q f(q) - aq$,最优数量满足 $f'(q^*) = a$(见图 13 – 11)。

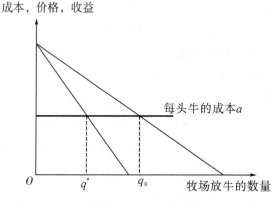

图 13 – 11 公地的悲剧

注:如果牧场是私人的,其所选择的放牧的牛的数量就满足牛的边际产量等于边际成本。但是,如果牧场是公共资源,所放牧的牛的数量就会一直增加到利润为 0 时的数量。此时,牧场上存在过度放牧。

在共有产权安排下,牧场成了每个牧民可以自由使用的共有资源。为了简化,假设每个牧民仅放牧一头牛,这样一个牧民在选择是否进入这个牧场的时候就比较边际收益和边际成本。增加一头牛的边际收益是每头牛的平均产量 $\dfrac{f(q)}{q}$。根据上面的设定,我们知道平均产量是递减的。也就是说,一个新的牧民进入这个牧场会降低所有牧民的产出,但是这个新的进入者并不关心这一点。在共有产权安排下,牧民把这种影响看成社会成本,这就是典型的负外部性问题。对于个人而言,只要增加一头牛的收益仍然大于成本,更多的牛就会被放入牧场。均衡的结果满足 $\dfrac{f(q)}{q} = a$,均衡数量为 q_0,如图 13 – 11 所示。此时 $f(q_0) = aq_0$,即牧场利润为零。同时,$q_0 > q^*$,这意味着私人放牧的牛的数量超出了最优放牧数量,即存在过度放牧的现象,出现了所谓的公地的悲剧。

复习思考题

1. 假定有两个具有相同偏好的人共居一室,他们的效用来自看电视的时间 x 与所吃的小吃量 y。特定的效用函数由下式给出:

$$u_i(x, y_i) = x^{\frac{1}{3}} y_i^{\frac{2}{3}} \quad (i = l, 2)$$

假定每个人要花费 30 元, $p_x = 10$ 元, $p_y = 2$ 元,并且假定两人是一起看电视的(禁止单独收看电视)。那么,这两个人该如何配置自己的收入才符合萨缪尔森规则?

2. 假设两个新闻纸生产厂商都位于河边。上游厂商 (Y) 的生产函数为 $Y = 2\,000 L_Y^{1/2}$。这里, L_Y 是每天雇佣的工人数量,而 Y 是以英尺①计算的新闻纸的产出。下游厂商 (X) 具有同样的生产函数,但其产出受厂商 Y 倾倒于河中的化学品的影响。

$$X = \begin{cases} 2\,000 L_X^{1/2} (Y - Y_0)^a, Y > Y_0 \\ 2\,000 L_X^{1/2}, Y \leqslant Y_0 \end{cases}$$

这里, Y_0 表示河流对污染物的自然承受能力。

假定新闻纸每英尺卖 1 美元,工人每天挣 50 美元。

(1)计算无外部性时上游和下游厂商的利润极大化产量和劳动雇佣量。

(2)如果 $a = -0.1, Y_0 = 38\,000$,计算存在外部性时上游和下游厂商的利润极大化产量和劳动雇佣量。

(3)假定厂商 X 和 Y 合并,管理者能够对全部劳动力进行配置,证明在前述情况下分散做出的利润最大化决策是无效率的。

3. 证明:在当事人为拟线性偏好的条件下,如果经济中出现了外部性,那么通过明晰产权的方法来解决外部性是能够达到社会最优的,而且该结果与所有权的初始配置无关。

4. 处于不同地点的四家厂商向一条河中倾倒不同数量的废水。废水对下游居民的游泳质量产生不利影响。这些人可以建设游泳池来避免在河中游泳,而厂商可以购买过滤设备,消除向河中倾倒物质中的有害化学成分。作为一个地区计划组织的政策顾问,你将如何比较下列消除废水有害影响的选择:

(1)对位于河边的厂商收同样费率的废水费。

(2)对每家厂商可以倾倒的废水水平规定同样的标准。

(3)实行可转让废水许可证制度,确定废水的总水平并给所有厂商一样的许可证。

---

① 1 英尺 = 0.304 8 米,下同。

5. 一个养蜂人住在一个果园旁边。果园主人由于蜜蜂而受益,因为每箱蜜蜂大约能为一英亩①果树授粉。然而,果园主人并不为这一服务付任何费用,因为蜜蜂并不需要他做任何事就会到果园来。蜜蜂并不足以使全部果园都得到授粉,因此果园主人必须以每英亩果树10美元的成本,用人工来完成授粉。

养蜂人的边际成本为 MC = 10 + 2Q。式中,Q 是蜂箱数目。每箱蜜蜂产生价值20美元的蜂蜜。请问:

(1)养蜂人将会有多少箱蜜蜂?

(2)这是不是经济上有效率的蜂箱数目?

(3)什么样的变动可以实现更有效率的运作?

练习题

1. 一个公共牧场有两个使用者,放牧的牛的数量分别为 x_A 和 x_B,牛的单位价值(或价格)为 $V(x_A, x_B) = 200 - (x_A + x_B)^2$,求纳什均衡,并解释"公地的悲剧"的含义(假设养牛的成本为0)。

2. 一个完全竞争行业中的一家厂商首创了一种制作小机械的新工艺。新工艺使厂商的平均成本曲线下移,这意味着这家厂商自己能长期获得真正的经济利润。

(1)如果每件小机械的市场价格是20美元,厂商的边际成本曲线为 MC = 0.4q,其中 q 是厂商每日的小机械产量,那么厂商将生产多少小机械?

(2)假定政府的研究发现厂商的新生产过程污染空气,并且估计厂商生产小机械的社会边际成本是 SMC = 0.5q。如果市场价格仍为20美元,那么厂商在社会上的最优生产水平是什么?为了实现这种最优生产水平,政府应征收多大比率的税收?

(3)用图形表示计算结果。

3. 若市场上只有 A 和 B 两个消费者,他们对公共品 Y 的需求函数以及 Y 的供给函数如下:

$Q_{dA} = 8 - 2p_Y$

$Q_{dB} = 12 - p_Y$

$Q_{sY} = p_Y$

(1)A 和 B 两个消费者各消费多少 Y?

(2)Y 的市场价格是多少?

(3)若 Y 是私人物品,其价格和消费量有何不同?

---

① 1 英亩 ≈ 4 046.86 平方米,下同。

4. 假设乌托邦的石油工业是完全竞争的,所有企业都在一个油田上开采石油。假定每个竞争者都认为他能以稳定的市场价格——每桶 10 美元出售其生产的全部石油,而每年维持一口油井的经费是1 000美元。油田每年的总产出(Q)是油田中工作的油井数(N)的函数。有 $Q = 500N - N^2$,并且每口油井的产油数(q)由下式得出:

$$q = \frac{Q}{N} = 500 - N$$

(1)描述在这种完全竞争情况下的均衡产出和均衡油井数。在行业中,私人边际成本和社会边际成本是否存在差异?

(2)假定现在政府对油田实行国有化,应运作多少口油井? 总产出将是多少? 每口井的产出将是多少?

(3)作为国有化之外的一种选择,乌托邦政府正在考虑采用对每口井征收年执照费的办法来抑制过度开采。如果要促使这个行业开采最佳数量的油井,那么这种执照费应为多少?

5. 在一个社区内有三个集团,它们对公共电视节目小时数 T 的需求曲线分别如下:

$$W_1 = 150 - T$$

$$W_2 = 200 - 2T$$

$$W_3 = 250 - T$$

假定公共电视是一种纯粹的公共物品,它能以每小时 200 美元的不变边际成本生产出来。

(1)公共电视有效率的小时数是多少?

(2)一个竞争性的私人市场会提供多少公共电视?

6. A 厂商生产 X 产品,B 厂商生产 Y 产品,其成本函数为 $C_A = 2X^2$, $C_B = Y^2 + 2XY$,显然,A 厂商对 B 厂商造成了负外部性,假设 X 产品和 Y 产品的价格分别为 80 和 60。

(1)假定厂商不对外部性问题进行交涉,两个厂商的产量各为多少?

(2)如果厂商对外部性问题进行交涉,交易成本为零,两个厂商的产量又各为多少?

(3)如果政府对 A 厂商征收每个单位 T 的税收,T 为多少可以使经济达到有效率的结果?

7. 假定社会上只有两个人。对甲,蚊虫控制的需求曲线为:

$$q_a = 100 - P$$

对乙,蚊虫控制的需求曲线为:

$$q_b = 200 - P$$

(1)假定蚊虫控制是纯公共品,即一旦生产出来,每个人都会从中受益。如果它能以每个单位 120 美元的不变边际成本得以生产,那么其最优水平如何?

(2)若蚊虫控制由私人市场来生产,又会提供多少? 你的答案是否取决于每个人都假定其他人会进行蚊虫控制?

(3)如果政府要将蚊虫规模控制在恰当的范围内,那么将花费多少? 如果个人会按其从蚊虫控制中所得的好处的比例去分担费用的话,那么税收将怎样在两个人之间进行分配?

8. 改革开放以来,各地区的工业发展对我国经济的持续高速发展做出了很大贡献,然而也在一定程度上造成了日益加重的环境污染。试根据经济学原理讨论下列问题:

(1)为什么环境污染通常难以由污染者自行解决,而需要政府加以管理?

(2)解决环境污染的常用方法包括关闭工厂、制定排污标准并对超标者罚款、按照污染物排放量收费。试从经济学角度分析比较这三种方法。

9. 假定一个生产一种公共品(P)和一种私人商品(G)的经济的生产可能性边界由下式决定:

$G^2 + 100P^2 = 5\ 000$

该市场由 100 个完全相同的个人组成,每个人有如下形式的效用函数:

效用 $= \sqrt{G_i P}$

这里,G_i 是个人在私人商品生产中的份额($G_i = G/100$)。请注意,公共品是非排他的,并且每个人都从其生产水平中受益。

(1)如果 G 和 P 的市场是完全竞争的,将会生产出多少商品? 在此情形下典型的个人效用会是怎么样的?

(2)G 和 P 的最优生产水平如何? 典型的个人效用水平如何? 如何对商品的消费进行征税以得到这一结果(提示:本题中数字甚至并不显现,进行一些估计也就够了)?

第十四章 信息不对称

由于获得信息的难易程度和成本不同,市场上不同的交易主体拥有的信息数量和质量可能不同。在产品市场上,消费者可能难以分辨出哪些产品是高质量的,哪些产品是低质量的;相反,产品的销售者(或生产厂商)却可以轻而易举地把高质量的产品和低质量的产品分离开来。在劳动市场上也存在类似的问题,雇员清晰地知道自己的能力和才干,但是雇主难以得到这些信息。如果交易的一方拥有更多的信息,我们称之为信息不对称。其中拥有信息较多的一方具有信息优势,拥有信息较少甚至完全没有信息的一方处于信息劣势。

如果不对称的信息产生于交易之前,我们称之为隐藏信息或逆向选择模型;如果不对称的信息产生于交易之后,我们称之为隐藏行动或道德风险模型。

本章分析说明信息不对称的市场中的均衡,并且说明无效率是如何发生的及其解决机制。本章内容如下:第一节分析次品市场的逆向选择模型;第二节介绍文凭的信号功能;第三节介绍劳动市场上的道德风险问题以及对经理人员的激励问题;第四节介绍保险市场上的逆向选择和道德风险问题。

第一节 次品市场的逆向选择

由于阿科洛夫的思想贡献,次品市场(lemons)的典型代表是二手车市场。阿科洛夫创造性地指出信息不对称导致同种质量的汽车在二手车市场上的售价远远低于新车市场上的售价。下面我们以二手车市场为例,说明次品市场上的信息不对称和逆向选择问题。

一、逆向选择和市场均衡

为了分析简单,我们假设:第一,二手车市场的交易主体有两个,即一个是二手车的卖方(用下标 s 表示),另一个是二手车的买方(用下标 d 表示);第二,二手车的质量是卖方的私人信息,二手车的买方仅仅知道整个市场的质量分布和质量均值(如买主可以通过买旧车前的信息搜索得知),此时买方的决策是不确定性下的选择;第三,买方是风险中性的。

（一）买方的决策

假设潜在买主的效用函数为 $U_d = m + \alpha qn$。其中，m 表示旧车以外的消费，α 表示买方的偏好参数，q 表示旧车的质量，n 表示购买旧车的数量。假设每个买主最多购买一辆旧车，那么 n 就是一个 $0-1$ 变量，即如果购买就有 $n=1$，不买就有 $n=0$。

每一位潜在的买主面临的预算约束为 $Y_d = m + pn$，或者写成 $m = Y_d - pn$。其中，Y_d 表示潜在买主的收入。假设旧车之外的其他商品价格为 1，p 表示旧车的价格。由于信息不对称，买主在面对鱼龙混杂的二手车市场时无法在买车之前分辨出旧车的质量是高还是低，此买主无法针对不同质量的旧车给出有差别的价格，因此 p 是独立于旧车质量的单一价格。正是因为买主对质优和质次的旧车提供相同的价格，所以才会产生逆向选择的问题。

由于买主仅仅拥有关于旧车质量的不完全信息，并且我们假设买主是风险中性的，因此其期望效用为 $E(U_d) = m + \alpha E(q)n$，即买主的期望效用 $E(U_d)$ 与旧车的期望质量的效用 $U[E(q)]$ 是相同的。其中，$E(q)$ 表示二手车质量的均值。根据前提假设我们可以知道 $E(q)$ 是已知的。

把预算约束代入此期望效用函数，可得 $E(U_d) = Y_d + [\alpha E(q) - p]n$。显然，当且仅当 $\alpha E(q) \geqslant p$ 时，买主会选择 $n=1$，即购买一辆二手车。同时，因为一定时期内消费者的偏好参数 α 是固定的，所以 $\alpha E(q) \geqslant p$，也说明买主愿意支付的最高价格 p 取决于二手车市场的平均质量。

（二）卖方的决策

假设卖者的效用函数为 $U_s = m + \beta qn$，其中 β 表示卖者的偏好参数。又假设卖者的预算约束为 $Y_s = m + pn$，代入卖者的效用函数，可得 $U_s = Y_s + (\beta q - p)n$。显然，当且仅当 $\beta q \leqslant p$ 时，卖者会选择 $n=0$，即出售自己的二手车。

（三）市场均衡和效率

假设 $\beta \leqslant \alpha$，表明发生交易是帕累托有效率的。如果信息是完全的，即买者也清晰地知道二手车的质量，那么交易一定会发生，市场均衡是有效率的。但是，在信息不对称约束下，交易发生的条件为 $\beta q \leqslant p \leqslant \alpha E(q)$，结果只有质量水平满足 $q \leqslant \dfrac{\alpha}{\beta} E(q)$ 的商品才会成交。

从上面的分析过程中我们可以看出，当卖者拥有二手车的私人信息，并且买者在购买前不清楚旧车的实际质量时，买者在购买旧车时是按照平均质量出价的，这时只有低质量旧车的卖者才愿意出售，高质量旧车的卖者不会出售他的商品。这时候逆向选择就发生了，旧车市场上只有低质量汽车可以卖出去。在卖者的逆向选择发生后，买者会修正自己对二手车市场上汽车质量的预期，降低他的出价，而买者出价的降低又引发了新一轮的卖者逆向选择。如果这样的过程一直继续下去，最终当逆向选择结束时，市场也就达到了均衡。此时，二手车市场可能彻底消失了。

二、例题

下面我们用具体的数字,按照上面的模型分析过程来说明二手车市场的逆向选择问题。

令 $\alpha=\dfrac{3}{2}$, $\beta=1$, $q\sim U[0,2]$(二手车的质量 q 服从均匀分布)。因为 $q\sim U[0,2]$,所以买主在二手车市场上挑到高质量汽车的概率和挑到低质量汽车的概率密度一样大,即均为 $\dfrac{1}{2}$。二手车市场上的质量均值为 $E(q)=\displaystyle\int_0^2\dfrac{1}{2}\mathrm{d}q=\dfrac{1}{2}\times(2-0)=1$。我们把各种已知数据代入买主决策的充分必要条件 $\alpha E(q)\geqslant p$,可以得到 $p\leqslant\dfrac{3}{2}$,即面对 $q\sim U[0,2]$ 的质量分布,买主的最高出价为 $\dfrac{3}{2}$。在最高出价 $\dfrac{3}{2}$ 确定后,卖主根据自己决策的充分必要条件 $q\leqslant P/\beta$,决定二手车市场上提供的汽车质量,即 $q\leqslant\dfrac{3}{2}$,也就是说此时只有那些质量小于 $\dfrac{3}{2}$ 的二手车才会被选择卖出,而对于质量高于 $\dfrac{3}{2}$ 的汽车,卖主将选择不卖。

于是,二手车的质量分布退化为 $q\sim U\left[0,\dfrac{3}{2}\right]$,即质量分布 $\left[\dfrac{3}{2},2\right]$ 之间的高质量的二手车退出了市场交易,发生了第一次二手车市场上的逆向选择。接下来,买主预见到了二手车市场上汽车质量的分布发生了变化,并且迅速地修正了自己的预期。买主根据新的质量分布 $q\sim U\left[0,\dfrac{3}{2}\right]$,得知此时的质量均值为 $E(q)=\dfrac{3}{4}$,买主愿意支付的最高价格变为 $p=\dfrac{9}{8}$,此时卖主提供 $q\leqslant\dfrac{9}{8}$ 的汽车,质量高于 $\dfrac{9}{8}$ 的汽车将退出市场,第二次逆向选择发生了。至此,二手车的质量分布进一步退化为 $q\sim U\left[0,\dfrac{9}{8}\right]$,照此不断继续下去,高质量二手车会不断地退出旧车市场,市场上出售的旧车质量会越来越差。

那么,什么时候能够达到均衡呢?从均匀分布函数的计算过程可以看出,只有 $p=0$ 才是均衡解,因此二手车市场在经历一次次的逆向选择之后,最终会彻底萎缩。

前面的论证和例子都表明由于逆向选择,二手车市场将彻底萎缩和消失,这是由于假定的特殊性造成的。更一般的情况是,次品市场并不会彻底消失。由于信息不对称,次品市场上始终会出现逆向选择的现象,使得低质量的商品将高质量的商品从市场中挤去,出现类似于"劣币驱逐良币"的现象。当然,逆向选择不仅仅发生在次品市场,也会发生在其他市场上,比如劳动市场、保险市场上。后面的章节会讨论这些市场上的逆向选择现象,并给出解决逆向选择问题的一些思考。

第二节　文凭信号模型

在第一节中,我们分析了次品市场存在信息不对称时发生逆向选择的过程以及导致的市场无效率的结果。逆向选择不仅会发生在商品市场上,也会出现在劳动市场上。在本节中,我们根据斯彭斯(Spence)于1974年建立的文凭信号模型来分析说明:劳动者的受教育程度即使不提高其劳动生产率,也可以作为显示其能力的信号发挥作用,缓解由于逆向选择所造成的市场无效率的现象,改善市场的运行。

假设市场上有两种类型的劳动者:高能力的劳动者(用下标1表示)和低能力的劳动者(用下标2表示)。高能力的劳动者的边际产量为a_1,低能力的劳动者的边际产量为a_2,其中$a_1 > a_2$。厂商的生产函数为$Q = a_1 L_1 + a_2 L_2$,其中L_1和L_2是高能力和低能力劳动者的劳动投入量。

假设厂商之间的竞争使得企业按照劳动者的边际产量来确定其工资水平。在完全对称信息条件下,劳动市场顺利运行,则高能力的劳动者得到$w_1 = a_1$的工资,低能力的劳动者得到$w_2 = a_2$的工资。

但如果厂商仅拥有关于劳动者能力的不完全信息,即厂商不能区分劳动者到底是高能力的还是低能力的,但劳动者知道自己的能力水平,信息不对称的现象就产生了。厂商如果按照平均生产率来确定工资率,即平均工资率定为$\bar{w} = \dfrac{a_1 + a_2}{2}$,则$w_2 < \bar{w} < w_1$。由于不同能力的劳动者面临相同的工资率$\bar{w}$,但$w_2 < \bar{w}$,因此低能力的劳动者会接受这份工作和工资,而$\bar{w} < w_1$,高能力的劳动者未必会接受这份工作和工资。如果高能力的劳动者不接受的话,也即意味着逆向选择发生了。由于信息的不对称,高能力的劳动者被挤出了劳动市场,因此在信息不对称的条件下,劳动市场就没有有效运行,高能力的劳动者的利益会遭受损失。

显然高能力的劳动者有很强的意愿来披露自己的真实信息,改善信息不对称的状况,从而改善自己的境遇。斯彭斯说明高能力的劳动者可以通过选择一个足够高的受教育水平作为信号来显示自己的能力信息,从而缓解信息不对称的现象,增进自己的福利水平,改善劳动市场的运行。

假设e代表着劳动者的受教育程度,劳动者为此承担的成本为$c(e)$,其中高能力的受教育成本为$c_1(e) = k_1 e$,低能力的劳动者的受教育成本为$c_2(e) = k_2 e$。我们假设$k_1 < k_2$,即高能力的劳动者的受教育成本要小于低能力的劳动者。我们同时假定,劳动者的收益函数为$u = w - c(e)$。

接下来,我们考察劳动者和厂商是如何做出各自的决策的。首先,劳动者做出接受多少教育水平的决策,这个教育水平不改变劳动生产率,只起信号作用,向厂商显示劳动者的能力水平。接下来,厂商根据劳动者的受教育水平判断劳动者的类型,并向劳动者支付相应的工资。

在前面的假设和讨论的基础上,我们来完成这个模型的讨论。首先,我们来求解厂商的决策。当劳动者选择了 e 的受教育水平,厂商根据观察到 e 的大小来判断劳动者的能力类型,来支付相应工资。设有一个临界的受教育水平 e^*,e^* 起这样的作用:当劳动者的受教育水平 $e \geq e^*$,厂商就认为该劳动者是高能力的,此时厂商就支付劳动者 $w_1 = a_1$ 的工资;如果劳动者的受教育水平为 $0 \leq e \leq e^*$,厂商就认为该劳动者是低能力的,此时厂商就支付劳动者 $w_2 = a_2$ 的工资。

当厂商做出上述工资决策后,劳动者认识到受教育的信号作用,劳动者该如何做出决策呢? 显然,如果劳动者选择用受教育作为信号显示其是高能力的劳动者,就一定会选择 $e = e^*$ 的受教育水平;如果劳动者不希望用受教育水平来显示其能力信息,则 $e = 0$。

下面我们分析 e^* 满足什么条件,高能力的劳动者会选择 e^* 的受教育水平,而低能力的劳动者会选择零的受教育水平。其核心思想是:高能力的劳动者选择 $e = e^*$ 的收益要比选择 $e = 0$ 的收益大;而低能力的劳动者选择 $e = e^*$ 的收益要比选择 $e = 0$ 的收益小。

对高能力的劳动者有

$$w_1 - k_1 e^* > w_2 - 0$$

对低能力的劳动者有

$$w_1 - k_2 e^* < w_2 - 0$$

由此我们得到的临界的受教育水平 e^* 满足 $\dfrac{w_1 - w_2}{k_2} < e^* < \dfrac{w_1 - w_2}{k_1}$。在这一条件下,劳动者用受教育水平向厂商传递和发送其能力的信号,高能力的劳动者发送 e^* 的受教育水平,低能力的劳动者发送零的受教育水平,厂商接收到 e^* 的信号,认为劳动者是高能力的,就支付 w_1 的工资;厂商接收到零的信号,认为劳动者是低能力的,就支付 w_2 的工资。这时受教育水平的不同,虽然不能提高劳动者的生产率,但是可以区分劳动者的不同类型,我们把这个市场结果称为分离均衡。分离均衡的成立,表明受教育水平起到了信号的作用,让高能力的劳动者的境况得到改善,同时劳动市场的运行效率得到改善。

从前面的讨论可知,分离均衡存在的必要条件为 $k_1 < k_2$,即高能力的劳动者的受教育的成本要低于低能力的劳动者受教育的成本。如果上述条件不成立,即 $k_1 > k_2$,则分离均衡不成立,即高能力的劳动者就不会发送 e^* 的受教育水平的信号。此时,该模型就不存在分离均衡的解,只存在混同均衡的解,即高能力的劳动者和低能力的劳动者都选择零的受教育水平。

第三节　道德风险与激励

逆向选择和信号发送问题的产生是由于合约达成之前或交易达成之前就存在着信息不对称的现象。但现实经济中还有一类常见的信息不对称的现象是发生在合约达成或交易达成之后,这类问题被称为道德风险问题。比如现代企业理论中的所有者和管理者之间的关系问题就是很典型的道德风险问题。所有者雇用了管理者之后,但所有者无法完全观测和监督到管理者的行动,此时管理者就有可能采取偷懒等行为来满足自己的利益,从而影响和损害了所有者的利益,这时道德风险问题就产生了。于是这一问题的核心就转变为所有者如何设计出较好的合约或支付制度来激励管理者努力行动以增加所有者自身的利益。我们通过下面股东-经理模型来详细讨论道德风险问题。

我们假设:第一,经理的行动用 e 来表示,股东无法直接观察到经理的行动;第二,产出 y 由经理的行动和无法控制的随机事件 ε 共同决定,产出表示企业的利润、产量或企业股票的价值等;第三,经理采取的行动 e 的成本为 $c(e)$,其中 $c'(e)>0$, $c''(e)>0,c(0)=0$;第四,股东提供给经理的工资为 w。

股东和经理的行动顺序如下:首先,股东确定经理的工资报酬制度安排或工资合约;其次,经理选择行动或努力程度;再次,随机事件和经理的行动共同决定实际产出;最后,股东根据实际产出支付工资,支付完工资后的剩余部分归股东所有。

一、股东和经理都是风险中性的情况

为了简化分析,我们假定企业的生产函数为 $y=f(e,\varepsilon)=e+\varepsilon$,其中 $\varepsilon \sim N(0, \sigma^2)$,即 $E(\varepsilon)=0,V(\varepsilon)=\sigma^2$。假设经理的工资合约是线性的,即 $w=s+by$,其中 s 是固定工资,b 是奖金率或提成比率。

假定股东和经理都是风险中性的情形,则经理的效用函数为 $u=w-c(e)=s+by-c(e)$,经理选择行动实现自身效用最大化,有

$$\max_e Eu = E[s+by-c(e)] = s+be-c(e)$$

最优行动 e^* 必须满足一阶条件 $c'(e^*)=b$。其经济学含义为:经理的最优行动满足其行动的边际成本 $c'(e^*)$ 应等于边际收益 b。由于 $c''(e)>0$,即 $c'(e)$ 是严格的增函数。因此,b 越大,e^* 越大;b 越小,e^* 越小。从这个结果可以看出,奖金率或提成比率 b 代表着股东对经理的激励程度。b 越大,意味着给经理的奖金率或提成比率越高,则激励强度越大,因此经理的努力程度 e^* 越大。反之,b 越小,意味着给经理的奖金率或提成比率越低,则激励强度越小,因此经理的努力程度 e^* 越小。接下

来，我们看两种特殊情形：

（1）$b=0$，则经理得到固定报酬 s，此时的工资制度为固定工资制。但在信息不对称的情况下，当股东无法观测和监督到经理的行动时，经理会选择完全偷懒，即 $e=0$，道德风险产生，原因在于固定工资完全没有激励作用。

（2）$b=1$，经理得到了全部产出的剩余索取权，此时经理需要向股东支付固定费用，股东得到固定回报。这种工资制度有极强的激励效果，经理的行动是有效率的，但这种安排使得经理承担所有风险，因此只有经理是风险中性时才是最优的。

二、股东风险中性，经理风险规避的情形

我们接下来分析一种更具有代表性的道德风险问题，即股东风险中性，经理风险规避的情形，这种情形可以更好地揭示道德风险的实质，也更好地展示了这一类问题的分析方法。

股东风险中性，其效用函数为 $\pi=y-w=(1-b)y-s$。经理是风险规避的，其效用函数为 $u(x)=-e^{-rx}$，r 是衡量经理风险厌恶程度的绝对风险规避系数。根据前面的假定，经理的报酬满足 $E[w-c(e)]=s+be-c(e)$，$Var[w-c(e)]=b^2\sigma^2$，因此其效用的确定性等值为 $CE=s+be-c(e)-\dfrac{1}{2}rb^2\sigma^2$。

股东设计的工资制度或工资合约的目的是要实现自身效用最大化，但要实现这一目的，则工资制度或合约必须满足两个条件：第一，经理愿意接受这个工资制度或合约；第二，工资制度或合约应该具有激励的职能，否则在信息不对称的情形下，经理就会选择偷懒或不努力，出现道德风险。根据前面的分析，这样问题的数学模型表示为

$$\max_{e,b,s} E\pi = E(y-w) = (1-b)e-s \tag{1}$$

$$\text{s.t.} \quad s+be-c(e)-\frac{1}{2}rb^2\sigma^2 \geqslant \underline{CE} \tag{2}$$

$$e \in \arg\max_e s+be-c(e)-\frac{1}{2}rb^2\sigma^2 \tag{3}$$

式（1）是股东效用最大化的表达式。

式（2）称为参与约束，表示经理要接受工资制度或合约的安排必须要满足：经理接受工资合约后得到的效用（这里用确定性等值表示）要大于其保留效用（这里用 $\underline{CE}$ 表示，这是外生给定的）。

式（3）是激励相容约束，表示工资制度应该激励经理采取最优的努力程度和行动水平，这个努力程度和行动水平是在实现经理效用最大化的前提下，也尽量实现股东的效用最大化。

为了简化分析,我们假定 $\underline{CE} = 0$, $c(e) = \frac{1}{2}e^2$。显然,参与约束取等号,因为股东可以设计出工资水平(s 和 b 的值)使得经理得到的效用水平刚好等于$\underline{CE}$,则经理就会接受这种工资安排。同时,激励相容约束的条件用极大值的一阶条件来代替,即用 $b = c'(e) = e$ 来代替。此时模型变为

$$\max_{e,b,s} E\pi = (1-b)e - s$$
$$\text{s. t.} \quad s + be - \frac{1}{2}e^2 - \frac{1}{2}rb^2\sigma^2 = 0$$
$$b = e$$

这个问题可以用拉格朗日法求解,具体求解过程留给读者练习,最终结果为

$$s^* = \frac{r\sigma^2 - 1}{2(1 + r\sigma^2)^2}, \quad b^* = e^* = \frac{1}{1 + r\sigma^2}\text{。}$$

最后,我们简单讨论一下最优的工资制度的安排和设计。由 $b^* = \frac{1}{1 + r\sigma^2}$ 可知:

(1)当 $r \to \infty$ 时,$b^* = 0$。$r \to \infty$ 意味着经理是一个极度的风险厌恶者,不愿意承担任何风险。此时,$b^* = 0$,表明经理得到固定工资,不承担任何风险,所有风险均由股东承担。

(2)当 $r = 0$ 时,$b^* = 1$。$r = 0$ 表明经理是一位风险中性者,可以承担风险。此时,$b^* = 1$,说明经理得到了全部产出的剩余索取权,同时也承担了全部风险。

(3)当 $r > 0$ 时,$b^* < 1$。$r > 0$ 表明经理是风险厌恶者,因此最优激励强度在 0 和 1 之间,具体大小取决于风险承担与激励之间的权衡。

第四节　保险市场

保险市场是一个典型的信息不对称市场,既存在隐藏信息(或者说逆向选择)的问题,又存在隐藏行动或者说道德风险的问题。

下面的分析都遵循以下假设:第一,有两类投保人,一类属于高风险投保人,他们发生损失的概率为 π_H;另一类属于低风险投保人,他们发生损失的概率为 π_L,且有 $\pi_H > \pi_L$。第二,投保人面临两个状态且彼此独立,状态 1 表示没有发生损失,状态 2 表示发生了损失。第三,用 L 表示发生的损失。第四,用 X 表示发生损失时保险公司的赔付额,若 $X = L$,称为完全保险,即发生的所有损失都由保险公司赔偿;若 $X < L$,称为不完全保险,即保险公司只赔偿所有损失的一部分,另外一部分由投保人自行负担,用 D 表示投保人自负部分的损失。第五,用 P 表示保险公司收取的保险费,那么使保险公司的期望利润为 0 的公平保险费为 $P = \pi X$,此时的保险费率等于

投保人发生损失的概率。第六,用 a 表示投保人在预防措施上支付的金额。第七,用 W 表示投保人的财富水平,W_0 表示初始财富水平,W_1 表示状态 1 时的财富水平,W_2 表示状态 2 时的财富水平。第八,保险公司完全竞争,分析时不考虑保险公司的其他运营成本,假设其他运营成本为 0。

一、逆向选择问题

"逆向选择"一词最早出现在保险市场上,保险市场的逆向选择主要产生于保险公司和投保人之间关于所投保的不确定事件存在的信息差异。投保人比保险公司更清楚不确定事件发生的真实概率,换句话说,保险公司不能清楚地区分哪些是高风险的投保人,哪些是低风险的投保人。下面我们将分析面对不同风险类型的投保人,保险公司是如何制定有效的保险合约的。

(一)信息完全

如果保险公司可以区分不同风险类型的投保人,那么保险公司会收取公平的保险费,即对高风险的投保人收取 $P_H = \pi_H X$,对低风险的投保人收取 $P_L = \pi_L X$。追求自身期望效用最大化的投保人都会选择完全保险,从而达到分离的均衡。图 14-1 显示了不同类型的投保人在公平保险和状态独立的情况下的选择。如果对此模型和结论尚不清楚的,读者可以参考本书第六章第三节的内容。

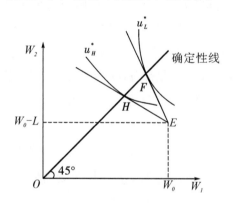

图 14-1 信息对称下的保险市场的分离均衡

在图 14-1 中,E 点代表投保人的初始位置:在状态 1 没有损失的情况下得到 W_0;在状态 2 有损失的情况下得到 $W_0 - L$。此时两种类型的投保人都将愿意向确定性线移动以实现自身效用的最大化。EF 的斜率为 $-(1-\pi_L)/\pi_L$,EH 的斜率为 $-(1-\pi_H)/\pi_H$,分别表示两种类型的投保人通过购买公平保险用 W_1 交换 W_2 的市场机会,即每增加一个单位的保险就会使 W_1 减少 π,同时使 W_2 增加 $1-\pi$。这样低风险的投保人在 F 点实现了效用最大化,效用水平为 u_L^*;高风险的投保人在 H 点实现了效用最大化,效用水平为 u_H^*。两种风险类型的投保人分别选择了 F 点和 H 点对所有损失进行完全保险,此时分离均衡就实现了。此时,虽然高风险和低风险的投保人都进行了完全保险,但此时两个人支付的保费是不同的,高风险投保人支付的保费为 $\pi_H \cdot L$,低风险投保人支付的保费为 $\pi_L \cdot L$,显然 $\pi_H \cdot L > \pi_L \cdot L$;同时,高风险投保人的效用水平低于低风险投保人的效用水平,即 $u_H^* < u_L^*$。

(二)信息不对称

前面讨论的是保险市场信息对称的情况,但保险市场更现实的情形是保险公司并不能准确了解投保人究竟是低风险还是高风险类型,于是上述均衡就无法实现,原来的保险合约就变得不可行。按原来的保险合约,高风险的保险人支付 $\pi_H L$ 的保费,低风险投保人支付 $\pi_L L$ 的保费,都得到全额保险(事故发生后都得到 L 的赔付)。这种合约在信息对称的条件下可以顺利实施,但是在信息不对称下,高风险的投保人会隐藏自己的风险类型,会伪装成低风险的投保人,希望支付较低的保费来得到全额保险。当原来的保险合约变得不可行时,如果保险公司根据平均保费率 $\bar{\pi}(\pi_L < \bar{\pi} < \pi_H)$,这会导致低风险的投保人投保不足,而高风险的投保人过度保险,保险市场出现逆向选择。

那在信息不对称条件下,保险合约应该如何设计呢?这就要求保险公司为两种类型的投保人设计的保险合约满足激励相容约束条件,即为了阻止高风险投保人隐藏自己的风险类型而伪装成低风险的投保人,保险合约必须满足:高风险的投保人如果选择了为低风险投保人设计的保险合约得到的效用水平小于等于选择为高风险投保人设计的保险合约得到的效用水平。为了做到这一点,保险公司为高风险投保人提供全额保险,但只为低风险人提供部分保险,而部分保险不足以满足高风险投保人的需要,就可以阻止高风险投保人隐藏其私人信息而伪装成低风险投保人来选择为低风险投保人设计的合约。

根据上述讨论,那么具体的保险合约设计如下(参考图 14 - 2,图 14 - 2 在图14 - 1 的基础上变化成信息不对称条件下的保险市场的分离均衡):

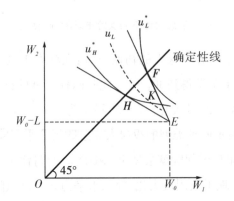

图 14 - 2　信息不对称下的保险市场的分离均衡

首先,提供给高风险投保人的合约还是全额保险,在图 14-2 中的 H 点,这和对称信息下提供给高风险投保人的合约是一样的,即高风险投保人支付 $\pi_H L$ 的保费得到全额保险。此时,给低风险投保人设计的合约就不能和对称信息下的合约一样,即不能提供在 F 点的合约,而只能提供在 K 点的合约。K 点是 EF 和无差异曲线 u_H^* 这两条线的交点。首先,K 点在 EF 线上,满足低风险投保人的预算约束(EF 线就是投保人的预算约束线)。同时,K 点在无差异曲线 u_H^* 上,H 点代表的是高风险投保人得到的保险合约,u_H^* 为此时高风险投保人得到的效用水平。为了让高风险投保人不隐藏自己的私人信息而伪装成低风险投保人,所以提供给低风险投保人的合约,如果让高风险投保人选择了,高风险投保人得到的效用水平不能超过 u_H^*,在均衡状态下正好等于 u_H^*。因此,信息不对称下的保险合约为:给高风险投保人提供 H 点的合约,此时高风险投保人得到全额保险;给低风险的投保人提供 K 点的合约,此时合约不在确定线上,即低风险的投保人没有得到全额保险。此合约设计的目的是让高风险的投保人不会伪装成低风险的投保人,当然此时低风险的投保人得到的效用水平为 u_L,小于对称信息下得到的效用水平 u_L^*,这就是信息不对称带来的福利和效率损失。

二、道德风险

发生在保险市场上另一个有趣的现象是道德风险,投保人的行动可以影响不确定事件发生的概率。例如,人们可以采取为汽车购买防盗装置,或者把汽车停放在失窃率低、安全可靠的停车场的行动以降低汽车丢失的概率。但保险公司无法实时了解这些风险事件发生的真实概率,并且也不可能选择支付高昂的代价以持续不断地监督投保人的行动。从下面的分析中我们可以看出,保险公司在面对信息不对称时,投保人的道德风险就会发生。

(一)完全监督

假设风险厌恶的投保人面对一项风险事件,如果他没有参加保险,那么他会有激励采取一些预防措施,使得再多增加一个单位的预防支出所带来的边际效用等于其边际成本,以达到个人期望效用的最大化。如果他参加了保险,情况就会变得不一样了,假设保险公司对投保人的行动进行完全监督,此时信息是完全的,不存在投保人私人信息。

在两种状态下,投保人的财富水平分别为

$$W_1 = W_0 - a - P$$
$$W_2 = W_0 - a - P - L + X$$

这样其期望效用水平为 $E[U(W)] = (1-\pi)U(W_1) + \pi U(W_2)$。

投保人对 a 和 X 进行选择,以达到期望效用最大化。显然,这里 P 是 X 的函数,即投保人支付的保险费由保险公司的赔偿额决定；π 是 a 的函数，即预防性措施会改变风险事件发生的概率。在保险公司完全监督的情况下，其可以清楚地知道投保人是否采取了预防措施以及采取了多少预防措施，从而可以针对不同风险类型的投保人收取公平的保费 $P = \pi X$。在状态独立的假设前提下，投保人会选择 X 的水平使得 $W_1 = W_2$，以实现期望效用最大化。在公平保险费率下，投保人选择完全保险，即 $X = L$。

在完全保险下，投保人选择 a 的水平以实现期望效用最大化，要满足的一阶条件为

$$\frac{\partial E}{\partial a} = -U(W_1)\frac{\partial \pi}{\partial a} - (1-\pi)U'(W_1)\left(1 + L\frac{\partial \pi}{\partial a}\right) - \pi U'(W_2)\left(1 + L\frac{\partial \pi}{\partial a}\right) + U(W_2)\frac{\partial \pi}{\partial a} = 0$$

我们可以得到 $-\frac{\partial \pi}{\partial a}L = 1$。等式的左边是增加预防支出的边际收益（减少的保险费），等式的右边是增加预防支出的边际成本。当两者相等时，投保人实现了效用最大化。

（二）部分监督

如果保险公司无法对投保人的行为进行完全监督，保险公司就无法准确地知道损失的真实概率是多大，从而不能对每个投保人收取与他的真实风险类型相对应的保险费了。此时，保险公司或许会采取最简单的保费收取政策，即利用一组人发生损失的平均概率来设定保费，并且不对任何个别防护性行动提供例外。那么，所有的投保人都会有激励减少自己的预防性行动，因为任何预防性行动都是要支付费用的，也就是说投保人因为参加了保险而发生了道德风险。这里的道德风险只是反映了个人在面对风险事件时因采取了某些行动而改变了风险事件发生的概率，并不是伦理上的道德败坏。

那么，怎样规避保险市场上的道德风险呢？实际上，保险公司并不想向投保人提供完全保险，其希望投保人能够共同分担风险事件的损失。因此，保险合约中往往都包含"免赔额"条款，在保险索赔中投保人都要支付这部分金额。这样保险公司就通过使投保人支付部分赔偿金的方式，促使投保人有激励采取一定的预防行动。在现实中，保险公司规避道德风险的方法有很多，比如设定止付线、起付线、共保率等。这三种方法都是通过适度提高投保者的自付比例，最终达到控制道德风险的目的的。

复习思考题

1. 请用逆向选择说明强制保险的原因。

2. 请解释为什么很多保险都有免赔比例。

3. 假设二手车市场上有 100 个人想出售他们的二手车,还有 100 个人想要买二手车,其中 50% 是高质量的二手车,50% 是低质量的二手车。高质量二手车的所有者希望能够卖 2 000 美元,低质量的二手车所有者希望能够卖 1 000 美元。旧车的购买者愿意对高质量的二手车支付 2 400 美元,对低质量的二手车支付 1 200 美元。那么,达到市场均衡时由交易产生的最大消费者剩余是多少?

练习题

1. 假设有两类工人:能干的工人和不能干的工人。工人的工资由他的能力决定——能干的工人赚 50 000 元,不能干的工人赚 30 000 元。厂商不能衡量工人的能力,但是可以了解工人是否有高中文凭。工人的效用由他们的工资与为获得文凭所支付的费用的差异决定。

(1)如果能干的工人与不能干的工人在获取高中文凭上的花费是一样的,那么在此情况下,是否可以存在一种能干的工人拿高工资,不能干的工人拿低工资的分离均衡呢?

(2)能干的工人为了获得高中文凭所愿意支付的最大数量是多少? 如果有一种文凭可以让雇主去识别能干的工人,那么为什么对于不能干的工人来说,这种文凭一定要使其花费更多?

2. 有这样一个二手车市场,那里有 100 个人想要出售他们用过的汽车,还有 100 个人想要购买二手车。他们每个人都知道这些汽车中有 50 辆是俏货,另有 50 辆是次品。每辆车的卖主都知道车的质量,而买者不了解某辆车是俏货还是次品。次品的所有者希望他的汽车卖 1 000 美元,俏货的所有者希望他的汽车卖 2 000 美元,汽车购买者愿意为俏货支付 2 400 美元,而对次品只愿支付 1 200 美元。

(1)由市场均衡时的交易产生的最大消费者剩余是多少?

(2)通过把购买者随机地分配给出卖者而产生的小额消费者剩余是多少? 哪种方法可以产生较大的剩余?

3. 代理人对委托人的贡献为 $y = ka + \varepsilon$，a 是代理人的努力程度，$\varepsilon \sim N(0, \sigma^2)$，代理人的努力成本函数为 $C(a) = ma^2 \ (m > 0)$。

（1）求当代理人的努力可观察时的最优契约。

（2）当努力不可观察时，委托人签订了一个线性契约 $w = s + by$，求风险中性的代理人的反应函数。

（3）如果代理人想要规避风险，且考察效用函数为 $u(x) = -e^{-rx}$，求最优的激励系数。

4. 假设在市场上存在着两类工人，以他们的生产率来区分。k^G 型工人的生产率为 $k = 2$，而 k^B 型工人的生产率为 $k = 1$。要达到给定的教育水平，花在 k^B 型工人身上的成本要大于花在 k^G 型工人身上的成本。特别地，对于 k 型工人来说，每 e 个单位的教育成本为 $c(e; k) = e/k$。一个 k 型工人的效用函数为 $U(we; k) = w - c(e; k)$。

（1）工人的教育水平影响他的生产率吗？如果公司和工人具有关于 K 值的相同信息，那么什么是最优的教育水平？

现在假设工人的生产率不能被厂商观察到，但他的教育水平能被厂商观察到。进一步假设，厂商相信大于或等于某一特定水平 e^O 的教育水平是高生产率的信号，而低于这一教育水平的则是低生产率的信号。因此，厂商提供工资的根据是若 $e \geqslant e^O$，则 $w(e) = 2$；若 $e < e^O$，则 $w(e) = 1$。

（2）给定这些工资，计算每一类代理人会选择的教育水平。

（3）找出有关 e^O 的必要条件，使得教育是一个有效传递生产率的信号。

（4）证明由（3）得出的 e^O 值与厂商在均衡处的信念是一致的。

5. 考察一个物品的生产者和销售它的零售商之间的关系。生产者有不变的边际成本 c。需求为 $q = D - p$，其中 q 是销售的数量，p 是价格，D 是需求量，可以取两个值，$D \in \{D^G, D^B\}$，有 $D^G > D^B$。记 $T(q) = a \neq bq$ 为生产者提供给零售商的特许合约。

（1）给定合约 $T(q)$，计算出最优的产出决策 q、价格以及零售商的利润 Π。

（2）如果生产者和零售商都知道需求的状况，那么生产者提供的最优的特许合约是什么？

（3）有时生产者比零售商知道更多真实需求条件的信息。例如，假设生产者知道需求参数 D，$D \in \{D^G, D^B\}$，而销售者只有在合约签订后才会知道这一参数（尽管是在产出决策做出之前）。请证明在这个事例中，不管是真还是假，生产者都有激励去表明需求是好的。

（4）当需求较好时，哪一类生产者的行为可以"说服"（传递信号给）零售商相信这一事实？

（5）让我们在这一框架中去寻找一个分离均衡$\{(a^G, b^G), (a^B, b^B)\}$，写出每一类生产者愿意提供与他的类型一致的合约的激励相容约束。总结这些约束，表明哪一类生产者会要求更高的可变支付b，而哪一类会要求更高的固定支付a。

（6）请论证（或分析证明）为什么在一个分离均衡中一定有$(a^B, b^B) = (a^{B*}, b^{B*})$。

6.（1）一个卖方和一个买方进入了一个买卖物品的关系，物品可能会破碎也可能不碎。如果物品不碎，对于买方，它的货币价值为b_1；如果物品碎了，它对于买方而言就只值b_2。物品破碎的概率取决于它的质量。如果物品的质量是好的，破碎的概率为q^G；而如果物品的质量是差的，破碎的概率为$q^B(q^B > q^G)$。假设卖方是风险中性的而买方是风险规避的。卖方推出的合约包含物品卖出的价值p和保证金g。保证金是在物品破碎时卖方必须向买方支付的数量。如果物品不碎，买方的效用为$u(b_1 - p)$，而如果物品破碎，买方的效用为$u(b_2 - p + g)$，其中$u' > 0, u'' < 0$。只要买方的预期效用大于或等于$u(0)$，买方就会购买。

①如果关于质量的信息是对称的，请计算这种情况下每种质量的最优合约。

②计算如果卖方知道质量而买方不知道时的最优合约。该合约能传递质量的信号吗？请解释为什么能或为什么不能。

（2）在与（1）相同的框架下，但是现在买方是风险中性的，效用函数为$u(x) = x$，而卖方是风险规避的，具有冯·诺依曼－摩根斯坦效用函数$B(\cdot)$，有$B'' < 0$。

①计算信息对称时有关质量的最优合约。

②当只有卖方知道物品的质量时，对称信息合约还适用吗？请解释为什么适用或为什么不适用。

③提供一个对卖方传递其所卖物品有低破损概率的信号，提供保证金有用吗？

④当卖方提供一份保证金时，他需要提供物品的价值足以抵消一旦物品破碎可能发生的赔偿。分析证明，对低质量的物品，保证金的增加所需的增加的价值（以使卖方的效用保持不变）要大于高质量的物品。给定这一前提，考察分离均衡的存在并描述它的特征。

7. 一个委托人与一个代理人要完成某一特定任务并签订合约。代理人通过选择努力来决定结果的分布。该结果在区间$X = [\underline{x}, \bar{x}]$之中，其中$\underline{x}$是最差的结果，$\bar{x}$是最好的结果。代理人努力水平的密度函数为$f(x, e)$。假设所有$x \in X$，对所有$e$，$f(x, e) > 0$。

（1）当委托人的目标函数为$B[x - \omega(x)]$，而代理人的目标函数为$U(\omega, e) = u(\omega) - v(e)$时，计算最优的工资函数。

（2）如果委托人是风险中性的，计算最优的工资函数。

（3）在与（2）相同的假设下，计算满足一阶条件的努力，并分析何时二阶条件成立。如果分布为$f(x; e) = 1 + e[x - (1/2)]$，其中$X = [0, 1], e \in [0, 1]$，会发生什么情况？

8. 令 e 表示代理人的努力，$x = e + \varepsilon$ 为委托人观察到的产出水平。ε 是服从均值为零且方差为 δ^2 的正态分布的随机变量。假设委托人选择线性激励制度 $w(x) = A + Bx = A + Be + B$，其中 A 和 B 是待定的参数。因为委托人是风险中性的，所以他的效用如下：

$$E[x - \omega(x)] = E(e + \varepsilon - A - Bx - B\varepsilon) = (1 - B)e - A$$

假设代理人的效用函数具有如下形式：

$$U(\omega, e) = E(\omega) - r\frac{\sigma_\omega^2}{2} - \upsilon(e)$$

其中，r 代表绝对风险规避系数，$E(\omega)$ 是预期工资，σ_ω^2 是工资的方差。

（1）计算委托人能够证实代理人努力时的最优合约。

（2）计算代理人的努力是不可证实时的最优合约。讨论作为外生变量的函数的最优合约的特征（为此，以习题的参数的函数表示工资方程的参数）。

第十五章　几个专题

现代经济学的发展日新月异,无论从研究内容、方法还是研究的深度和广度都较以前有很大的发展。为了反映现代微观经济学的发展,本章用三个专题来简单介绍微观经济学的一些新的内容和成果。

第一节　社会福利与公共选择

本节分析公共选择机制和社会福利函数的形式及其含义。本节的内容安排为:首先,介绍不同的社会选择机制中加总个体偏好的方法并提出著名的阿罗不可能定理;其次,介绍几种社会福利函数的表达式及其性质;最后,介绍有关公平配置的问题。

一、社会选择

社会在面临许多同时存在的帕累托有效率状态时,该怎样选择呢? 怎样的福利分配方案才是更好的呢? 要回答这些问题,我们需要找到一种可以加总个体福利为社会福利的方法,即从个体的偏好出发构造出社会的偏好。

在前面学习过的消费者行为理论中,我们定义的消费者偏好是消费者针对自己的商品束确定的。现在我们把这一概念扩大为:单个消费者对消费者之间整个商品配置的偏好。我们用 X 表示某一种资源配置,描述每个消费者所得到的每种商品的数量。我们给定两种资源配置 X 和 Y,消费者 i 可以做出他对 X 和 Y 的偏好排序。在这里,我们仍然假定消费者的偏好具有完备性和传递性。在所有经济行为人的偏好给定的条件下(我们可以获知每个经济行为人是如何排列各种资源配置的顺序的),我们就可以借助这些信息来描述各种资源配置的社会排序,也就是说我们可以找到加总个人偏好为社会偏好的方法。要理解这个社会决策问题。我们先来看几个简单的例子。

加总个人偏好的一种方法是利用某种投票机制。我们先来考察多数人投票机制,这种投票机制认为:如果多数消费者偏好 X 胜过 Y,那么社会偏好 X 胜于 Y。让我们来考察一下如表 15-1 所示的例子。

表 15-1　多数人投票机制——导致非传递性投票偏好

投票人 A	投票人 B	投票人 C
X	Y	Z
Y	Z	X
Z	X	Y

表 15-1 是三个投票人对三种配置 X,Y,Z 所做的排列选择。从表 15-1 中我们可以观察到：大多数人偏好 X 胜过 Y，大多数人偏好 Y 胜过 Z，大多数人又偏好 Z 胜过 X。这表明由多数人投票决定的社会偏好不是理性的偏好，因为它不具有传递性。非传递性的偏好使得选择集 (X,Y,Z) 中不存在最优的选择，社会选择哪种结果将取决于投票的顺序，这被称为投票悖论。

例如，我们先让人们在 X 和 Y 之间选择，然后再在胜者和 Z 之间选择。由于在这一次选择中多数人偏好 X 胜过 Y，因此第二次选择在 X 和 Z 之间进行。又因为大多数人偏好 Z 胜过 X，所以最终的结果是 Z。

如果我们改变投票的顺序：先投票选择 X 和 Z，Z 将胜出；再投票选择 Y 和 Z，而大多数人偏好 Y 胜过 Z；最终结果是 Y。

后期的研究发现，之所以会出现投票悖论是因为某些投票者的偏好不是单峰的。偏好单峰指的是只有一个局部最大化选择。按照如表 15-1 所示的偏好顺序，投票人 C 的偏好不是单峰的，他有两个局部最大化选择（X 和 Z），如图 15-1 所示。

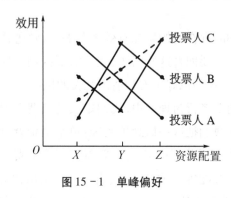

图 15-1　单峰偏好

从图 15-1 中我们可以看出，投票人 C 的偏好是双峰的，他有两个局部最大化选择，即 X 和 Z，正是这些偏好导致了循环投票。如果修正投票人 C 的偏好，使其变成单峰的，如图 15-1 中虚线所示，此时只有一个局部最大化选择 Z。修正后，三个投票人的最优选择是 Y。Y 正好是投票人 B 的最优选择，即此时社会偏好和投票人 B 的偏好一致，投票人 B 被称为中间投票人。我们可以用中间投票人的偏好来代替社会的偏好。这个结果具有一般性，适用于任何数量的投票人，如果选择都是一维的并且偏好是单峰的，那么多数人投票机制将会选择出中间投票人最偏好的方案。中间投票人的偏好决定社会的选择。从模型看上去是中间人独裁，但他的选择一定是获得多数票的选择。

我们来考察另一种投票方法——排列顺序投票方法。每个人按照偏好排列不同的资源配置并据此标上一个表明顺序的号码,最优选择为1,次优为2,以此类推。一种配置的社会评价就是所有投票人评价的加总,得分低的配置更为社会所偏好。假定只有 X 和 Y 可供选择,并且投票人 A 和投票人 B 对 X 和 Y 的偏好不同;投票人 A 偏好 X,把 X 的序号定为1,把 Y 的序号定为2;投票人 B 的偏好正好相反,把 Y 的序号定为1,把 X 的序号定为2。因此,两种选择加总后,投票的结果是均为3,彼此不分胜负,社会无法做出选择。如果我们引入第三种选择 Z,投票人 A 和投票人 B 对这三种选择的偏好排序如表15-2所示。

表15-2 排列顺序投票方法

投票人 A	投票人 B
X	Y
Y	Z
Z	X

从表15-2可以看出:X 的总分是4,Y 的总分是3,至此因为第三种选择的引入,我们可以对 X 和 Y 做出判断——社会对 Y 的偏好胜于 X。

多数人投票和排列顺序投票都是存在问题的,多数人投票方法可能会因为改变投票表决的顺序而被操纵,排列顺序投票可能会因为引进新的选择改变相关选择的最终顺序而受到操纵。既然两种方法都存在问题,都有可能被操纵,那么可以避免被操纵的社会选择机制存在吗? 如果这种机制存在,它应该满足哪些要求呢?

阿罗(1972年诺贝尔经济学奖获得者)认为一个理想的社会选择机制或社会偏好关系应该具有以下特征或性质:第一,备选方案至少三个。第二,全域定义域,即包含在备选方案上的个人理性偏好关系的所有组合。第三,社会理性,即社会偏好关系满足完备性和传递性。前面提到的多数票原则就不满足传递性。第四,配对独立性条件,即任何两个备选方案上的社会偏好仅取决于这两个方案上的个人偏好关系,不受其他备选方案的影响。但是排列顺序投票方法就不满足配对独立性条件。第五,帕累托性质条件。如果社会中每个人都认为方案 X 至少和方案 Y 一样好,那么社会也应该认为方案 X 至少和方案 Y 一样好。第六,不存在独裁关系。这里的独裁关系是指存在某个人,在任何一对备选方案上,社会偏好关系就是这个人的个人偏好关系。但与此同时,阿罗证明了同时满足上述六个性质的社会选择机制或社会偏好关系是不存在的,这就是著名的阿罗不可能定理。阿罗不可能定理还有另一个常用的版本,即同时满足前五个性质的社会选择机制或社会偏好关系一定是独裁的。阿罗不可能定理表明,只有放弃理想性质中的一些条件,才能得到一个非独裁的社会选择机制或社会偏好关系,才能得到非独裁的社会福利函数。

二、社会福利函数

社会福利函数是描述社会偏好的工具,是所有社会成员效用的函数,不同社会福利的区别仅仅在于从个体效用得到社会效用的方法不同。不同的加总机制反映着不同的价值观,下面我们介绍三种社会福利函数。

(一)边沁社会福利函数

边沁社会福利函数又称为古典效用主义福利函数,其形式是

$$W[u_1(x), u_2(x), \cdots, u_n(x)] = \sum_{i=1}^{n} u_i(x)$$

边沁社会福利函数表明:社会按照这种方式进行选择可以最大化全体社会成员的总效用。在只考察两个行为人($n=2$)时,社会偏好的无差异曲线是斜率为 -1 的直线。

上面的福利函数中每个经济行为人的效用所占的权重是相同的,我们也可以赋予每个经济行为人的效用不同的权重,用 a_i 表示每个经济行为人的效用在社会福利中的重要程度,从而可以得到加权的社会福利函数为

$$W[u_1(x), u_2(x), \cdots, u_n(x)] = \sum_{i=1}^{n} a_i u_i(x)$$

(二)罗尔斯社会福利函数

罗尔斯的思想是资源配置的社会福利由境况最差的经济行为人的福利决定。其表达形式为

$$W[u_1(x), u_2(x), \cdots, u_n(x)] = \min(u_1, u_2, \cdots, u_n)$$

这个社会福利函数支持个人效用均等的平均主义思想。

(三)伯格森 – 萨缪尔森福利函数[①]

消费者也许只关心他们自己面临的商品束,而不关心整体资源配置状况,因此我们把消费者的效用只定义在他自己的商品束上。我们用 x_i 表示消费者 i 的消费束, $u_i(x_i)$ 表示消费者 i 选择商品束 x_i 时的效用水平,据此构造的社会福利函数为 $W[u_1(x_1), \cdots, u_n(x_n)]$ 。这个福利函数是个人效用水平的直接函数,同时又是单个经济行为人自身消费束的间接函数。

不同的社会福利函数所表达的关于不同经济行为人的福利比较的伦理判断是不同的,而无论社会福利函数建立的假设前提如何,我们都可以通过建立福利函数来考察福利最大化的问题。

我们用 x_i^j 表示消费者 i 拥有的商品 j 的数量。假设有 n 个经济行为人, k 种商

---

①亚伯拉罕·伯格森(Abram Bergson)和保罗·萨缪尔森(Paul Samuelson)于20世纪40年代研究了这种福利函数的性质。

品,每一种商品的总数分别为 $x^1, x^2, \cdots, x^k$,则社会福利最大化问题为

$$\max W[u_1(x), u_2(x), \cdots, u_n(x)]$$

$$\text{s. t. } \sum_{i=1}^{n} x_i^1 = x^1$$

$$\sum_{i=1}^{n} x_i^k = x^k$$

　　求解上述问题便可以得到能使社会福利最大化的可行配置。不同的配置代表的福利分配是不同的,但是福利最大化的配置必须是帕累托有效率的配置。其原因在于:若没有实现帕累托有效率,那么必然存在可以不降低其他人效用水平的同时能够使至少一个人的效用水平上升的其他配置,但社会福利函数是每个经济行为人效用的增函数,因此新的配置必然带来更高的福利水平,从而最初的配置就不是能够实现社会福利最大化的配置。

　　下面我们用图 15-2 进行分析。我们用 U 表示两个经济行为人的效用可能性集合。这个集合的边界称为效用可能性边界,是帕累托有效率配置所对应的效用水平的集合。边界上所有的点都是帕累托有效率的点,即如果一种配置位于效用可能性边界上,那么就不存在能给两个经济行为人都带来更高效用的任何其他可行的配置。我们再画出若干条代表相同福利水平的等福利线以表示不同的福利水平,那么最优点必然是等福利线和效用可能性边界相切的点(见图 15-2)。

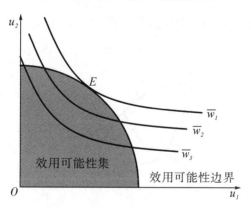

图 15-2　社会福利最大化

　　图 15-2 中的阴影部分表示效用可能性集合,其边界为效用可能性边界,$\overline{w}_1$,$\overline{w}_2$,$\overline{w}_3$ 是三条等福利线,E 点是社会福利最大化点。实际上,如果效用可能性集合如图 15-2 所示是个凸集,那么我们总能找到恰当的社会福利函数使得效用可能性边界上的点就是福利最大化点。

　　下面我们用伯格森-萨缪尔森福利函数重新考虑在前面的一般均衡分析中所考察的资源配置问题。我们用转换函数 $T(x^1, x^2) = 0$ 表示生产可能性边界,其中 x^1 和 x^2 分别表示生产和消费的商品 1 和商品 2 的总量,社会福利最大化问题就是求解下

面的问题。

$$\max_{x_1^1,x_1^2,x_2^1,x_2^2} W[\,u_1(x_1^1,x_1^2)\,,u_2(x_2^1,x_2^2)\,]$$

$$\text{s. t. } T(x^1,x^2)=0$$

我们构造拉格朗日函数为

$$L=W[\,u_1(x_1^1,x_1^2)\,,u_2(x_2^1,x_2^2)\,]-\lambda T(x^1,x^2)$$

一阶条件为

$$\frac{\partial L}{\partial x_1^1}=\frac{\partial W}{\partial u_1}u_1^1-\lambda\,\frac{\partial T}{\partial x^1}=0$$

$$\frac{\partial L}{\partial x_1^2}=\frac{\partial W}{\partial u_1}u_1^2-\lambda\,\frac{\partial T}{\partial x^2}=0$$

$$\frac{\partial L}{\partial x_2^1}=\frac{\partial W}{\partial u_2}u_2^1-\lambda\,\frac{\partial T}{\partial x^1}=0$$

$$\frac{\partial L}{\partial x_2^2}=\frac{\partial W}{\partial u_2}u_2^2-\lambda\,\frac{\partial T}{\partial x^2}=0$$

整理可得

$$\frac{u_1^1}{u_1^2}=\frac{u_2^1}{u_2^2}=\frac{\dfrac{\partial T}{\partial x^1}}{\dfrac{\partial T}{\partial x^2}}$$

这恰好是帕累托有效率配置的条件,如图 15 - 3 所示。

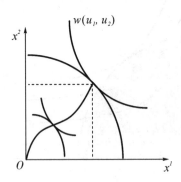

图 15 - 3　社会福利最大化

三、公平配置

福利函数是一种把相关福利分配思想形式化的函数表达方式。它可以描述道德判断的性质,但不对道德判断的好坏做出判断。这里我们将学习公平配置的思想并阐明它的经济学含义。

公平配置和平等配置是不同的,平等配置是指没有一个经济行为人对任何其他行为人的商品束的偏好超过对他自己的商品束的偏好。如果存在行为人 i 偏好行为

人 j 的商品束,那么就称行为人 i 妒忌行为人 j ,此时的配置就不是平等配置。平等配置的一种简单方法是把待分配的商品均匀地分配给每一个人,即让每一个消费者都拥有相同的商品束,此时没有一个人会妒忌他人,因为每个人都有相同的商品束。但是,平等配置并不一定就是帕累托有效率的配置。如果人们的偏好不同,那么他们就有动力通过交换提高自己的福利水平。假设交换改变了资源的配置,那么我们就来考察一下基于初始平等配置的交换能否实现交换结果的平等。

我们考虑一个只有 A,B,C 三个人的简单情况,假设 A 和 B 有相同的偏好,C 有着与 A 和 B 不同的偏好。这意味着 A 和 B 不可能发生交换,但 A 和 B 都存在与 C 发生交换的可能。假设 A 和 C 发生了交换,那么他们都会因为交换的发生而提高自身的福利,B 却由于没有机会进行交换而没有使自身的福利水平得到任何提高。此时,和 A 拥有相同偏好的 B 会妒忌 A 的商品束,而且 B 的福利水平也会低于原本和他拥有相同初始配置的 A。这种结果的产生源自经济行为人利用市场的机会不同。这也可以解释拥有相同初始禀赋的个人、国家和地区为什么会出现发展差异。

我们这样定义公平配置:既是平等的又是帕累托有效率的配置为公平的配置。怎样实现由平等配置到公平配置的转换呢? 图 15 −4 展示了这一过程。

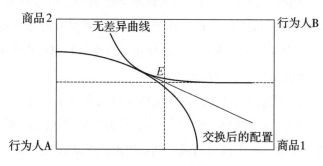

图 15 −4　公平配置

只要两个经济行为人交换各自商品束后的配置位于埃奇沃斯方盒图中两条无差异曲线之间,那么初始的配置就是一种平等的配置。图 15 −4 中的 E 点不仅是配置平等的点而且是帕累托有效率的点,因此 E 点是实现了公平配置的点。

竞争性的市场机制可以实现公平的配置。只要每个经济行为人的初始分配是平等的,那么通过市场竞争机制实现的均衡结果既实现了帕累托效率又是平等配置的公平配置。也就是说,竞争性的市场机制会在保持初始福利分配的前提下实现帕累托改善。

第二节 拍卖

拍卖是一种很常见的经济活动,从古代的奴隶拍卖到现代的拍卖行的艺术品和古董的拍卖,从互联网上的线上拍卖到线下的政府采购中的招投标行为,都是非常典型的拍卖活动。拍卖实际上就是通过竞争性的出价招标的过程。拍卖活动虽然自古就有,但对拍卖的深入的理论研究却是近几年的事,本节对拍卖理论进行简单介绍。

一、拍卖的一些基本概念

(一)拍卖的类型

从信息的角度来看,我们把拍卖分为私有价值(或私人价值)拍卖和共同价值拍卖。私有价值拍卖是指这样一种情形:竞拍者能准确地知道竞拍品(被拍卖物品)对自己的价值,但不能准确知道竞拍品的别的竞拍者的价值或者说不知道别的竞拍者对竞拍品的估价。同时,其他的竞拍者的估价不会影响到竞拍品对某个竞拍者的价值。私有价值的假设在拍卖品的价值是由消费者自己消费或使用时最有效。比如,竞拍者对一幅画、一套餐具的估价是由自己使用时获得的效用计算出来的,在这些情形下,私有价值拍卖就是比较合理的假设。

共同价值拍卖是指竞拍品的价值在拍卖的时候大家都不知道,但是该物品的价值对所有人都是相同的这种情形。比如,竞拍品的价值由市场决定,但拍卖的时候其具体价值大家并不知晓。一个典型的例子就是拍卖地下储藏有大量石油的土地。竞拍者对地下石油储藏量有不同估计,但土地的价值由未来石油的销售量来决定,这个价值对竞拍者是大致一致的。

(二)拍卖的形式

在现实的拍卖中,拍卖的形式多种多样,最常见的有如下几种:

(1)英式(升价)拍卖。拍卖师(或拍卖主持人)首先报出一个较低的价格,然后以一个较小的增量慢慢提高价格,当只存在一个竞拍者感兴趣的情况下拍卖结束。然后赢得竞拍品的竞拍者支付给拍卖师倒数第二个竞拍者退出时的报价。

(2)荷式(降价)拍卖。拍卖师首先报出一个大家都不感兴趣的非常高的价格,然后价格逐渐下降到某个竞拍者显示出对购买竞拍品感兴趣,拍卖结束。最终,竞拍品会以这个特定价格卖给这位竞拍者。

(3)第一价格密封拍卖。所有的竞拍者以密封的形式提交竞价,出价最高的竞拍者将赢得竞拍品并支付他的报价。

（4）第二价格密封拍卖。竞拍者以密封的形式提交竞价,出价最高的竞拍者赢得竞拍品,但只需要支付第二高的竞价。第二价格密封拍卖也被称为维克瑞拍卖（vickrey auction）,这是以 1996 年诺贝尔经济学奖获得者威廉·维克瑞的名字命名的拍卖形式,以纪念和表彰他对拍卖理论的开创性贡献。

在这四种常见的拍卖形式中,荷式公开降价拍卖与第一密封价格拍卖在策略上是等价的。在私有价值下,英式公开升价拍卖与第二价格密封拍卖也是等价的。

当然拍卖还有很多其他形式,比如"最后期限"拍卖,这种拍卖规定在一个固定的期限内,出价最高竞拍者赢得拍卖。又如人人支付拍卖,每个人都要支付代价,但只有出价最高的人赢得拍卖。拍卖的形式多种多样,我们就不一一介绍了。

（三）收入和效率

不同的拍卖形式会带来不同的经济表现,到底选择什么样的拍卖形式,理论上多从以下两个方面来评价:一种是从卖者的收入角度来考量,比较不同的拍卖形式能带给卖者的期望收入;另一种是从社会效率的角度来衡量,是否是把竞拍品配置到事后估价最高的竞拍者手中。

二、第二价格密封拍卖

我们首先分析第二价格密封拍卖。假设有 n 个竞拍者准备竞拍一件物品,这件物品带给竞拍者 i 的私人价值为 v_i,每个 v_i 是 $[0,w]$ 上的相互独立的相同分布,每个竞拍者提交一个密封的报价 b_i,则竞拍者 i 的收入为

$$\pi_i = \begin{cases} v_i - \max\limits_{j \neq i} b_j & \text{如果 } b_i > \max\limits_{j \neq i} b_j \\ 0 & \text{如果 } b_i \leq \max\limits_{j \neq i} b_j \end{cases}$$

在第二价格密封拍卖中,竞拍者 i 的报价 $b_i = v_i$ 是一个弱的占优策略,理由如下:

设 $p = \max\limits_{j \neq i} b_j$ 为除竞拍者 i 以外的最高报价,同时竞拍者 i 的报价为 b_i,则 $b_i > p$,竞拍者 i 赢得拍卖;如果 $b_i < p$,竞拍者 i 不能赢得拍卖;如果 $b_i = p$,竞拍者 i 赢得或输掉拍卖无差异。

当 $b_i > v_i$ 时,有如下几种情形:

（1）$b_i > v_i \geq p$,则报价 b_i 和 v_i 都赢得拍卖,都获得 $v_i - p$ 的收入,因此报价 b_i 和 v_i 无差异。

（2）$b_i > p > v_i$,则报价 v_i 不能赢得拍卖,收入为 0;而报价 b_i 赢得拍卖,收入为 $v_i - p < 0$,因此报价 v_i 优于 b_i。

（3）$p \geq b_i > v_i$,则报价 b_i 和 v_i 都不能赢得拍卖,收入为 0,因此报价 b_i 和 v_i 无差异。

因此,当 $b_i > v_i$ 时,报价 v_i 弱占优于 b_i。

当 $b_i < v_i$ 时,有如下几种情形:

(1) $b_i < v_i \leqslant p$,则报价 b_i 和 v_i 都不能赢得拍卖,收入为 0,所以报价 b_i 和 v_i 无差异。

(2) $b_i \leqslant p < v_i$,则报价 v_i 就能赢得拍卖,收入为 $v_i - p > 0$;而报价 b_i 不能赢得拍卖,收入为 0,因此报价 v_i 优于 b_i。

(3) $p < b_i < v_i$,报价 b_i 和 v_i 都赢得拍卖,都获得 $v_i - p$ 的收入,因此报价 b_i 和 v_i 无差异。

因此,当 $b_i < v_i$ 时,报价 v_i 弱占优于 b_i。

根据上面的讨论可知,当 $b_i \neq v_i$ 时,报价 v_i 弱占优于 b_i,因此在第二价格密封拍卖中,竞拍者的最优报价就是真实地报出竞拍品对他的价值 v_i。

三、第一价格密封拍卖

第一价格密封拍卖的分析难度要远大于第二价格密封拍卖,为了简化分析,我们假定只有两个竞拍者:竞拍者 1 和竞拍者 2。竞拍品对竞拍者 $i(i=1,2)$ 的私人价值为 v_i,每个 v_i 是 $[0,1]$ 上的相互独立的均匀分布。竞拍者的报价为 b_i,有

$$\pi_i = \begin{cases} v_i - b_i & \text{如果 } b_i > b_j \\ 0 & \text{如果 } b_i < b_j \end{cases}$$

竞拍者 i 的最优报价要实现其预期利润最大化,即

$$\max_{b_i}(v_i - b_i) \times \text{prob}(b_i > b_j)$$

假定竞拍者 i 的策略为 $b_i = b_i(v_i)$,竞拍者 j 的策略为 $b_j = b_j(v_j)$,根据对称性,$b(\cdot) = b_i(\cdot) = b_j(\cdot)$,因此 $b_i = b(v_i)$,$b_j = b(v_j)$。同时假定 $b(\cdot)$ 为连续可导的严格递增函数,即私人价值(或估价)越高,报价越高。在这些假定下,竞拍者的利润最大化变为

$$\max_{b_i}(v_i - b_i) \times \text{prob}[b_i > b(v_j)]$$

$$\max_{b_i}(v_i - b_i) \times \text{prob}[v_j < b^{-1}(b_i)]$$

$$\max_{b_i}(v_i - b_i) \times b^{-1}(b_i)$$

$$\text{FOC}: (v_i - b_i) \times b^{-1\prime}(b_i) - b^{-1}(b_i) = 0$$

$$(v_i - b_i) \times \frac{1}{b'(v_i)} - v_i = 0$$

$$b'(v_i)v_i + b(v_i) = v_i$$

根据微分方程求解,如果 $b(0) = 0$,则 $b(v_i) = \frac{1}{2}v_i$。

我们看到,在均匀分布下,第一价格密封拍卖的最优报价为其私人价值(或估价)的一半,而第二价格密封拍卖的最优报价为其私人价值(或估价)。其原因在于第二价格密封拍卖只需要付出第二高的报价,因此按私人价值(或估价)报价最优。但第一价格密封拍卖中赢得拍卖的竞拍者要支付其报价,因此这里面临着一种权衡:如果报价越高,赢得拍卖的可能性越大,但获得的利润就越少;反之,如果报价越低,赢得拍卖的可能性越小,但一旦赢得拍卖获得的利润就越多。竞拍者面临获胜可能性和获胜利润之间的权衡,在两个竞拍者的均匀分布假设下,最优报价就为其私人价值(或估价)的一半。

第三节　行为经济学

本书的前面章节的分析中,都假定经济主体的决策是理性的。理性的决策是指经济主体拥有一个理性的偏好,并在约束条件下做出最优的决策或选择最偏好的选项。现代经济学就是以此为基础来解释、分析和预测经济的运行。这套理论取得了丰硕的成果,但也日益暴露出一些不足,很多经济现象很难在理性的框架下得到很好的解释和分析。为了应对这种新的情况,经济学中一门新的学科——行为经济学诞生了。行为经济学是经济学、心理学、认知科学等多门学科有机结合,修正主流经济学中理性、效用最大化、偏好一致性和完全自利等假设的不足,以增强经济的解释力和预测力。本节就对行为经济学的内容做一些初步的介绍。

一、确定条件下的选择

(一)菜单依赖

如果你是一个理性的消费者,你从菜单$\{x,y\}$中选择了x,假设x与y之间不是无差异的,那么你就不应该从菜单$\{x,y,z\}$中选择y。

但我们来看行为经济学家做的一个实验。现在有如下三个选项:选项1,以59美元的价格订阅Economist.com的在线版服务;选项2,以125美元的价格订阅Economist.com的印刷版服务;选项3,以125美元的价格订阅Economist.com的在线版加印刷版服务。当研究者给工商管理硕士(MBA)学员只展示选项1和3时,68%的学生选择了选项1,32%的学生选择了选项3;但当研究者将3个选项都展示给学生时,选项2肯定没人选,有16%的学生选择了选项1,84%的学生选择了选项3。

第一次选择时,对选项1和3,学员更偏好选项1。在第二次选择时,即使出现了选项2,但理性的选择仍然应该是选项1,但现实的结果却是选项3。这表明消费者的选择并不是理性的,违反了显示偏好的公理。究其原因,是因为理性的选择理论假说消费的偏好是稳定的,不会随着时间或选项多少的变化而变化,但该实验表明,当选择菜单扩展后,人们的偏好是会发生变化的,我们把这个现象称为菜单依赖。

（二）锚定和调整

锚定效应是指人们在做选择时会受到完全伪不相关信息的影响。一个典型的实验如下:实验方首先转动一个转盘得到 0 ~ 100 的任意数字,然后请实验的参与者回答下列问题:联合国中非洲国家的占比是多少？一个理性的答案应该是你的选择与最初转盘产生出来的数字无关。但实验结果表明,两者具有很强的相关性。在一次实验中,如果开始摇出来的数字为 10 ,则答案的中位值为 25 ;如果开始摇出来的数字是 65 ,则中位值是 45。

这种现象可以用锚定与调整来解释,人们选择时,往往会有一个初始估计,叫做锚,然后再上下调整这个初始估计值来得到最终答案。这意味着最后的选择和判断在一定程度上是锚的函数,但锚本身可能是随机的。同时有证据表明,调整经常是不充分的,因此随机的锚和不充分的调整可能会产生极不准确的答案。

在上面的例子中,转盘摇出的数字就可以看作锚,然后在此基础上进行调整得到最终答案。如果随机数字是 65 ,就往下调整;如果随机数是 10 ,就往上调整。只要调整是不充分的,我们就可以预期随机数是 65 时的最后的估计数要大于随机数是 10 时的最后估计数。

锚定和调整可以解释很多现象,前面菜单依赖的那个例子其实也体现了锚定效应的影响,其中选项 2 就是一个锚,让人觉得印刷服务值 125 美元,因此再看到选项 3 时就觉得很划算,这个在营销中也称为诱饵效应。

又如在商场里经常听到这样的促销语言:“原来卖 50 元,现在只卖 24.99 元。”产品销售方意识到如果把商品直接定价在 24.99 元,消费者可能不愿意支付,但通过这种促销语言,他们希望消费者把 50 元作为锚,然后进行不充分的向下调整,得到一个高于 24.99 元的支付意愿,最后完成产品的销售。

（三）禀赋效应与损失厌恶

标准的偏好理论告诉我们,如果你认为一个咖啡杯和一美元是无差异的,那么你在杯子和一美元之间的偏好不取决于你是否已拥有了这个杯子,同时你愿意接受的最低价格和你愿意支付的最高价格是相等的,都等于一美元。

但是人的行为往往不会遵循这种模式。通常,如果一个人拥有了这个杯子,那么要他放弃这个杯子时,他索要的价格往往远高于没有杯子时他所愿意支付的购买价格。在一项研究中,杯子拥有者出售杯子所要价格的中位数为 5.25 美元,但购买杯子者所愿意支付的价格的中位数在 2.25 美元到 2.75 美元之间。

我们把上述现象称为禀赋效应,因为人们的偏好似乎取决于他们的禀赋,即他们拥有的东西。禀赋效应通常被认为是损失厌恶的结果:当面临相同量的损失和收益时,人们对损失的厌恶程度总是比对收益的喜爱程度要深。

损失厌恶可以解释很多的现象。比如,领导给你承诺了一个奖励,但后面又把奖励撤销了,你虽然什么也没有得到和失去,但你却觉得变差了。因为你会把领导承诺给你的奖励看作你的财富禀赋,一旦奖励取消,禀赋效应或损失厌恶就会让你感觉变差。又如很多厂商都会采用 7 天无理由退货的销售政策,因为这个政策会让一个原来不打算购买此商品并把商品带回家试用的消费者购买此商品。原因就在于一旦消费者把这个商品带回家,消费者就会把此商品纳入他的财富禀赋中,这时损失厌恶就发生作用了,也就是消费者不愿意退回这个商品了。

损失厌恶也可以解释人们为什么会倾向于留意沉没成本,因为沉没成本总是被看作损失,而损失厌恶使得人们更看重沉没成本,于是驱使人们留意沉没成本。我们把这种留意沉没成本或不能忽略沉没成本的非理性行为称为"沉没成本情结"或者是犯了"沉没成本谬误"。

（四）心理账户

假设你购买了一张价值 500 元的音乐会门票,但你准备去剧院的时候,发现门票不见了,请问你会再花 500 元购买一张门票吗? 此时,很多人不会。但我们来看看另外一个场景,如果你没有提前购买音乐会门票,但你准备去剧院的时候,你发现钱包里的一张 500 元的购物卡不见了,请问你会继续花 500 元购买一张音乐会门票吗? 此时,大多数人会选择购买。从标准的经济理论来讲,人们在两种情形下应该做出一致的选择,因为在两种情形下人们都是损失了 500 元。但是现实却是在两种情形下人们做出了不一样的选择。行为经济学用"心理账户"来解释这一现象。所谓心理账户,是指人们在心理上趋向于把钱分为不同的种类,不同种类的钱有不同的消费倾向和不同选择。比如音乐会门票在心理账户上属于娱乐预算,一旦门票丢了,如果再花钱购买,就意味着娱乐预算超支。但购物卡丢了,并不影响娱乐预算,因此人们仍然愿意花钱继续购买音乐会门票。

心理账户可以解释很多的经济行为:为什么我们对辛苦挣得的一万元的工资收入使用起来会精打细算,谨慎支出,而对彩票中奖得到的一万元收入使用起来就可以慷慨大方得多。原因就在于这两种收入在人们的心里属于两类账户,一类是"辛苦所得",一类是"意外之财",因此这两笔钱的使用方式就大相径庭。

通过心理账户理论我们也可以理解为什么很多昂贵的商品会附带返现让利的行为。比如一辆汽车,相比于直接标价 26 000 美元,在标价 27 000 美元而返现 1 000 美元时,顾客更愿意购买。因为直接支付 26 000 美元,与支付 27 000 美元同时得到 1 000 美元的收益在心理效应上是不一样的。1 000 美元的收益在心理上可以一定程度上抵消 27 000 美元损失带来的痛苦。人们把大损失和小收益分开来看会得到更大的价值,这样的小收益经常被描述为"一线希望"。

二、不确定性条件的选择

在主流经济学中,不确定性条件下选择的基本理论工具是期望效用理论,它能帮助我们很好地认识不确定性和风险问题。但也有越来越多的证据表明在不确定性条件下的选择行为与期望效用理论的描述不太一致。接下来,我们看看行为经济学是如何讨论和解释这些行为的。

(一)阿莱悖论

期望效用理论遭受最早和最有名的挑战就是阿莱悖论。假设你面临如下的第一组选择:彩票 L_a——得到确定的 50 万元;彩票 L_b——10% 的可能性得到 250 万元,89% 的可能性得到 50 万元,1% 的可能性什么都得不到。对这组选择,人们通常的反应是选择 L_a。如果人们面临的是第二组选择:彩票 L_c——11% 的可能性得到 50 万元,89% 的可能性什么都得到;彩票 L_d——10% 的可能性得到 250 万元,90% 的可能性什么都达不到。对这组选择,人们常见的反应是选择 L_d。

根据期望效用理论,在第一组选择中选择了 L_a,那么应该有

$$U(L_a) > U(L_b) \Rightarrow u(50) > 0.1u(250) + 0.89u(50) + 0.01u(0) \qquad (1)$$

在第二组选择中选择了 L_d,那么有

$$U(L_d) > U(L_c) \Rightarrow 0.1u(250) + 0.9u(0) > 0.11u(50) + 0.89u(0) \qquad (2)$$

在(2)式两边同时加上 $0.89u(50) - 0.89u(0)$,可得

$$0.1u(250) + 0.89u(50) + 0.01u(0) > u(50) \qquad (3)$$

由(3)式可知,$U(L_b) > U(L_a)$,与(1)式矛盾。

换句话说,根据第二组选择或者根据(2)式和(3)式,如果 $L_d > L_c$,那么有 $L_b > L_a$,但根据第一组选择,应该有 $L_a > L_b$,这是相互矛盾的,这和理性偏好假定是相冲突的。

(二)信念形成方式(概率估计)

首先我们看一个案例:假设女性中有 1% 的人会患乳腺癌,现代医学手段有 90% 的可能性能够检测出来。也就是说,如果一个女性的确患有乳腺癌,那么 90% 的可能性会检测出阳性结果,10% 的可能性会检测出阴性结果。但如果某个女性没有患乳腺癌,那么 10% 的可能性会检测为阳性,90% 的可能性会检测为阴性。如果在一次检测中,某女性检测出阳性结果,请问该女性患有乳腺癌的概率是多少? 当面临这个问题时,很多人给出的答案是一个接近 90% 的答案。但实际上,该女性患乳腺癌的概率大约为 8.3% ($= \dfrac{1\% \times 90\%}{1\% \times 90\% + 99\% \times 10\%}$)。

上述例子说明在概率估计(信念形成)的过程中,人们往往靠的是直觉或感觉,而不是理性地计算。理性的信念形成需要用贝叶斯法则对概率估计进行更新。

不理性的信念形成方式还表现为一种被称为证实性偏见的现象上。证实性偏见是指面对同样的信息和数据,我们应该得到一致性的估计,但人们往往过分倾向于将证据视为支持先验的信念。在一个经典的研究中,支持和反对死刑的参与者都阅读了一篇关于死刑利弊的模糊信息的文章。面对同样的信息,双方都认为文章中的信息是支持自己这方观点的,即反对死刑的人更加反对死刑,而支持死刑的人更加支持死刑。

赌博者谬误也是一种容易发生的错误。在抛掷硬币的游戏中,出现正面用 H 表示,出现反面用 T 表示。如果连续抛掷 8 次,人们往往会认为出现 HHHHHHHH 的可能性小于出现 HHHTHHHH 的可能性,而出现 HHHTHHHH 的可能性又小于出现 HHTHTTHH 的可能性,但实际上三种出现的概率是一样的,都是 $\frac{1}{256}$。这就是赌博者谬误:认为短期内某些系统偏离平均的行为会得到修正。对赌博者谬误的一个常见解释是人们相信小数定律,即人们夸大了从总体中抽出的小样本与总体的相似度。在抛掷硬币的游戏中,总体包括一半的 H 和一半的 T,相信小数定律的人就会夸大一个小样本(连续抛掷 8 次的结果)与总体的相似度,认为连续 8 次的抛掷结果也更可能倾向一半 H 和一半 T。

(三)框架效应

假设现在有一种突发性的疾病,可能会导致 600 人死亡,现在有两种应对方案,请实验者选择。方案 A:200 人得救;方案 B:$\frac{1}{3}$ 的机会 600 人得救,$\frac{2}{3}$ 的机会一个人都不能得救。在这两个方案中,让实验者首次选择时,72% 的人选择了 A 方案,28% 的人选择了 B 方案。同样的问题,现在有另外两种方案让实验者选择。方案 C:400 人死亡;方案 D:$\frac{1}{3}$ 的机会没有人死亡,$\frac{2}{3}$ 的机会所有人都死亡。这两个方案让实验者首次选择时,22% 的人选择了方案 C,而 78% 的人选择了方案 D。

实验者的选择和反应令人感到困惑,因为认真思考一下所面临的这几种备选方案,就会发现方案 A 和方案 C 本质是一样的,方案 B 和方案 D 本质是一样的。但实验者的反应和选择与期望效用理论的预测却是不一样的。

行为经济学构造了框架效应理论来解释这种现象。框架效应是指人们的偏好取决于面临的选择是如何被描述和呈现的。框架效应中的框架可以理解为相框,而相片就是人们需要选择的对象,传统经济学忽略了在现实生活中,任何的选择决策的发生都依赖于一个具体的情境(就好像任何相片都要装在相框里从而被人们选择)的事实,从而认为两张一样的相片在人们看来就是一样的,但事实是如果它们是用不同的相框来装,那么人们也会产生不同的偏好。方案 A 和方案 B 呈现的信息是能救活多少人,这是收益性框架,在此框架下,人们趋向于选择方案 A。而方案 C 和方案 D

的呈现的信息是不能救活多少人,这是损失性框架,在此框架下,人们趋向于选择方案 D。这里实际上也涉及另一个相关问题,就是人们在收益框架下的风险态度往往和在损失框架下的风险态度不一样。通常的发现是,损失框架下的风险态度是收益框架下的一个镜像,即如果在收益框架下倾向于风险厌恶,则在等价的损失框架下倾向于风险喜好。

复习思考题

1. 按照尼采的思想,社会福利取决于处境最好的人的福利水平。请分析这种福利函数的数学表达式是什么。假设效用可能性边界是凸的,请分析哪种配置表示尼采社会福利最大化?

2. 请阅读文献资料并总结政府失灵的可能原因有哪些?

3. 分析说明什么样的社会福利函数支持收入的平均分配?

4. 假定一种配置是帕累托有效率的,每个人只关心自己的消费,请证明必存在某些不忌妒他人的人。

5. 我国实行的是分税制。假定中央政府和地区 i 之间的分成比例为 x_i,地区 i 的财政收入为 y_i,那么地区 i 的预算收入为 $(1-x_i)y_i$,中央政府的财政收入为 $\sum_i x_i y_i$。如果中央政府的效用函数为 $\sum_i \log(1-x_i)y_i$,请分析中央政府在满足自己支出需要的前提下的行为特征。

练习题

1. 假定社会上有三个人要试图对三种社会状态 A,B 和 C 排序。对下面的每一种社会选择的方法,请举例说明阿罗不可能定理的条件是怎样被违背的。

(1)没有选票交易的多数票规则。

(2)有选票交易的多数票规则。

(3)用记点的方法投票。在这种情况下,每一个投票者对每一种方案可以给出 1、2、3 点,然后选中总点数最高的方案。

2. 考虑一个由 25 人组成的社会,社会中有四个政党 A,B,C 和 D,个人偏好由好到差为:

(1)有 9 个人的排序为:A,B,C,D。

(2)有 5 个人的排序为:B,A,C,D。

(3)有 1 个人的排序为:C,B,D,A。

(4)有 5 个人的排序为:D,C,B,A。

请问:

(1)这些偏好是单峰偏好吗?

(2)社会中是否存在中间投票人? 如存在,请找出。

3. 根据尼采的思想,社会福利决定于处境最好的人的福利水平,请问这种福利思想的数学表达式是什么? 假设社会效用可能性边界是凸的,请问哪种配置能表示尼采的社会福利最大化?

4. 请问哪种社会福利函数支持收入的平均分配?

5. 在第一价格密封拍卖中,如果参与竞拍的人有 3 人,竞拍品对竞拍者 i 的私人价值为 v_i,每个 v_i 是 $[0,1]$ 上的相互独立的均匀分布。请问拍卖的最佳策略是什么?

6. 在第一价格密封拍卖中,如果参与竞拍的人有 2 人,竞拍品对竞拍者 i 的私人价值为 v_i,每个 v_i 是 $[0,\infty]$ 上的相互独立的指数分布。请问拍卖的最佳策略是什么?

7. 请问下面的现象可以用行为经济学的哪些理论来解释?

(1)小李直到抵达电影院门口才发现自己花 40 元钱买的电影票丢了,现在电影院还有余票,但小李认为再买一张是不划算的,并且一晚上都很闷闷不乐。

(2)小张准备买辆新车,他选中了一辆红色和一辆蓝色的(车除了颜色其他都一样)。红色的车原价 159 000 元,蓝色的车原价 165 000 元,但两辆车都打折到 149 000 元,小张对颜色没有特别偏好,但他觉得买蓝色的车更划算,于是购买了蓝色的车。

(3)关于购买彩票的一个实验。实验人员告诉一组人,他们有 55% 的概率中奖,但告诉另一组人他们有 45% 的概率不能中奖,你认为哪一组人员更有可能购买彩票? 为什么?

(4)小王准备节衣缩食存钱,他把一周的餐费定在了 400 元,到了周末最后一天,他发现自己这周只花了 270 元的餐费,虽然他不是很想出去,但他又觉得不能浪费 130 元享受大餐的机会。